互联网+服务背景下
"数字福建"发展研究

李永忠 著

科学出版社

北京

内 容 简 介

　　"数字福建"是对福建省区域信息化的概括,也是对信息社会福建地区区域治理体系、治理能力和公共服务能力构建过程和构建目标的一种概括。本书全方位、多角度地研究了互联网+服务背景下"数字福建"发展的相关内容。首先,本书系统分析了"数字福建"产生和发展的背景、"数字福建"发展的成效与需要强化之处;其次,从基于政府和社会资本合作的"数字福建"建设机制、"数字福建"信息资源共建共享、"数字福建"公共服务需求分析、"数字福建"用户采纳行为分析、"数字福建"电子政务效率测评等诸多方面深入探讨了互联网+服务背景下"数字福建"发展路径与展望。

　　本书可作为信息管理与信息系统、公共管理等相关专业学生的参考书,对电子政务研究、电子政务系统开发人员及各级公务员也具有一定的参考价值。

图书在版编目(CIP)数据

互联网+服务背景下"数字福建"发展研究 / 李永忠著. —北京:科学出版社,2021.4

ISBN 978-7-03-067918-5

Ⅰ. ①互⋯　Ⅱ. ①李⋯　Ⅲ. ①数字技术-应用-区域经济发展-研究-福建　Ⅳ. ①F127.57-39

中国版本图书馆 CIP 数据核字(2021)第 040567 号

责任编辑:陶　璇 / 责任校对:王晓茜
责任印制:张　伟 / 封面设计:无极书装

科 学 出 版 社 出版

北京东黄城根北街 16 号
邮政编码:100717
http://www.sciencep.com

北京虎彩文化传播有限公司印刷

科学出版社发行　各地新华书店经销

*

2021 年 4 月第 一 版　开本:720×1000　B5
2021 年 4 月第一次印刷　印张:13
字数:260 000

定价:118.00 元
(如有印装质量问题,我社负责调换)

前　　言

20世纪50年代中期以来，人类社会开始从工业社会进入信息社会。先是一批又一批的企业开始运用信息技术提升自己在全球化市场上的竞争力，通过快速收集信息、充分利用信息来把握竞争环境，提高产品和服务的质量及市场反应能力。而后，许多国家及其政府也紧随其后，开始实施电子政务，力争在信息社会的全球竞争中使自己的国家处于领先地位，一场构建信息社会治理体系，提升治理能力和公共服务能力的伟大工程就此在世界范围内拉开了大幕。

我们对信息社会的治理模式是什么样子及如何构建信息社会的治理体系，提升治理能力和公共服务能力等问题还处于探索阶段，但有一点是明确的，就是知识经济、服务经济需要新的基础设施、新的上层建筑与之匹配。因此，区域信息化建设势在必行，区域信息化建设是国家、政府和社会信息化深入发展的必然选择。"数字福建"是对信息社会区域治理体系、治理能力、公共服务能力构建过程和构建目标的一种概括，有狭义和广义之分，狭义的"数字福建"指的是福建省各级政府组织运用现代信息技术为社会生产供给公共产品和公共服务的过程。广义的"数字福建"指的是福建省域内的政党、政府、人大、政协，甚至包括工会、共青团、妇联等组织运用信息技术深度开发和利用信息、数据资源，从而提升组织竞争力的过程。本书侧重广义的"数字福建"概念。

信息社会的治理体系、治理能力和公共服务能力是超越工业社会治理体系、治理能力和公共服务能力的一种新型的治理体系、治理能力、公共服务能力形态；它充分利用现代信息技术、以信息资源为关键资源并以此调动各种资源以便实现精细化治理、科学化决策，并智能化地为社会提供丰富、好用的公共产品，尤其是公共服务；它是建立在高度法治化、标准化基础之上的一种治理体系和治理形态。目前"数字福建"建设的主要内容包括政府治理的规范化、标准化及政务流程的优化、再造，政府信息资源体系的规划与重构，政府各种在线办事系统和信息服务系统的建设等。构建信息社会的治理体系、提升治理能力和公共服务能力是一项长期而艰巨的任务，不会一蹴而就，甚至可能需要半个世纪或者更长的时间才有可能初见成效，因此，通过"数字福建"建设持续推动区域治理创新、公共组织及其管理创新，从而持续提升区域竞争力和政府竞争力也是建设"数字福建"的要义之一。

　　本书分为 8 章：引言，"数字福建"产生和发展的背景，"数字福建"发展的成效、互联网+服务背景下需要强化之处，基于 PPP 的"数字福建"建设机制，"数字福建"信息资源共建共享，"数字福建"公共服务需求分析与对策，"数字福建"用户采纳行为分析与对策，"数字福建"电子政务效率测评。

　　笔者从 21 世纪初开始学习公共管理及公共服务理论，从事电子政务的教学与研究，在十余年的教学科研生活中不断体会信息化理论，包括信息社会治理，即电子治理要旨，其间，也深刻理解了学然后知不足的古训的含义，在写作过程中，笔者不时有才疏学浅之感，尽管如此，还是希望通过拙作抛砖引玉，能为国家治理现代化、福建区域治理现代化尽绵薄之力。

　　在此，感谢福建省科学技术厅对本书写作的资助与支持。感谢科学出版社李莉女士。我还要向为本书做出贡献的陈静、陈诚、谢隆腾、董凌峰、陈亮、邓俊军等同志表示谢意。本书写作过程中借鉴了许多人的成果和智慧，在此也一并表示谢意。

李永忠

2019 年夏

目　　录

第1章 引　言

1.1　研　究　背　景

　　"数字福建"建设始于 2000 年，迄今已有 20 年历程。"数字福建"是我国最早启动的区域信息化项目之一，经过"十五"规划、"十一五"规划，特别是"十二五"规划等"数字福建"专项规划的有序实施，"数字福建"建设取得了良好成效。第一，福建省信息基础设施得到了较大发展；电信、有线电视、计算机三网融合基本实现。第二，福建国民经济与社会发展过程中产生的各种信息和数据资源得到初步整合、开发和利用。第三，基本构建起了"数字福建"的技术支撑体系。第四，以信息化带动工业化，推动了福建各类企业的转型升级，推动了福建各类企业管理和技术创新，催生了一批电子商务、信息服务、大数据分析等新型企业。第五，构建基于网络的"电子政府"，推进了福建省各级政府治理能力的现代化和公共服务能力的大跃进。

　　但是，"数字福建"对公共服务质量提升与产业升级缺乏足够的关注，导致公众和企业对"数字福建"的认可度不高，即企业和公众的获得感不明显。所以，"数字福建"的服务受众群体相对较小；"数字福建"建设项目的设计与实施更多的是从管理者角度出发，对公众与企业自身需求考虑不够充分。例如，电子政务方面，已经建成了以政府门户网站（PC①端与移动端）为主体的政务服务体系，但其真正的服务质量和服务效果难以评估，公众访问率不高；电子商务方面，在政府的大力支持下，以跨境电商为代表的互联网经济已经取得瞩目的成就，但在融资、管理方面依旧存在困难；公共服务方面，医保、医疗、交通、教育等各个领域都建设或升级了相应的信息服务系统，但是，与电子政务系统类似，服务水平和服务效果的评价未得到足够重视，服务能力的高低难以用科学方法加以考核。

　　总而言之，"数字福建"尚处在信息化第一阶段，即信息技术在各个领域广泛

---

① personal computer，个人计算机。

而深入应用方面取得了引人注目的成绩，但是，在信息化第二阶段，即信息资源、数据资源得到深度开发和有效利用方面刚刚起步，办事服务、信息服务供给、公共服务质量监督方面尚存在较大的提升空间。

1.2 国内外研究现状

1.2.1 区域信息化研究

黄栋和邹珊刚在《信息化、区域创新系统与政府行为》一文中剖析了信息化对区域创新系统多方面的影响，包括改变区域创新主体的联系方式，提升人力资源要素的质量，强化创新对经济增长的效应等。在此基础上，从多个角度对信息化条件下政府促进区域创新的行为进行了探讨[1]。

柳芳等在《论信息化带动工业化的区域突破战略及其措施》一文中认为，信息化与工业化是人类文明进程中的两个重要发展阶段，也是人类现代化和后现代化的两个基本标志。从逻辑上看，信息化应建立在高度的工业化基础之上。传统工业化是一种以分工分业、规模经济、批量生产、实体关联等为特征的生产方式，而信息化是以产业融合、网络经济、柔性生产、虚拟关联等为特征的生产方式。当前，这两者正处于相互促进、相互影响、相互融合中。信息化带动工业化是我国发挥后发优势，用信息技术改造和提升传统产业，实现工业化的战略选择。由于各地区发展程度相差很大，原有工业基础、产业聚集度、技术和信息化水平参差不齐，难以同步发展，必须采取不同的模式。为此，我国各地区需要在国家信息化的战略指导下，根据自身具体情况制定区域突破战略和可行性措施[2]。

卞福荃和金正铁在《黑龙江省区域信息化建设现状与发展综述》一文中指出，黑龙江省近年来加快实施信息化强省战略，举黑龙江全省之力推进信息化建设，使信息产业实现了高速增长，信息化建设出现了方兴未艾的良好态势。本文就黑龙江省信息化建设所取得的成果和成功做法及基本发展状况做客观的描述，对黑龙江省以政务信息化工程、农业信息化工程、企业信息化工程等领域的建设，全力打造建设新农村信息化和有利于广大农村信息化发展的相关政策等做了分析，对促进黑龙江省信息化基础环境建设和信息化社会环境建设，加速边远经济发展滞后区域信息化建设进程和区域间协调发展做了论述。笔者认为黑龙江省信息化建设是一个涉及许多部门和众多现代产业的系统工程，这不仅有赖于信息设备制造业的发展和现代信息基础设施的建设，更有赖于全民信息意识的提高和信息利用能力的提高，还要有与现代信息化建设事业发展要求相适应的政策法规等软环境、有效的管理机制、运行机制等[3]。

胡德和刘君德在《长三角区域信息化合作背景、思路与对策》一文中认为区域信息一体化是区域经济一体化的基础。国内外发展的经验表明，大都市圈（区）极有可能成为国家乃至全球的信息资源中心、信息控制中心和信息管理服务中心，在世界经济发展中具有举足轻重的地位。建立健全大都市圈（区）正常多元的信息合作交流机制，实施跨行政区的信息合作共赢战略，对于提升大都市圈（区）的区域整体信息水平，增强信息竞争能力，推进大都市圈（区）社会经济率先发展具有重大战略意义。长三角地区应打破行政分割，深化合作，建立健全信息化区域合作机制，从战略和政策层面构筑优势互补、资源共享、技术协同、互惠互利的信息化发展环境。这既是长三角地区经济一体化发展的需要，也是有效参与全球经济竞争，抢占全球信息化制高点的战略选择[4]。

孙中伟等在《信息化对区域经济发展的组织作用》一文中认为，在科学认知信息化多重形态（包括要素形态、技术形态、设施形态、经济形态和运动形态）特征的基础上，分别阐述其对区域经济发展的组织作用。信息资源通过改变原有生产要素的结构对区域经济发挥作用；信息技术不仅可推动传统产业的优化升级，还将企业和贸易扩展到网络空间；信息基础设施拓展了信息通达性，促进了主体间的信息交流，并使原有的区域空间结构发生了微调下的整体增强变化；信息产业在直接促进区域经济增长的同时，还通过前后向联系带动其他产业发展；信息流对物流、人流、资金流和技术流具有组织作用，有助于实现流动的组织和组织的流动[5]。

张劲在《信息化对经济区域空间的作用机制》一文中指出，信息化对于经济区域空间的不同部分产生着有机的作用机制。在地域空间上，信息化对区域经济中心表现出强烈的推进作用，推动城市化进程，构建优质的经济中心；对经济腹地，信息化起着改进的作用，把经济中心的各种要素向经济腹地扩散，从而提升了经济腹地的产业水平；对经济网络产生耦合作用，发挥整合联动效应[6]。

李旭辉和程刚在《安徽省区域信息化水平实证研究》一文中认为区域信息化水平是衡量一个地区综合发展能力和区域竞争力的重要标志，是一个地区经济发展现代化的基础，能够对区域其他经济社会要素起到组织和协调的作用。本文构建了区域信息化水平的测评指标体系，并运用因子分析等定量方法对安徽省 17个城市的区域信息化水平进行了实证测度。在此基础上分析各城市区域信息化水平差异的原因[7]。

阮丽华等在《信息化对湖北区域经济发展的影响实证研究》一文中指出，信息化对经济发展具有促进作用，很多省市都对本地区的信息化发展进行了研究，通过提升信息化水平促进本地经济的发展。湖北省作为中部崛起的重要地区，武汉城市圈"两型社会"综合配套改革试验区迎来了新一轮发展的重大历史机遇。

本文还以湖北省 12 个地级市的数据为例,初步分析信息化与区域经济发展之间的关系,并对湖北省的信息化建设提出建议[8]。

赵军在《我国区域信息化的差异性研究》一文中认为,信息化对于区域经济的发展与转型升级具有十分重要的作用,在信息化综合水平整体提高的同时,我国区域信息化发展水平存在严重的不平衡现象,区域之间的差异比较明显。因此,有必要分析研究差异形成的原因,有针对性地提出缩小区域信息化水平差异的对策和具体措施。加快欠发达地区的信息化建设步伐,实施以信息化带动区域经济发展的战略,调整区域经济发展结构,加强政府的宏观引导功能,出台相应的政策支持,加快信息人才培养,完善用人机制,推进区域信息化的协调和均衡发展[9]。

颜珍在硕士学位论文《信息化对区域经济增长的影响:基于空间计量模型的实证分析》一文中首先从信息、信息化等相关范畴出发,综述分析了信息化与区域经济增长和产业结构的关系;其次,基于 2005～2010 年的省域截面数据,利用空间计量经济学,对省域经济增长数据进行空间探索分析,并基于此应用空间计量方法分析了信息化对区域经济增长与产业结构的作用,同时比较分析了信息化对三次产业的不同影响;最后,针对前面部分的结论,从区域经济增长和优化产业结构两个角度提出了相关的关于信息化建设的政策建议[10]。

杨志新在《区域信息化规划的重点与难点研究》一文中认为,我国各地信息化规划编制普遍存在编制内容雷同、编制理论指导不够、编制过程程序化不足等问题,需要研究区域信息化规划编制的理论和方法。针对地区区域信息化规划中存在的问题,从区域信息化规划的重点和难点两个方面进行了探讨,并提出了针对性的解决方案。概括而言,区域信息化是一个综合的研究领域,囊括了区域经济学、信息科学、管理学等多种学科。总体来说,目前我国学者的研究尚处于起步阶段,理论模型较少,系统性不够,对区域经济学理论的涉及也较少[11]。

1.2.2　区域信息化测度模型研究

兰涌和彭勇行在《区域信息化水平的组合评价研究》一文中认为区域信息化水平的组合评价方法不仅克服了常用评价方法受主观人为因素和随机误差因素的影响,充分利用了评价指标的有用信息,而且总体评价和子系统评价相结合,能够比较客观、有效地评价区域信息总体水平和制约信息化发展的结构性因素,有利于各地区进一步制定和调整信息产业政策。本文在信息化指数 RITE 模型指标体系的基础上,利用层次分析法(analytic hierarchy process,AHP)和改进理想解法对我国中南部五省信息化水平进行组合评价，使系统评价更具有科学性和实用性，并对总体评价结果和各个系统的评价结果做了简要分析[12]。

陈春晖在《区域信息化指标体系及其测评方法》一文中指出，区域信息化指标体系的建立包括体系框架设计、指标选择、数据采集与处理、数据库建设、模型运算、空间叠加分析、可视化表达等步骤。指标数据的获取包括统计资料、问卷调查、普查数据、实测数据（如遥感数据、网站数据等），而对于空间数据，需要在地理信息系统软件的支持下，分层进行数字化，建立空间数据库，并通过数据库管理模块输入属性数据，将空间数据库与属性数据库连接起来。区域信息化指标体系的建立要从发展状况、质量、能力建设三方面考虑，有关指标包括发展指数、质量指数、能力指数[13]。

张灵莹等在《区域信息化影响要素分析及发展对策》一文中指出，在省级区域内各地级市是各省经济最活跃、最基础的地区，具有较强的经济和信息辐射能力，但地级市信息化发展极不平衡，城市之间存在着明显的数字鸿沟，这种巨大的差异又将阻碍地级市的经济与社会发展。本文利用定量分析方法并在结合实证分析的基础上，分析发现城市经济发展和经济效益是影响城市信息化发展的重要因素，教育水平和人才因素是影响中小城市信息化的瓶颈因素，为此，提出了促进中小城市经济发展与信息化建设的建议[14]。

向卓元和叶芬在《基于系统动力学的区域信息化测度模型研究》一文中认为，在我国现有信息化测度模型的基础上，利用系统动力学原理，对区域社会信息化的特点与原理进行了系统分析；建立了区域信息化测度的系统动力学模型，并对综合评分分析法的仿真结果进行了比较；通过运用模型进行模拟分析得出应用系统动力学测度社会信息化是一种简单、有效的方法。20 世纪 60 年代美国与日本等国学者对信息化水平的测度理论与方法进行过研究，为信息化发展的定量研究奠定了基础，其中影响较大、应用较广的有两个分支：一是从经济学范畴出发的以数字经济为对象的宏观计量，美国经济学家 Fritz Marchlup 和 Marc U. Porat 等做出了主要的贡献，以 Porat 创立的方法最为著名；二是从衡量社会的信息流量和信息能力等来反映社会的信息化程度，主要依据某些综合的社会统计数字构造测度模型。这种方法以日本提出的信息化指数模型为代表。这两种方法都有各自的优缺点。目前我国应用最广的是综合评价方法，实践中常用的综合评价方法有 AHP、模糊综合评价方法、人工神经网络方法和遗传算法等。实际上，综合评价方法需要面对两个问题。一是相关性问题。综合评价方法以加权的形式获得评价结果，实际上，为保证评价指标之间的信息不会重叠，指标间的相互独立性是评价的前提条件。二是赋权问题。评价指标的赋权方法可分为主观赋权法和客观赋权法。主观赋权法缺点之一是权重的确定与评价指标的数字特征无关，权重仅仅是对评价指标反映内容的重要程度在主观上的判断，没有考虑评价指标间的内在联系。二是无法显示评价指标的重要程度随时间的渐变性。客观赋权法的优点是有效地传递了评价指标的数据信息与差别；缺点是仅以数据说话，而无视指标的实际重要程度，把指标的重要性同等化了，同样造成了评价结果的说服力欠缺。目前，我国对信息化水平的测度基本上都采用主观赋权的综合评分分析法，评价指标权重确定的恰当与否直接决定了评价结果的准确性[15]。

1.2.3 "数字福建"研究

游宪生在《"数字福建"纵横谈》一文中讨论了建设"数字福建"的背景、概念和意义，建设"数字福建"的基本思路和主要框架，建设"数字福建"的问题和基本对策等三个问题，指出"数字福建"建设应着眼于以发展产业为目标，从加强推广应用、实现传统行业改造着手，开展关键技术研究攻关和应用示范工程的开发。同时促进它们在资源环境、城市建设、电力、通信、交通、农业等方面的应用，为建立"数字福建"奠定技术基础、软件基础和应用基础，促进和带动福建省软件产业、信息服务业及其他相关产业的技术更新和持续、深入的发展，为其应用开辟市场，营造必要的技术经济支撑环境[16]。

王钦敏在《"数字地球"和"数字福建"》一文中认为"数字地球"的实质是信息化的地球，是建设信息化社会的基础。"数字福建"引用和延伸了"数字地球"的概念。"数字福建"所开发的技术系统，将孵化和促进一系列高新技术产业的发展，形成新的经济增长点，并改造传统产业，以信息化推动福建省的四个现代化进程[17]。

吴秀麟在《"数字福建"建设的若干思考》一文中指出，"数字福建"建设是一个系统工程，要统一规划、分步实施，本文在网络基础设施建设、网络运用、技术开发、人才培养、网络安全等方面提出了对策思考[18]。

刘义圣在《"数字福建"建设若干问题浅探》一文中通过对福建省在"数字福建"建设方面具有的优势及存在问题的探析，提出了建设好"数字福建"的对策措施，并指出了"十五"期间"数字福建"建设的任务目标[19]。

房桃峻在《机遇与挑战——论"数字福建"对我省企业的影响》一文中认为，"数字福建"的提出对福建省各部门、各行业、各领域都将产生这样或那样的影响，也为福建省企业的发展带来新的机遇，本文主要分析了"数字福建"为福建省企业带来的机遇和挑战，并提出了企业如何才能应对新的机遇与挑战[20]。

孙小芳和孙依斌所撰《构建数字福建基础框架与信息系统的探讨》一文从当代数字地球的基本理论出发，论述构建"数字福建"基础框架的基本原理，科学地设计出构建"数字福建"基础设施框架的程序框图，及其在福建经济可持续发展中的作用，并从 21 世纪现代科学技术高度对"数字福建"工作开展提出建议[21]。

何清和在《加快福建电子政务建设的思考》一文中认为，党的十六大对加快推进信息化提出了新要求，明确提出要"进一步转变政府职能，改进管理方式，推行电子政务"，电子政务作为"数字福建"建设的一项重要内容，备受大家关注。本文就公众关心的电子政务建设的一些问题，结合学习体会，谈了自己的一些看法[22]。

福建省空间信息工程研究中心编撰的《"数字福建"300 问》一书鉴于"数字福建"的建设内容涉及福建省各部门、各行业、各领域，是现代高科技信息技术的高度综合和升华，针对"数字福建"建设过程中涉及的信息化和网络化等方面的知识，重点介绍了网络技术与应用、计算机技术与应用、通信技术、空间信息技术与应用、计算机病毒与网络安全及"数字福建"建设等六个方面的内容。本书由"数字福建"领导小组办公室及"数字福建"专家委员会组织相关领域的人员编写，主要以问答的形式，用通俗的语言，深入浅出，对各有关的名词含义、技术要点进行了简明的解答，是一本有关"数字福建"的科普读物，可作为从事信息化规划和建设的干部及技术人员学习信息技术的工具书[23]。

王钦敏在《"数字福建"系统工程的建设与应用》一文中介绍了"数字福建"建设的最新进展和取得的成果。这是福建省信息化技术创新和实现跨越式发展的一个重大举措。"数字福建"经过"十五"的前三年的建设，完善了信息网络基础设施，统一了数据标准规范，进行了信息资源改造，开展了示范工程建设。"十五"后两年，在前三年示范工程建设成果的基础上，进一步推广应用[24]。

池天河等所撰的《面向电子政务的地理信息服务体系研究——以"数字福建"为例》一文结合"数字福建"的建设实践，提出了面向电子政务的地理信息服务层次模型，并从基于空间尺度的面向电子政务的地理信息服务体系构建、基于专题的面向电子政务的地理信息服务体系构建和公益性面向电子政务的地理信息服务体系构建三个方面比较全面地探讨了面向电子政务的地理信息服务体系构建策略[25]。

丛林在《"数字福建"平台下的数字创意产业发展探讨》一文中认为"数字福建"建设使福建省信息内容产业获得了迅速发展，为数字创意产业发展提供了优越的资源、技术和市场空间。文章探析了"数字福建"平台下福建发展数字创意产业的契机及其对策建议[26]。

薛友荣所撰《在"数字福建"政务网上构建厅局广域网的方案探讨》一文认为，在"数字福建"省政府信息网的现有网络平台上，可利用防火墙技术、I PSe cVPN 和 GRE VPN 技术、MPLS VPN 技术等三种方案，构建厅局福建省广域网，从而节省福建省广域网数字电路昂贵的租用资费，并充分共享省政府信息网的丰富资源。最后，对三种组网方案在设备投资、网络安全、网络性能、配置工作和服务质量问题等方面进行了比较和分析[27]。

《建设"数字福建"地理空间基础框架》一文基于林依泉（福建省测绘产品质量监督检验站）多年从事"数字福建"建设的相关工作经验，详细介绍了"十五"以来"数字福建"建设的主要工作内容，系统地阐述了"数字福建"建设的主要过程及相关技术路线，对"数字福建"建设工作进行较系统的总结，希望对"数字区域"建设有借鉴和参考作用[28]。

王晋强在《"环三发展"与"数字福建"对接的思考》一文中认为，"环三发展"（环三都澳区域发展）与"数字福建"对接，关系着海西战略全局。要充分认识宁德在"数字城市建设"中的现状与差距；强化政府的主导作用，加大信息基础设施投入，以电子政务为核心，带动企业和社会信息化及重点民生服务平台的建设；要做到信息共享与开发并举，注重城市信息化的可持续发展，为"环三发展"与"数字福建"动态对接创造良好的环境[29]。

孟谦等在《"数字福建"：资源整合带来能力提升》一文中提到，"数字福建"建设使得福建省的每个社区都拥有了自己的门户网站，既能实现社区的服务功能，也是社区的形象，而在网站后台，还有着更为强大的社区管理功能[30]。

陈婷在《福建省电子政务发展现状及存在问题探讨》一文中认为自 2000 年福建省政府提出建设"数字福建"以来，福建省电子政务经过多年的发展取得了显著成效，已初步构建起福建省电子政务基本框架，并正为海西经济发展提供重要支撑。在发展的同时，福建省电子政务建设也存在一些问题，本文在回顾目前福建省电子政务建设取得的成绩的基础上分析了目前发展中存在的一些问题，并提出相应对策[31]。

王爱萍在《关于进一步推进数字福建建设几点思考》一文中对"数字福建"面临的机遇和形势进行分析的基础上，提出加快推进能力建设、改革创新发展模式、启动智慧化应用、促进整体协调发展、带动信息产业发展的对策建议[32]。

董凌峰和李永忠在《基于云计算的政务数据信息共享平台构建研究——以"数字福建"为例》一文中认为"数字福建"建设过程中出现了数据异构、信息共享困难的问题。作者利用云计算在海量数据处理和共享方面的优势，构建了基于云计算的电子政务平台，详细阐述了该平台中软体即服务（software-as-a-service，SaaS）、平台即服务（platform-as-a-service，PaaS）、基础设施即服务（infrastructure-as-a-service，IaaS）等三种模式，讨论了实现数据共享的虚拟化技术、数据抽取技术、数据转换技术和数据处理技术等关键技术，以期为福建省推动政务信息的深度开发和有效利用提供有益的探索[33]。

余鲲鹏等在《"互联网+"背景下信息化 3.0 的建设机制思考——以"数字福建"建设为例》一文中认为，"数字福建"建设经历了信息化 1.0、信息化 2.0 到信息化 3.0 三个阶段，在我国信息化建设历程中有较好的代表性。以"数字福建"

建设为例，总结了信息化建设经验，特别是信息化机制建设的不足，认为在"互联网+"背景下，信息化 3.0 时代应从系统、全局、应用和发展趋势的视角加强建设，从而形成机制体系，激发各参与主体的活力，进而从体系上理顺执行机制，强化监控问责和应用创新，摆脱评估惯性，完善修正机制等[34]。

谢丽彬所撰《移动互联下"数字福建"政府服务创新研究》一文首先分析了移动互联、移动政务发展现状与趋势，结合"数字福建"移动政务建设过程中存在的问题，提出了移动互联下"数字福建"政府服务创新的对策建议[35]。

周顺骥的《数字福建信息化标准体系框架研究》一文根据《关于进一步加快"数字福建"建设的若干意见》（闽委发〔2015〕4 号）精神，结合现阶段福建省信息化发展现状及"数字福建"建设对标准化的需求，提出"数字福建"信息化标准体系框架，为"数字福建"建设提供标准化技术支撑[36]。

吴江波等所撰《努力打造　"数字中国"的福建样板》分为两部分，回顾 2017 年"数字福建"十大重点工程全面实施，朝着高质量发展迈出坚实一步；展望 2018 年，135 计划（一条主线，即以加快网络强省建设步伐为主线；三项工程，即网络安全等工程；五大行动，即宽带网络提速降费、物联网等行动）齐发力，深化"数字福建"建设[37]。

1.2.4　电子政务公共服务研究

魏国所著《英国电子政务服务模式研究》一文立足于对英国发展电子政务服务模式的研究，着重分析了其发展背景、服务内容和政府服务模式的转变。"它山之石，可以攻玉。"通过对英国电子政务服务模式的研究，我们可以得到如下启发：在经济和信息全球化快速发展的情况下，一个信息化的政府已经成为一个国家或地区在全球竞争中的一个重要的竞争力要素；要按照发展电子政务的要求，整合行政组织，深化政府机构改革；改造政府现有的行政流程，使政府管理和服务更加简便、透明和高效[38]。

付洪川等在《电子政务服务模式的研究》一文中认为，电子政务的出现和发展，是以提高效率和优质服务为目标和驱动力的，服务模式成为界定电子政务发展阶段的标志。电子政务服务的关键因素包括服务、共享和安全，服务是电子政务的重要目的，各类政府信息资源的共享是高效服务的前提条件，而安全又是信息共享和信息服务的基础。电子政务的服务模式经历了单向交流服务模式、双向交流服务模式、"一站式"服务模式，而自适应服务模式及电子政务自适应信息服务平台是未来电子政务的发展方向[39]。

张节和杨锐在《电子政务服务评价的理性思考》一文中提到，当前盛行的以网站前台为焦点、技术占主导的电子政务评价方法是一种片面的做法，它低估了电子政务的使命，尤其低估了信息技术对传统政府组织再造与流程变革带来的革命性影响。这些片面的评价结果不仅不能客观地反映电子政务的发展现状，而且更有可能误导电子政务的发展方向。本文提出了科学、全面评价电子政务的基本内容，即"四个结合"：网站的外部表现同政府内部运行的结合；信息技术应用效果同信息技术应用环境的结合；已取得的成绩同未来的趋势及风险的结合；有形产出同无形成果的结合[40]。

彭博所撰硕士学位论文《我国电子政务服务体系研究》从电子政务建设和电子政务服务实现的角度出发，对电子政务服务体系的内涵、外延和特征进行了阐述，在此基础上，结合我国电子政务发展和政府服务提供的实际情况，依托国家电子政务总体结构和内容框架，初步构建了我国电子政务服务体系的总体结构、组成部分、网络框架和业务模式模型，并分别阐述了它们的组成要素和运行机制。最后，从服务流程实现的脉络出发，重点分析了我国电子政务服务体系存在的主要问题，并提出了相应的解决方案[41]。

李阳晖和罗贤春在《国外电子政务服务研究综述》一文中认为，服务一直是电子政务的主旨，国外自21世纪初就关注这一主题，我国在2006年的《国家电子政务总体框架》中明确提出"服务是宗旨"的电子政务建设目标。在大量文献调查的基础上对国外电子政务服务研究的基本情况及特征进行定量的统计分析，发现国外电子政务服务文献占整个电子政务研究文献的1/3以上，文献内容主要集中在一般性介绍、服务传递、服务管理、技术实现、服务作用、影响因素、实证研究、综述与评论等方面；研究的特点是注重服务的作用和影响因素，注重服务管理，关注服务传递，强调实证研究等。本文认为我国电子政务服务的研究要结合我国国情在服务管理、服务传递和对社会发展推动等方面以实证的方法进行深入研究[42]。

李海军的《基于本体的电子政务服务模型研究》一文从顶层设计、数字地球框架、知识工程、语义网服务和面向服务的架构等视角来分析和研究电子政务，针对当前电子政务所面临的信息整合和信息共享问题，提出了用本体方法来进行概念建模，以解决造成信息整合和共享困难的语义异构问题。本文提出了一套基于本体的概念建模方法体系，并借此对电子政务进行领域分析，总结和概括出该领域的一系列核心概念，并以本体技术为手段，以这些核心概念及其关系为要素，构建了电子政务服务核心概念模型。通过对电子政务核心概念模型的进一步延伸，找出了构建面向服务的电子政务架构所必需首先具备的几个关键要素，即绩效评估、政务业务、政务组织、服务组件、数据、技术、协同。延续前述的电子政务核心概念模型，本文对此7个关键要素进行概念建模，形成了一个电子政务服务架构参考模型[43]。

麻稚珪的《基于 CRM 的电子政务服务研究》一文从理论上阐明了客户关系管理（customer relationship management，CRM）在电子政务中实施的可行性，并以国内外在电子政务中实施 CRM 的经验，详细分析了 CRM 核心思想在电子政务中的用武之地。同时试图揭示 CRM 在电子政务中实施的困难与障碍，提出 CRM 项目实施成功的一些关键要素，并在此基础上构建基于 CRM 的电子政务服务体系，最终提出基于 CRM 的电子政务个性化服务模型[44]。

张辉所撰文章《基于服务过程的电子政务服务质量评估模型研究》从测评方式和研究角度两个方面，对现有文献中的模型进行比较分析，并指出其局限性。在此基础上，依据服务过程中涉及的政府、网站和互联网三个方面，选取 13 个维度构建电子政务服务质量评估模型[45]。

蒋骁等在《电子政务服务公民采纳模型及实证研究》一文中提到，提高公民对电子政务服务的采纳意向是促进电子政务发展的重要途径。为了探求我国电子政务公民采纳意向的影响因素，本文构建了电子政务服务公民采纳模型，并通过问卷调查的方式采集了 630 个有效样本数据，运用结构方程建模方法对模型进行了检验。研究结果表明：①相对优势和相容性、自我效能在三个服务层次上对公民采纳意向均有显著影响；认知度、对政府的信任和感知信任分别在基本信息、信息交流、事务处理服务层上对公民的采纳意向产生显著影响。②感知信任的三个前因分别为：对互联网的信任、对政府的信任和认知度[46]。

李芳在《基于本体的电子政务服务整合研究》一文中认为，电子政务服务整合是目前电子政务发展的趋势，也是电子政务领域的重要研究内容。现在已有一些研究者从不同角度对服务整合的概念、模型、实现方法等问题做了研究。本文针对现有研究中存在的问题，提出了基于本体的电子政务服务整合的解决思路。研究中构建的电子政务服务整合参考模型、提出的电子政务服务整合领域本体及政府部门语义服务的构建方法能为电子政务服务整合的相关研究提供借鉴[47]。

王娜在《电子政务服务的用户满意度研究》一文中认为，电子政务是信息技术和网络技术推动下政府提供公共服务的新管理模式。随着电子政务的逐步成熟和发展，电子政务绩效评估成了电子政务研究领域的热点。电子政务重在政务，公众是政府的顾客，因此政府工作的质量归根结底取决于公众是否满意，电子政务服务的质量由公众来评价才最有说服力。基于此，文章从用户的角度出发对电子政务的服务水平进行评估，研究了电子政务的发展特点，分析了电子政务服务的发展特征、服务对象和服务层次及我国电子政务服务的发展现状，基于互联网参与理论和以顾客为导向的政府理念，提出了电子政务服务用户满意度测评的理论基础。论文深入研究 PZB（Parasuraman，Zeithaml and Berry）模型及

SERVQUAL[①]的演变，对每个测量维度进行分析，选取适合电子政务服务的衡量维度，建立电子政务服务的满意度测评量表。通过 SPSS[②]软件分析，得出的最终量表是由"履行""回应性""易用性""隐私""系统可用性"五大维度组成。通过研究发现，用户感知的电子政府门户网站的服务品质水平与其期望的服务品质水平存在显著的差异。针对电子政务服务的五个衡量维度中具体项目的差异，提出了具体的改进措施[48]。

赵岚和金敏力在《我国电子政务服务能力影响因素分析》一文中指出，电子政务服务的应用有助于提高中国各级政府的工作效率与服务效能，因而如何对电子政务服务能力进行改善和提高已成为理论与实践界关注的热点。本文分析了我国电子政务服务的现状，找出了我国电子政务服务面临的问题及产生的原因，从而提出了关于影响电子政务服务能力的因素。希望对该类研究有所助益[49]。

庞庆华和陈雨儿在《基于服务蓝图理论的电子政务服务价值共创研究》一文中指出，电子政务服务价值共创是一种协同活动，通过政府与公众的互动，电子政务服务质量得到提升。借助服务蓝图能够展示政府与互联网电子政务服务价值共创过程中的每一个环节，优化服务流程。分析了电子政务服务中存在的问题，借助于服务蓝图理论描绘出了电子政务服务价值共创蓝图，从互动层、服务层、流程层及支撑层四个方面构建了电子政务服务价值共创模式；结合文中提出的电子政务服务价值共创模型，分别从政府和公众的角度提出了有关对策与建议。识别出了电子政务服务价值共创的关键要素，明确了政府与互联网的角色与职责，为电子政务服务领域的研究提供了一个新的视角[50]。

贾聪聪在《"互联网+政务服务"——我国电子政务服务新模式探究》一文中认为，当前，"互联网+"正加速与各传统行业的跨界融合，同时给电子政务服务带来了新变化，推动了政务服务模式优化升级。本文立足于推动我国电子政务服务模式转变因素的基础上，从数据开放、高效政务、权力公开、移动政务四个方面论述我国电子政务服务发展的新方向——"互联网+政务服务"，从互联网思维、互联网技术、互联网平台三个视角阐明支撑电子政务服务的纵深发展策略，以期构建开放、便民、廉洁、智慧的服务型政府[51]。

温倩宇和胡广伟在《基于价值网的电子政务服务价值共创机制研究》一文中认为，开展电子政务服务价值共创是"互联网+"时代下政府加快职能转变的重要举措，研究其机制能够为政府识别价值创造的关键节点、从整体上把握电子政务服务体系中各个环节的效能、合理规划服务提供路径，可以为全面提升服务水平提供参考。将价值网理论与电子政务服务价值共创相结合，在构建价值网模型的

---

① SERVQUAL 为英文 service quality（服务质量）的缩写。

② Statistical Product and Service Solutions，统计产品与服务解决方案。

基础上，识别价值网运行特征，进而探索电子政务服务价值共创的机制。厘清价值共创参与各方之间的关系，提出基于价值网的服务先导、价值创造、互动反馈、信任保障、监督管理的 5 项机制[52]。

1.3 研究内容

本章遵循提出问题、分析问题、解决问题的基本逻辑顺序对互联网+服务背景下"数字福建"发展做比较深入的研究，主要包括以下几个方面的内容。

首先，对"数字福建"的研究背景、研究现状、研究内容与研究方法及研究路径进行了梳理和阐述；其次，从信息社会、国家信息化战略、数字地球与数字中国、"数字福建"的提出几个方面探讨了"数字福建"产生和发展的背景；最后，从"数字福建"建设成效、福建省信息基础设施建设的新探索、互联网+背景下"数字福建"发展需要强化之处等三个方面全面分析了"数字福建"发展的相关问题。

本书研究认为，互联网+背景下"数字福建"发展需要从以下五个方面入手。

（1）构建基于公共私营合作制（public private partnership，PPP）的"数字福建"建设机制，包括 PPP 模型的建立与演化博弈分析、"数字福建"社会资本参与现状分析、结论与政策建议三部分内容。

（2）真正实现"数字福建"信息资源共建共享，包括"数字福建"信息资源共建共享管理、"数字福建"信息资源建设存在的问题、政府部门间信息共享的演化博弈分析、福建省政府部门间信息资源共享的现实问题和障碍分析、影响政府部门间信息资源共享的因素分析、政府部门间信息资源共享障碍的深层分析、福建省政府部门间信息资源共享机制探讨及政策建议等内容。

（3）"数字福建"公共服务需求分析与对策研究认为公共服务需求是"数字福建"的出发点，分析了"数字福建"公共服务需求，提出了"数字福建"公共服务需求决策与供给的对策及建议。

（4）"数字福建"用户采纳行为分析与对策研究了公众和企业参与与"数字福建"用户采纳行为，并对用户采纳行为进行了理论分析，设计了分析模型，收集了样本，进行了数据分析和研究结果分析，提出了推进公共服务的对策与建议。

（5）"数字福建"电子政务效率测评研究了行政效率的概念演化、联合国电子政务评估方法演化、我国电子政务评估方法演化、福建电子政务发展阶段的定位，分析了云平台背景下电子政务边际成本变化，并以"数字福建"云计算中心为例对电子政务服务效率加以分析。

1.4　研究方案和技术路线

1.4.1　研究方法

本书涉及的主要研究方法包括以下几种。

（1）文献研究法。通过大量相关文献的查阅来为初始研究奠定理论基础。

（2）博弈论。在模型构建之前，利用博弈论的研究方法，分析各利益相关主体之间的利益平衡，发掘影响"数字福建"发展，尤其是信息资源共建共享的根本因素，从而探索出解决方法。

（3）实地调查法。通过调查福建省电子政务绩效与信息化服务的评估现状，以获取后续研究所需要的数据，同时，利用数据挖掘技术，直接从社交网络获取支持数据。

（4）理论研究和实地调查结合法。通过将文献与实际调查相结合，并在大数据技术的支持下，检验绩效考核方案对"数字福建"电子政务建设的科学性。

（5）模型构建法。主要采用国内外学者对公众采纳行为主流研究范式，构建研究模型、提出研究假设、进行问卷设计、收集和分析样本数据。

1.4.2　主要理论方法和观点

以信息系统成功模型和技术接受模型（technology acceptance model，TAM）为基础，结合信任理论，分为用户采纳前和用户采纳后两阶段，构建混合模型。信息系统成功模型于 1992 年由 DeLone 和 McLean 首次提出。他们认为，信息系统成功实施是具有时间和因果关系的过程，模型中的六个变量相互影响。十年后，他们又基于相关文献的总结，提出了升级后的信息系统成功模型。在升级版模型中，"服务质量"被引入，并将初始模型中的"使用"改为"使用意愿"，增加了"净收益"变量，包含了个人影响、组织影响、社会影响等内涵。TAM 受到学者们的普遍认可，足以证明其合理性和生命力。

TAM 是 Davis 于 1989 年在理性行为理论的基础上对用户采纳信息系统的问题提出的模型。该模型认为行为意向是使用行为的核心预测因子，并提出行为意向的两个主要影响因素：感知有用性和感知易用性。这两个因素被学界广泛用于各类信息系统采纳研究。随着信息技术的发展，越来越多的公众开始使用网络服务，TAM 及其改进模型也被应用于电子政务的采纳研究中，并发现感知有用性和感知易用性正向影响公众采纳电子政务服务。

信任理论目前被广泛地应用于电子政务的用户采纳研究中。许多研究表明信任能够显著影响用户的采纳行为。在用户采纳电子政务服务的行为过程中，在不同阶段用户心理是有所不同的。在电子政务公共服务的初始阶段，使更多的用户从观念上接受并愿意采纳服务是关键要素，用户能否接受并采纳取决于对电子政务公共服务的初始信任、技术优势等因素，而当用户接受公共服务后，总是期望政府继续提供各种可以信赖的服务，因此，互联网环境下政府公共服务的易用性、有用性、质量等特性就成了公众后续使用电子政务的关键因素。电子政务及区域信息化服务的绩效评估所评估的内容核心是用户满意度，本书遵循的核心思想是数据支撑下的用户满意度与绩效评估的匹配，在此基础上，以数据挖掘的相关算法和模型为手段，不断修正评价标准。电子商务方面以数据为主要依据，在此基础上结合相应的数据分析方法来寻求应对措施。

1.4.3　研究框架

基于上述分析，互联网+服务背景下"数字福建"发展研究的框架如图 1-1 所示。

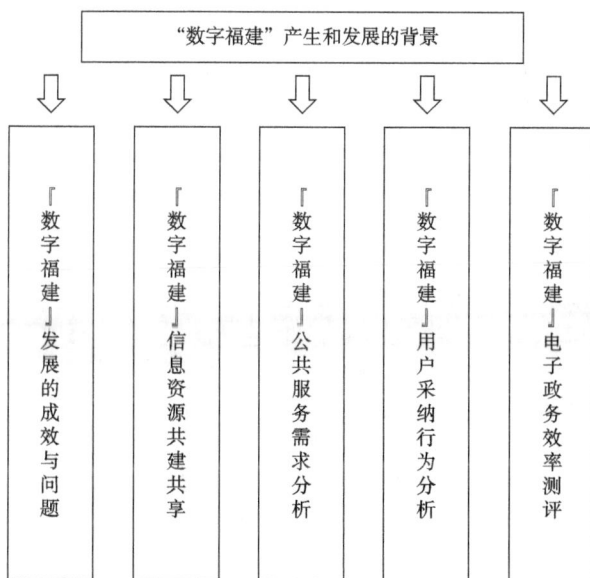

图 1-1　互联网+服务背景下"数字福建"发展研究框架

参 考 文 献

[1]黄栋，邹珊刚. 信息化、区域创新系统与政府行为[J]. 科技进步与对策，2002，19（7）：42，43.

[2]柳芳，邱力生，何衡. 论信息化带动工业化的区域突破战略及其措施[J]. 武汉大学学报（哲学社会科学版），2005，（1）：104-109.

[3]卜福荃，金正铁. 黑龙江省区域信息化建设现状与发展综述[J]. 现代情报，2007，（7）：12-14，17.

[4]胡德，刘君德. 长三角区域信息化合作背景、思路与对策[J]. 南通大学学报（社会科学版），2007，23（3）：11-14.

[5]孙中伟，金凤君，王杨. 信息化对区域经济发展的组织作用[J]. 地理与地理信息科学，2008，24（4）：44-49.

[6]张劲. 信息化对经济区域空间的作用机制[J]. 现代管理科学，2010，（3）：83，84，91.

[7]李旭辉，程刚. 安徽省区域信息化水平实证研究[J]. 新世纪图书馆，2011，（3）：83-85.

[8]阮丽华，李婧，张予川，等. 信息化对湖北区域经济发展的影响实证研究[J]. 湖北大学成人教育学院学报，2012，30（4）：70-74.

[9]赵军. 我国区域信息化的差异性研究[J]. 经济视角（下旬刊），2012，（6）：11，12.

[10]颜珍. 信息化对区域经济增长的影响：基于空间计量模型的实证分析[D]. 湖南大学硕士学位论文，2014.

[11]杨志新. 区域信息化规划的重点与难点研究[J]. 电子政务，2014，（9）：102-106.

[12]兰涌，彭勇行. 区域信息化水平的组合评价研究[C]. 中国系统工程学会决策科学专业委员会年会. 2001.

[13]陈春晖. 区域信息化指标体系及其测评方法[J]. 统计与决策，2003，（2）：12.

[14]张灵莹，乔楠，成涛. 区域信息化影响要素分析及发展对策[J]. 商业时代，2006，（21）：91-94.

[15]向卓元，叶芬. 基于系统动力学的区域信息化测度模型研究[J]. 软件导刊，2007，（11）：82-84.

[16]游宪生. "数字福建"纵横谈[J]. 发展研究，2000，（11）：5-8.

[17]王钦敏. "数字地球"和"数字福建"[J]. 福州大学学报（哲学社会科学版），2001，（3）：5-9.

[18]吴秀麟. "数字福建"建设的若干思考[J]. 中共福建省委党校学报，2001，（12）：60-62，56.

[19]刘义圣. "数字福建"建设若干问题浅探[J]. 福建行政学院福建经济管理干部学院学报，2002，（1）：71-74.

[20]房桃峻. 机遇与挑战——论"数字福建"对我省企业的影响[J]. 东南学术，2002，（2）：98-102.

[21]孙小芳，孙依斌. 构建数字福建基础框架与信息系统的探讨[J]. 闽西职业大学学报，2002，4（3）：46-48.

[22]何清和. 加快福建电子政务建设的思考[J]. 发展研究，2003，（8）：6-8.

[23]福建省空间信息工程研究中心. "数字福建"300问[M]. 福州：福建省地图出版社，2003：364.

[24]王钦敏. "数字福建"系统工程的建设与应用[J]. 地球信息科学，2005，7（2）：1-5.

[25]池天河，张新，赵小锋，等. 面向电子政务的地理信息服务体系研究——以"数字福建"为例[J]. 测绘科学，2006，（2）：11，12.

[26]丛林. "数字福建"平台下的数字创意产业发展探讨[J]. 情报探索，2008，（9）：3-6.

[27]薛友荣. 在"数字福建"政务网上构建厅局广域网的方案探讨[J]. 福建电脑，2009，（4）：53，54.

[28]林依泉. 建设"数字福建"地理空间基础框架[J]. 现代测绘，2010，（5）：18-20.

[29]王晋强. "环三发展"与"数字福建"对接的思考[J]. 经济与社会发展，2010，（9）：21-23.

[30]孟谦，郭敏，林振. "数字福建"：资源整合带来能力提升[J]. 社区，2012，（1）：22，23.

[31]陈婷. 福建省电子政务发展现状及存在问题探讨[J]. 信息系统工程，2012，（2）：159，160.

[32]王爱萍. 关于进一步推进数字福建建设几点思考[J]. 福建电脑，2014，（12）：103，104.

[33]董凌峰，李永忠. 基于云计算的政务数据信息共享平台构建研究——以"数字福建"为例[J]. 现代情报，2015，（10）：76-81.

[34]余鲲鹏，郭东强，郭建宏. "互联网+"背景下信息化 3.0 的建设机制思考——以"数字福建"建设为例[J]. 长春大学学报，2017，（5）：1-5.

[35]谢丽彬. 移动互联下"数字福建"政府服务创新研究[J]. 湖南科技学院学报，2017，38（7）：37-39.

[36]周顺骥. 数字福建信息化标准体系框架研究[J]. 标准科学，2017，（12）：151-154.

[37]吴江波，陈达弘，陈拓. 努力打造"数字中国"的福建样板[J]. 中国电信业，2018，（2）：16-21.

[38]魏国. 英国电子政务服务模式研究[D]. 南开大学硕士学位论文，2004.

[39]付洪川，杜顶，赵建英. 电子政务服务模式的研究[J]. 理论界，2007，（5）：209，210.

[40]张节，杨锐. 电子政务服务评价的理性思考[J]. 中国行政管理，2008，（4）：57-60.

[41]彭博. 我国电子政务服务体系研究[D]. 吉林大学硕士学位论文，2008.

[42]李阳晖，罗贤春. 国外电子政务服务研究综述[J]. 公共管理学报，2008，（4）：116-121.

[43]李海军. 基于本体的电子政务服务模型研究[D]. 北京大学博士学位论文，2008.

[44]麻稚珏. 基于 CRM 的电子政务服务研究[D]. 天津师范大学硕士学位论文，2009.

[45]张辉. 基于服务过程的电子政务服务质量评估模型研究[J]. 图书情报工作，2010，（11）：116-118，115.

[46]蒋骁，季绍波，仲秋雁. 电子政务服务公民采纳模型及实证研究[J]. 科研管理，2011，（1）：129-136，146.

[47]李芳. 基于本体的电子政务服务整合研究[D]. 中国科学院大学博士学位论文，2012.

[48]王娜. 电子政务服务的用户满意度研究[D]. 上海交通大学硕士学位论文，2012.

[49]赵岚，金敏力. 我国电子政务服务能力影响因素分析[J]. 电子世界，2014，（12）：252-254.

[50]庞庆华，陈雨儿. 基于服务蓝图理论的电子政务服务价值共创研究[J]. 情报杂志，2016，（11）：151-157.

[51]贾聪聪. "互联网+政务服务"——我国电子政务服务新模式探究[J]. 数字图书馆论坛，2016，（8）：60-66.

[52]温倩宇，胡广伟. 基于价值网的电子政务服务价值共创机制研究[J]. 情报杂志，2017，（12）：152-158.

第 2 章　"数字福建"产生和发展的背景

2.1　信 息 社 会

2.1.1　"信息社会"概念提出的国际背景

"信息社会"一词是日本社会学家梅棹忠夫于 1963 年在其《信息产业论》一文中首次提出的。20 世纪 80 年代，美国学者丹尼尔·贝尔、阿尔温·托夫勒、约翰·奈斯比特等都对信息社会的特征做了比较深入的论述。

2000 年 7 月，在日本冲绳召开的 G8 峰会上，八国元首签署发表了《全球信息社会冲绳宪章》，宣布人类开始迈入信息社会。《宪章》全文第一句话是："信息技术是推进 21 世纪发展的最强大力量，将为所有的人提供重要的机会。信息社会是通过充分利用知识和设想实现人类的希望的社会。"

2003 年 12 月在瑞士召开的"信息社会世界峰会"中，世界各国政治家在"构造信息社会——新千年的一个全球性挑战"的原则宣言中"代表世界各国人民宣布"："我们深信不疑，我们正在共同迈入一个极具潜力的、扩展人类交流的信息社会。"

由此可见，信息社会作为信息革命的一个必然结果，是人类历史发展的下一个阶段，这已经成为世界各国的一个共识。

2.1.2　"信息化"含义及其要素

梅棹忠夫于 1963 年在《信息产业论》一文中首次提出"信息化"。联合国在 1998 年《知识社会》中是这样描述信息化的——"信息化既是一个技术的进程，又是一个社会的进程。它要求在产品或服务的生产过程中实现管理流程、组织机构、生产技能以及生产工具的变革。"信息化既改变生产力，又改变生产关系，对人类社会的影响极为深刻。

信息化是利用现代信息技术对人类社会的信息和知识的生产与传播进行全面的改造并因而推动人类社会生产体系的组织结构和经济结构发生全面变革的一个过程，是一个推动人类社会从工业社会向信息社会转变的社会转型的过程。信息化不是目的，而是一个过程，是一场产业革命的过程。

信息化应用至国家层面，其内容丰富、广泛，总体可将国家信息化概括为包含六大要素：信息网络、信息技术应用、信息技术和产业、信息资源、信息化人才、信息化政策法规和标准规范，如图 2-1 所示。

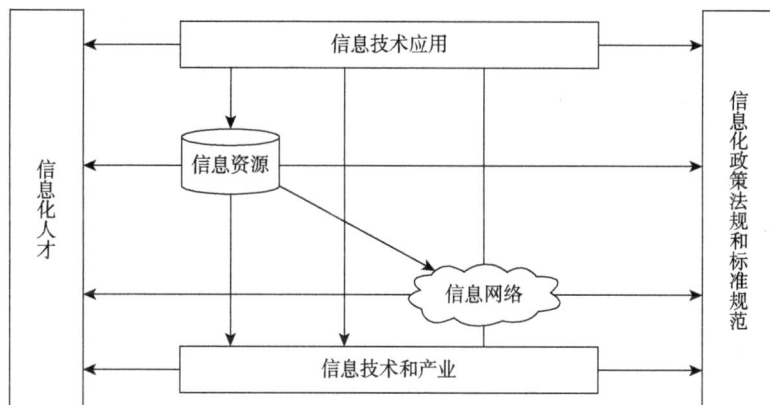

图 2-1　国家信息化体系六要素关系图

国家信息化体系六要素具体内容为：第一，信息技术应用。是指把信息技术广泛且深入地应用于经济和社会各个领域。信息技术应用是信息化体系六要素中的龙头，是国家信息化建设的主阵地。第二，信息资源。信息资源、材料资源和能源共同构成了国民经济和社会发展的三大战略资源。信息资源的深度开发和有效利用是国家信息化的核心任务，是国家信息化建设取得实效的关键，也是我国信息化的薄弱环节。第三，信息网络。信息网络是信息资源开发利用和信息技术应用的基础，是信息传输、交换和共享的必要手段。目前，人们通常将信息网络分为电信网、广播电视网和计算机网。三种网络互相融通，取长补短，逐步实现三网融合。第四，信息技术和产业。信息技术和产业是我国进行信息化建设的基础。第五，信息化人才。信息化人才是国家信息化的成功之本，对其他各要素的发展速度和质量有着决定性的影响，是信息化建设的关键。第六，信息化政策法规和标准规范。信息化政策法规和标准规范用于规范与协调信息化体系各要素之间的关系，是国家信息化有序、快速、健康、可持续发展的根本保障。

2.1.3 信息化浪潮

现代信息技术以微电子技术为基础技术，以计算机技术和现代通信技术为主要代表，包括信息获取技术、信息处理技术、信息传递技术、信息存储技术等方面的技术。

2010 年初，摩根士丹利发布的一项报告称，"20 世纪 60 年代是大型机时代，70 年代是小型机时代，80 年代是个人电脑时代，90 年代是桌面互联网时代，21 世纪将进入第五季，移动互联网将成为第 5 个新技术发展周期"，即大型机时代、小型机时代、个人电脑时代、桌面互联网时代、移动互联网时代。

信息技术应用的重点也在发生改变，20 世纪 50 年代主流为数据管理，20 世纪 70 年代兴起了信息管理，20 世纪 90 年代人们则开始重视知识管理领域。20 世纪 90 年代由于互联网技术的飞速发展和广泛应用，出现了信息爆炸的局面，使计算机处理的内容更向着知识管理的方向发展。

信息技术应用的指导思想不断深化，从 1995 年计算机化到 20 世纪 80 年代注重业务流程新设计，20 世纪 90 年代人们则专注于业务流程优化和再造及组织机构的改革。互联网的应用使得人们在任何时间、任何地点，获取任何信息或与任何人进行数据传输都成为可能。因此，可以在互联网和全球化这个大环境中来研究如何对现有的、工业时代的组织形态和结构进行信息化的改造，使其能够适应信息时代的要求。

2000 年之后，移动互联网技术得到了迅速发展，虽其本质上仍是互联网，但由于整合了移动通信"随时、随地、随身"的特点和互联网"分享、开放、互动"的优势，而被视为互联网"升级版本"——下一代互联网，即 Wed3.0。在移动互联网中，电信运营商提供无线接入，互联网企业提供各种成熟的应用，硬件制造商则将应用捆绑在移动终端中。对于互联网用户来说，移动互联网所带来的最大好处便是实现了从"互联网在哪里，人就在哪里"到"人在哪里，互联网就在哪里"的转变。

信息技术的迅速发展和广泛应用催生了信息化浪潮。20 世纪 80 年代中期，随着托夫勒《第三次浪潮》一书在中国的热销，信息化浪潮第一次在中国国内掀起，这次关注的对象主要是高校、政府部门等知识分子比较集中的机构，在政府层面其主要标志是成立了许多信息中心，如经济信息中心、科技信息中心等。技术驱动是这一阶段信息化发展的主要特征。

1993 年 9 月，美国克林顿政府颁布重要文件——《国家信息基础设施行动议》，即建设信息高速公路计划，是一个集各类信息输送网络、计算机数据库和民用为一体的信息网络,它涉及国际数据网络、电话电信技术和电缆电视传输设备,可以使用户随时掌握大量信息;同年 3 月,我国政府提出"三金"(即金桥、金关、金卡)工程作为我国建设信息基础设施的起步,这是信息化在国内掀起的第二次浪潮。随后,"金"字系列工程不断壮大和发展,成为我国信息化建设成果的重要标志和示范,并在国民经济和社会发展中发挥日益重要的作用。市场驱动是这一阶段信息化发展的主要特征。

1993 年,中国第一条专线接入互联网,1994 年我国正式加入互联网大家庭,即互联网开始在中国商业化、社会化。互联网在中国经过 20 多年的急速发展,几乎彻底改变了每一个人的生活、消费、沟通和出行的方式。

2.2 国家信息化战略

2.2.1 信息化已上升到国家战略

2000 年中共十五届五中全会明确了信息化的战略地位,提出"信息化是覆盖现代化建设全局的战略举措"。2001 年九届全国人大四次会议批准了《中华人民共和国国民经济和社会发展第十个五年计划纲要》,并做出了"以信息化带动工业化,发挥后发优势,实现社会生产力的跨越式发展"的战略决策。2002 年,十六大报告提出:"坚持以信息化带动工业化,以工业化促进信息化,走出一条科技含量高、经济效益好、资源消耗低、环境污染少、人力资源优势得到充分发挥的新型工业化路子。"[1]

2007 年,党的十七大报告中"信息化"一词共出现 6 次,该报告关于信息化的主要内容为:第一,全面认识新时期信息化深入发展的新形势、新任务。"全面认识工业化、信息化、城镇化、市场化、国际化深入发展的新形势新任务,深刻把握我国发展面临的新课题新矛盾,更加自觉地走科学发展道路,奋力开拓中国特色社会主义更为广阔的发展前景"。第二,继续大力推进信息化与工业化融合,"发展现代产业体系,大力推进信息化与工业化融合,促进工业由大变强,振兴装备制造业,淘汰落后生产能力"。第三,优先发展信息产业,促进信息产业与现代服务业的融合,首次将信息产业提到生物、新材料、航空航天、海洋等产业之前,另外,"发展现代服务业,提高服务业比重和水平"。第四,加快机械化和信息化复合发展。"按照建设信息化军队、打赢信息化战争的战略目标,加快机械化

---

[1] 《江泽民同志在党的十六大上所作报告全文》,http://www.chinanews.com/2002-11-17/26/244509.html [2020-10-17]。

和信息化复合发展，积极开展信息化条件下军事训练，全面建设现代后勤，加紧培养大批高素质新型军事人才，切实转变战斗力生成模式"①。中国共产党十七大报告从信息化思想认识、信息化与工业化、信息产业发展及其与现代服务业的融合、军事信息化等方面，对新时期的信息化工作做出了战略部署，为今后信息化工作的深入开展指明了道路。

2012 年党的十八大报告共有 16 处表述提及信息、信息化、信息网络、信息技术与信息安全，报告中指出"坚持走中国特色新型工业化、信息化、城镇化、农业现代化道路，推动信息化和工业化深度融合、工业化和城镇化良性互动、城镇化和农业现代化相互协调，促进工业化、信息化、城镇化、农业现代化同步发展"②。同时，把"信息化水平大幅度提升"纳入全面建成小康社会的目标之一，信息化本身已经不再只是一种手段，而成为发展的目标和路径。

2.2.2　《2006—2020 年国家信息化发展战略》

《2006—2020 年国家信息化发展战略》指出，大力推进信息化，是覆盖我国现代化建设全局的战略举措，是贯彻落实科学发展观、全面建成小康社会、构建社会主义和谐社会和建设创新型国家的迫切需要和必然选择，其内容主要包括：第一，九项战略重点——推进国民经济信息化、推行电子政务、建设先进网络文化、推进社会信息化、完善综合信息基础设施、加强信息资源的开发利用、提高信息产业竞争力、建设国家信息安全保障体系、提高国民信息技术应用能力和造就信息化人才队伍；第二，六项战略行动——国民信息技能教育培训计划、电子商务行动计划、电子政务行动计划、网络媒体信息资源开发利用计划、缩小数字鸿沟计划、关键信息技术自主创新计划；第三，九项保障措施——完善信息化发展战略研究和政策体系、深化和完善信息化发展领域的体制改革、完善相关投资融资政策、加快制定应用规范和技术标准、推进信息化法治建设、加强互联网治理、壮大信息化人才队伍、加强信息化国际交流与合作、完善信息化推进体制。

到 2020 年，我国信息化建设的战略目标是，综合信息基础设施基本普及，信息技术自主创新能力显著增强，信息产业结构全面优化，国家信息安全保障水平大幅提高，国民经济和社会信息化取得明显成效，新型工业化发展模式初步确立，国家信息化发展的制度环境和政策体系基本完善，国民信息技术应用能力显著提

---

① 《高举中国特色社会主义伟大旗帜　为夺取全面建设小康社会新胜利而奋斗——在中国共产党第十七次全国代表大会上的报告》，http://cpc.people.com.cn/GB/104019/104101/6429414.html[2020-12-15]。

② 《胡锦涛在中国共产党第十八次全国代表大会上的报告》，http://cpc.people.com.cn/n/2012/1118/c64094-19612151.html[2020-12-08]。

高,为迈向信息社会奠定坚实基础①。

2.2.3 我国信息化建设的五个阶段

我国信息化建设的五个阶段:"九五"期间,以网络、硬件等基础设施为基础;"十五"期间,侧重应用、软件等方面的完善;"十一五"期间,深化应用、服务是工作的重点;"十二五"期间向信息、个性服务方向拓展;"十三五"期间向知识经济转变,并向为公众和企业服务延伸。

1. 国民经济和社会发展第十一个五年规划

《中华人民共和国国民经济和社会发展第十一个五年规划纲要》就信息化方面指出,坚持以信息化带动工业化,以工业化促进信息化,提高经济社会信息化水平。加快国家基础信息库建设,促进基础信息共享。优化信息资源结构,加强生产、流通、科技、人口、资源、生态环境等领域的信息采集,加强信息资源深度开发、及时处理、传播共享和有效利用。积极推进"三网融合"。建设和完善宽带通信网,加快发展宽带用户接入网,稳步推进新一代移动通信网络建设。建设集有线、地面、卫星传输于一体的数字电视网络。构建下一代互联网,加快商业化应用②。

截至 2009 年,我国国民经济和社会信息化建设取得了以下成就。

第一,综合信息网络基础设施建设迈上了新台阶,战略基础性作用日益凸显。建成了世界上最大规模的高性能通信网络,行政村通电话比例达到 100%,可联网的乡镇比例跃升至 99%;有线电视用户数超过 1.75 亿户,其中,数字电视用户超过 6200 万户,双向网络覆盖用户超过 3000 万户;建成了全球最大的 IP 软交换网 IPv6 应用示范网络。

第二,国民经济信息化得到全面推进,大大推动了产业结构转型与升级,促使经济增长方式实现转变。98.5%的乡、镇、村建立了农村信息服务站;信息化与工业化融合初见成效,电子商务得以蓬勃发展;银行卡消费额占社会消费品零售总额的比重近 35%。

第三,信息技术创新能力不断增强,信息产业发展迈上新台阶。集成电路设计水平突破 65 纳米;千亿次高性能计算机研制成功;软件服务业占电子信息产业

---

① 《中办、国办印发〈国家信息化发展战略纲要〉》,http://www.xinhuanet.com/politics/2016-07/27/c_1119290201. htm[2020-07-27]。

② 《中华人民共和国国民经济和社会发展第十一个五年规划纲要》,http://www.gov.cn/gongbao/content/2006/content_268766.htm[2020-12-20]。

规模的比例达 16.3%；通信设备制造业进入国际先进行列；信息技术领域发明专利申请量占全国的 44%。

第四，电子政务应用得到深化，成为政府履行职责和提升公共服务能力的重要手段。电子政务系统和政府核心业务日益融合，一些地区和部门初步形成了符合中国国情的最佳实践模式；"十二金"工程等一批国家重点业务系统应用基本达到国际先进水平；各级政府门户网站已建成、开通和运行；各地电子政务建设进入信息共享和业务协同新阶段，成为改善民生、建设服务型政府的重要载体。

第五，社会领域信息化稳步推进，成为社会事业现代化的助推器。初步形成覆盖全国的现代教育传输网络，国家重点教育资源库粗具规模；覆盖全国的疾控体系和治疗救治体系初步建成，医院信息系统在大中型医院基本普及；劳动就业、社会保障、社区服务和无障碍助残事业等领域信息化建设稳步推进，成为构建社会主义和谐社会的重要支撑。

第六，中国特色的网络文化建设成效明显，成为弘扬社会主义先进文化的新途径。截至"十一五"末期，我国网站数达 441 万个；网络文化产业规模接近 3000 亿元；文化信息共享工程数字资源总量达 90 太字节。

第七，国家网络与信息安全保障体系不断完善，在维护国家安全和促进经济社会发展中发挥日益重要的作用。统筹协调、部门分工合作的网络与信息安全管理体制和工作机制基本形成；网络与信息安全基础设施不断优化，技术保障体系日臻完善，技术研究和产业化取得重要进展，基础网络和重要信息系统防护水平显著提升，互联网安全管理不断强化，法制和标准化建设稳步展开，网络空间执法力度不断加大。

2. 国民经济和社会发展第十二个五年规划

"十二五"时期特别是党的十八大之后，党中央成立网络安全和信息化领导小组，通过完善信息化顶层设计和信息化决策体制，加强统筹协调，做出实施网络强国战略、大数据战略、"互联网+"行动等一系列重大决策，开启了信息化发展新阶段。

"十二五"时期，我国国民经济和社会信息化建设取得了以下成就。

第一，信息基础设施建设实现跨越式发展，宽带网络建设明显加速。截至 2015年底，我国网民数达到 6.88 亿，互联网普及率达 50.3%，互联网用户、宽带接入用户规模位居全球第一。第三代移动通信网络（以下简称 3G）覆盖全国所有乡镇，第四代移动通信网络（以下简称 4G）商用全面展开，第五代移动通信网络（以下简称 5G）研发步入全球领先梯队，网络提速降费加快推进。

第二，信息产业初步形成体系。2015 年，信息产业收入达 17.1 万亿元，智能手机等多个领域的信息产品产量居全球第一，涌现出一批世界级的网信企业。

第三，网络经济异军突起，新业态、新模式层出不穷。2015年电子商务交易额达到21.79万亿元，跃居全球第一。"互联网+"蓬勃发展，信息消费快速增长，产业互联网快速兴起，从零售、物流等领域逐步向一、二、三产业全面渗透。网约车、大规模在线开放课程（慕课）等新业态、新模式处于井喷状态。

第四，电子政务应用进一步深化，互联互通、业务协同稳步推进。统一、完整的国家电子政务网基本形成，基础信息资源共享体系初步建立，基于电子政务平台的公共服务不断向基层政府延伸，政务公开、在线办事和政民互动水平显著提高，有效促进了政府管理创新和公共服务创新。

社会信息化水平不断提升，在线办事服务和信息服务深入发展。信息进村入户工程取得积极成效。大、中、小学等各级教育机构初步实现网络覆盖。国家、省、市、县四级人口健康信息平台建设加快推进，电子病历普及率大幅提升，远程会诊系统粗具规模。医保、社保即时结算和跨区统筹取得新进展，截至2015年底，社会保障卡持卡人数达到8.84亿人。

第五，网络安全保障能力显著增强，网上生态持续向好。网络安全审查制度初步建立，信息安全等级保护制度基本落实，网络安全体制机制逐步完善。

第六，网信军民融合体系初步建立，技术融合、产业融合、信息融合不断深化。网信军民融合顶层设计、战略统筹和宏观指导得到加强，实现了集中统一领导和决策，一批重大任务和重大工程落地实施。

第七，网络空间国际交流合作不断深化，网信企业走出去步伐明显加快。成功举办世界互联网大会、中美互联网论坛、中英互联网圆桌会议、中国—东盟信息港论坛、中国—阿拉伯国家网上丝绸之路论坛、中国—新加坡互联网论坛。数字经济合作成为多边、双边合作新亮点。一批网信企业加快走出去，积极参与"一带一路"沿线国家信息基础设施建设。跨境电子商务蓬勃发展，年增速持续保持在30%以上。

3. 国民经济和社会发展第十三个五年规划

2015年以来，全球信息化发展面临的环境开始发生深刻变化。从国际看，世界经济在深度调整中曲折复苏、增长乏力，全球贸易持续低迷，局部地区竞争和博弈更加激烈，全球性挑战不断增加，人类社会对信息化发展的迫切需求达到前所未有的程度。同时，全球信息化进入全面渗透、跨界融合、加速创新的新阶段。现代信息技术创新周期大幅缩短，更快速度、更广范围、更深程度地引发新一轮科技革命和产业变革。物联网、云计算、大数据、人工智能、机器深度学习、区块链、生物基因工程等新技术驱动网络空间从人人互联向万物互联演进。现实世界和虚拟世界日益交汇融合，全球治理体系面临深刻变革。全球经济体普遍把加快信息技术创新、最大程度释放数字红利，作为应对"后金融危机"时代增长不稳定性和不确定性、深化结构性改革和推动可持续发展的关键引擎。在此背景下，我国将坚定不移地走中国特色信息化发展道路，实施网络强国战略，让信息化更好地造福国家和人民，为如期全面建成小康社会提供强大动力。

到 2020 年，"数字中国"建设取得显著成效，信息化发展水平大幅跃升，信息化能力跻身国际前列，具有国际竞争力、安全可控的信息产业体系基本形成。信息技术和经济社会发展开始深度融合，由于智能手机等的普及，数字鸿沟正在逐步缩小，数字红利开始得到释放。信息化正在为国家治理体系、治理能力和公共服务能力现代化提供坚实支撑。

第一，核心技术自主创新实现系统性突破。信息领域核心技术设备自主创新能力全面增强，新一代网络技术体系、云计算技术体系、端计算技术体系和安全技术体系基本建立。集成电路、基础软件、核心元器件等关键薄弱环节实现系统性突破。5G 技术研发和标准制定取得突破性进展并启动商用。云计算、大数据、物联网、移动互联网等核心技术接近国际先进水平。部分前沿技术、颠覆性技术在全球率先取得突破，成为全球网信产业的重要领导者之一。

第二，信息基础设施达到全球领先水平。"宽带中国"战略目标全面实现，建成高速、移动、安全、泛在的新一代信息基础设施。固定宽带家庭普及率达到中等发达国家水平，城镇地区提供 1000 兆比特/秒以上接入服务能力，大中城市家庭用户带宽实现 100 兆比特/秒以上灵活选择；98%的行政村实现光纤通达，有条件的地区提供 100 兆比特/秒以上接入服务能力，半数以上农村家庭用户带宽实现 50 兆比特/秒以上灵活选择；4G 网络覆盖城乡，网络提速降费取得显著成效。云计算数据中心和内容分发网络实现优化布局。国际网络布局能力显著增强，互联网国际出口带宽达到 20 太比特/秒，通达全球主要国家和地区的高速信息网络基本建成，建成中国—东盟信息港、中国—阿拉伯国家网上丝绸之路等。北斗导航系统覆盖全球。有线、无线、卫星广播电视传输覆盖能力进一步增强，基本实现广播电视户户通。

第三，数字经济全面发展。数字经济新产业、新业态不断成长，信息消费规模达到 6 万亿元，电子商务交易规模超过 38 万亿元，信息化和工业化融合发展水平进一步提高，重点行业数字化、网络化、智能化取得明显进展，网络化协同创新体系全面形成。打破信息壁垒和孤岛，实现各部门业务系统互联互通和信息跨部门、跨层级共享共用，公共数据资源开放共享体系基本建立，面向企业和互联网的一体化公共服务体系基本建成，电子政务推动公共服务更加便捷、均等。电信普遍服务补偿机制进一步完善，网络扶贫成效明显，宽带网络覆盖 90%以上的贫困村。

第四，信息化发展环境日趋优化。网络空间法治化进程全面推进，网络空间法律法规体系日趋完善，与信息社会相适应的制度体系基本建成，网信领域军民深度融合迈上新台阶。信息通信技术、产品和互联网服务的国际竞争力明显增强，网络空间国际话语权大幅提升。网络内容建设工程取得积极进展，媒体数字化建设成效明显。网络违法犯罪行为得到有力打击，网络空间持续清朗。信息安全等级保护制度得到全面落实。关键信息基础设施得到有效防护，网络安全保障能力显著提升①。

2.3 "数字地球"与"数字中国"

2.3.1 "数字地球"相关概念

"数字地球"（digital earth）作为一个完整的名词，最初于 1997 年下半年出现在科技界。1998 年 1 月 31 日，美国副总统戈尔在加利福尼亚科学中心做了题为"数字地球——认识二十一世纪我们这个星球"的讲话，率先在公开场合使用了"数字地球"这个名词。

通俗地讲，"数字地球"就是用数字的手法将地球、地球上的活动及整个地球环境的时空变化装入电脑中，实现网上流通，并使之最大限度地为人类的生存、可持续发展和日常的工作、学习、生活、娱乐服务。严格地讲，"数字地球"是以计算机技术、多媒体技术和大规模存储技术为基础，以宽带网络为纽带，运用海量地球信息对地球进行多分辨率、多尺度、多时空和多种类的三维描述，并利用它作为工具来支持和改善人类活动与生活质量。可从两个方面来理解"数字地球"这一概念：一方面，把地球上的每一点信息按地球坐标加以整理，使之数字化、可视化，构成一个完整的地球信息模型，以便通过网络相互查询、协作、共建共享；另一方面，集成遥感、地理信息系统、全球定位系统、遥测技术、数据库与互联网、仿真与虚拟现实技术等现代科技的高度综合集成和升华，是科技发展的制高点之一。"数字地球"的核心思想一是用数字手段统一处理地球信息，二是最大限度地利用信息资源，其实质是信息化地球。"数字地球"就是用数字化的手段来处理整个地球的自然和社会活动诸方面的问题，最大限度地利用资源，并使普通百姓能够通过一定方式方便地获得他们想了解的地理数据，实现对地球的多分辨率、三维描述，也就是虚拟地球。

---

① 详见 2017 年发表于《中国电信业》第 2 期的文章《"十三五"国家信息化规划》；《国务院关于印发"十三五"国家信息化规划的通知》，http://www.gov.cn/zhengce/content/2016-12/27/content_5153411.htm[2020-12-27]。

2.3.2 "数字中国"相关概念

"数字中国"是中国科学家提出的与"数字地球"相对应的概念,"数字中国"简单地说就是"数字地球"概念在中国的实现,真实性、可视性、实用性、互动性是信息化进程的发展趋势。由于 80%的信息与空间位置相关,"数字中国"在传统信息系统基础上加入时空数据维,使面向决策的管理信息系统建立在对客观规律进一步认识的基础上,成为贯彻科学发展观、实现可持续发展的有效工具,开启了人类认识地球、资源、环境及人类自身的新方法论,并且具有巨大的产业化前景。

"数字中国工程体系"的提出,为我国完成"数字中国"建设勾勒出了蓝图。第一,在国家信息基础设施建设方面,主要包括国家信息基础设施建设,通信体系及信息网络设施建设,信息化应用基础搭建等;国家空间数据基础设施建设,以及数据获取、建库与共享、标准与规范、电子政务、商务等;国家空间信息技术基础设施建设,以及航天、航空、地面一体化对地观测体系建设。第二,在技术与应用工程实施方面,主要包括政府信息化工程:电子政务和政府信息(资源、环境、社会与经济)的整合、协同、集成、共享、应用、决策支持和互联网服务等。企业信息化和社会信息化工程:数字行业、电子商务、数字区域、数字城市、数字文化、远程医疗、远程教育、三农信息化等。第三,在关键技术研发方面,主要包括空间地理框架、数据处理、检索、共享、计算机网络技术。"数字中国"将成为中国信息化和落实科学发展观的重要科技支撑点。

2.4 "数字福建"的提出

1998 年 6 月,江泽民同志在接见部分两院院士与外籍院士时就提出要重视"数字地球"的发展[1],2000 年,他又将"早日实现'数字中国',争先抢占技术产业和经济制高点"作为我国走向 21 世纪知识经济时代的发展战略[2]。2003 年,胡锦

---

[1]《江泽民同志在接见出席中国科学院第九次院士大会和中国工程院第四次院士大会部分院士与外籍院士时的讲话》,http://www.people.com.cn/item/ldhd/Jiangzm/1998/jianghua/jh0026.html[2020-06-01]。

[2]《中国数字化创新奖评选活动举办 共设立五大奖项》,http://www.gov.cn/gzdt/2008-11/04/content_1139788.htm[2020-11-04]。

涛同志也做出了推进"数字中国"地理空间框架建设的指示①。福建省 2000 年提出的"数字福建"概念就是引用和延伸了"数字地球"概念，其本质是建设信息化的福建，即以福建地区为对象开展全方位的数字化、网络化、可视化和智能化的信息集成、应用和共享系统建设。它将福建省各部门、各行业、各领域的信息通过数字化、标准化、空间化、计算机处理和网络传输，最大限度地集成和利用各类信息源，快速、准确、便捷地为经济和社会建设提供各种信息服务，实现福建省国民经济和社会信息化。"数字福建"是我国最早开始的区域信息化重大项目之一。

2000 年初，刚回国不久的国际欧亚科学院院士、福州大学教师王钦敏凭着自己在地球信息科学领域深厚的专业背景，以及长期在英国和日本等国学习与工作的经验，认识到"数字地球"理念在国家和区域信息化实践中的巨大发展空间，向福建省发改委提出用"数字地球"模式开展"十五"期间福建省信息化建设的建议，并向时任福建省发改委主任提交了建设"数字福建"的总体框架方案；同时，也向时任福建省省长的习近平同志递交了"数字福建"建设建议书。在建议书中提出以"数字地球"信息化技术系统为依托，建设福建省信息化工程，即从福建省经济和社会发展的需要出发，统筹规划和组织福建省信息化重大示范工程，以带动福建实现跨越式发展，建议书提出建设"数字福建"的当务之急是统一规划、完善信息化管理体制，由省政府主要领导牵头成立"数字福建"建设领导小组，组织协调"数字福建"的重大事项；加强"数字福建"宏观政策、法规环境建设，保证信息化进程的健康发展；突出重点，开发福建信息产业；筑巢引凤，建设"数字福建"人才队伍。

2000 年 8 月，中共福建省委中心组学习、听取上海交通大学王浣尘教授介绍上海信息化情况汇报。会后，省委、省政府向省计划委员会提出，要把信息化问题摆上重要的议事日程，在编制"十五"规划时给予高度重视。

2000 年 10 月 12 日，时任省长的习近平同志高瞻远瞩，当即对"数字福建"建设建议书做出长篇批示，赞同"数字福建"项目建议书提出的规划和建议。批示强调，建设"数字福建"意义重大，省政府应全力支持，实施科教兴省战略，必须抢占科技制高点；建设"数字福建"就是当今世界最重要的科技制高点之一；要选准和抓住这个科技制高点，集中力量，奋力攻克。在批示中，习近平同志要求省政府成立"数字福建"建设领导小组，并亲自担任领导小组组长，两位副省长任副组长，省直有关部门主要领导为领导小组成员，主办单位为省发展计划委员会；同时还要求抓紧做好人才准备，要在充分依靠王钦敏等一批省内专家的同

---

① 《测绘局：测绘工作五年大事记展现测绘事业新发展》，http://www.gov.cn/gzdt/2008-03/31/content_933157.htm[2020-03-31]。

时，善借外力，聘请和引进省外和国内的知名专家来共谋建设"数字福建"大事。在"数字福建"建设方案专家论证会上，习近平同志指出，建设"数字福建"，是福建实施以信息化带动工业化发展战略的一个实际行动和重大举措，是新世纪的一项重要工作。该批示与讲话，既抓住了区域发展的科技制高点，又把握了信息化建设政府先导、统筹规划的关键点，开启了福建省信息化建设的新篇章，保障了福建省信息化建设的可持续和健康发展①。

2000 年 10 月 27 日，在中共福建省委六届十二次全会上，"数字福建"被列入省委提出的第十个五年计划的建议，受到广泛关注。全会《中共福建省第六届委员会第十二次全体会议决议》提出，"加快开发利用全省信息技术和资源，建设以实现国民经济和社会信息化为目标，以信息资源数字化、网络化和信息共享为主要内容的'数字福建'"，大力开发信息资源、加强现代信息基础设施建设和管理、加快信息技术的推广应用。《中共福建省第六届委员会第十二次全体会议决议》进一步明确了"数字福建"建设的重点目标和主要内容②。

2001 年 2 月，福建省九届人大四次会议批准通过的《福建省国民经济和社会发展第十个五年计划纲要》中，"数字福建"工程被列为重点建设项目。省政府成立了"数字福建"建设领导小组，习近平同志任组长，三位副省长任副组长；并成立了"数字福建"专家委员会和顾问委员会，王钦敏同志任专家委员会主任兼领导小组办公室副主任。

在福建省发展计划委员会的领导下，"数字福建"专家委员会在《"数字福建"项目建议书》和"数字福建"总体框架方案的基础上，组织数十位专家，用三个月时间对福建省信息资源和信息化开展深入调研并制定了"数字福建"建设工作方案，细化了福建省信息化的近期目标和阶段性任务。同时，还编制了《"数字福建"十五建设规划》(以下简称《规划》)。《规划》分析了国内外和福建省信息化发展现状、趋势、需求和存在问题，确立了"统筹规划，国家引导；统一标准，联合建设；互联互通，资源共享"的发展方针；确定了"数字福建"发展战略、发展目标和主要任务；设计了"数字福建"的骨干工程、重点项目和应用系统；制定了关于"数字福建"的管理体制、组织措施、标准先行和人才培养等保障措施，为福建省信息化高水平、可持续发展奠定了坚实的基础。

"数字福建"简单地理解，即信息化的福建，它将福建省各部门、各行业、各领域、各地域的信息通过数字化和计算机处理，最大程度加以集成和利用，快

① 详见 2012 年发表于《中国新通信》的文章《"数字福建"的提出》。
② 《勇立潮头，建设"数字福建"——习近平总书记在福建的探索与实践·信息化篇》，http://www.fujian.gov.cn/xw/fjyw/201708/t20170828_1701832.htm[2020-12-20]。

速、完整、便捷地提供各种信息服务,实现福建省国民经济和社会信息化。

2.5 "数字福建"提出之际福建省信息化基本状况

2000 年提出"数字福建"概念之际,福建省的基础设施状况如下。

第一,在网络环境方面。1982 年,福州从日本引进的万门程控电话系统开通;1990 年,福建省成为中国第一个实现县级以上城市长途电话自动化的省份;1993 年,在全国第一个实现了县以上电话交换程控化、传输数字化;1994 年,成为全国第一个实现所有城乡电话号码实行 7 位制编号的省份;1999 年,成为全国第一个移动电话覆盖所有乡镇的省份。

第二,在信息产业方面。福建电子技术研究所开发的百灵 0520 微型机,是当时国家优选的微型机机型;福州大学与北京大学等单位共同研制成功"汉字激光照排:系统",其汉字信息压缩技术领先世界;1980 年福建日立电视机有限公司成立,这是我国电子行业第一家合资企业,它创造了 18 项中国彩电技术的第一;20 世纪 80 年代中后期是福建计算机工业发展的新时期,实达集团自行研制生产的中西文终端系列产品具有国际水平。

第三,在电子政务方面。1984 年,福建省人民政府成立计算机和集成电路领导小组(1987 年更名为福建电子振兴领导小组),加强了对福建省计算机事业的统一规划、领导,政府信息化领域成为重要的内容;1990~1991 年建成的福建省省直机关综合电子信息服务网,实现了 29 个联网省直机关对 13 个数据库的联机检索;1993 年后,随着国家实施以"三金"为代表的金字系列工程,福建省重要政府部门的信息化开始有计划地推进;"九五"期间,福建省组织实施国民经济和社会信息化重点工程,即"118 工程",推进国民经济信息化建设,福建电子政务开始有规划地推进。

第四,在经济与社会信息化方面。20 世纪 80 年代,福建省应用微机改造传统产业的项目包括改造工业设备,实现生产过程自动控制,提高产品设计、制造和检测水平,以及经营管理的智能化等,经济效益显著;1986 年福建在全国最早应用微机、激光打印机、制版固版胶印机及中文录入排版系统取代传统的铅字印刷;截至 1996 年底,福建省应用电子信息技术改造传统产业项目共 2000 多个,涉及机械、轻工、电子、卫生、农业等近 20 个行业,20%的企业生产过程不同程度上实现了计算机控制,90%以上的建筑工程设计实现了计算机辅助设计,千家企业实现了计算机辅助管理。

第3章 "数字福建"发展的成效、互联网+服务背景下需要强化之处

早在计算机、网络尚未广泛普及的世纪之交，时任福建省省长习近平同志就敏锐地认识到信息化建设的重要意义，强调"信息化是当今世界经济和社会发展的大趋势，它是我国和我省产业优化升级和实现现代化的关键环节，四个现代化，哪一个也离不开信息化"（2002年2月《"数字福建"向我们走来》）。习近平同志指出，"实施科教兴省战略，必须抢占科技制高点。建设'数字福建'，就是当今世界最重要的科技制高点之一"（2000年10月12日在《"数字福建"项目建议书》上的批示）；"建设'数字福建'，攻占信息化的战略制高点，可以统揽我省信息化全局，发挥后发优势，意义十分重大"（2000年12月23日在省政府专题会议上的讲话）。他强调，"各级各部门要加深对实现国民经济信息化重大意义的理解，认识到'数字福建'就是福建的信息化，是新世纪我省现代化建设上新水平的重大举措"（2002年6月7日在"数字福建"建设领导小组全体会议上的讲话）。这些重要论述，充分体现了习近平同志的战略眼光[①]。

2000年以来，福建省委、省政府始终把"数字福建"建设作为21世纪的一项重要工作，一任接着一任干，一年接着一年抓，各级、各部门密切协作、全面推进，取得了显著成效。

3.1 "数字福建"建设成效

1. "数字福建"建设有力促进了福建省信息基础设施的跨越式发展

第一，数字经济占福建省经济总量比重已超1/3。2018年，福建省信息化综合

---

① 《"数字福建"建设的重要启示——习近平同志在福建推动信息化建设纪实》，http://news.china.com.cn/2018-04/20/content_50917577.htm[2020-12-01]。

指数居全国第六位，互联网普及率居第四位，信息化和工业化高层次的深度融合（简称两化融合）水平居第七位，省级政务门户网站测评居第四位，数字经济发展规模居第六位。

第二，福建省教育信息基础设施建设取得显著进展。完小（即完全小学）以上中小学中，网络接入带宽在 10 兆以上的占学校总数的 92.5%，83.2%的班级拥有"班班通"设备。2016 年为福建省 4683 所完小以上农村中小学接入 20 兆宽带网络，2010～2015 年宽带接入费用全部由省财政承担。在此基础上，各市、县（区）、学校多种渠道筹措资金，进一步提高学校网络出口带宽，到 2020 年全面达到城镇学校班均出口带宽不低于 10 兆，有条件的农村学校班均出口带宽不低于 5 兆，有条件的教学点接入带宽达 4 兆以上[①]。

第三，通信基础网络全面覆盖。截至 2015 年底，提前实现千兆光纤通达福建省各市、县（区），3G 信号实现行政村以上全覆盖，4G 信号覆盖福建省市县城区及大多数乡镇，省、市、县广电网络形成"福建省一网"，率先开通海峡两岸直通光缆，福建省移动电话普及率 112.4%，互联网普及率 104.1%（居全国第四位）[②]。

2. "数字福建"建设，为福建构建服务型政府提供了技术支撑

第一，2017 年，平潭已建成全国质检系统唯一的对台检验检疫数据交换中心，成功开发两岸检验检疫证书核查系统，依托该中心推进两岸电子检验检疫证书交换互查常态化。

第二，12345 政务服务平台进一步升级。2003 年，作为"数字福建"的示范区，福州市鼓楼区率先启用运行 12345 便民呼叫中心。2006 年，12345 升级为福州市热线服务平台，服务范围覆盖了市、县、乡三级。2012 年，福建省在各设区、市推广建设 12345 政务服务热线。依托省政务外网云计算平台，建设福建省统一的 12345 政务服务平台，部署统一数据中心，建立统一数据交换平台。2016 年以来，福建省 12345 系统进行全面升级改造，改为"12345 便民服务平台"，并完善了各项便民服务功能。由国家部委统一开通和管理的 40 部电话专线，基本上统一整合到平台。一个更加高效、便民的服务系统已投入运行，公众可以选择电话、网站、邮件、传真、微信、微博、QQ 等多种渠道提出服务需求。12345 便民服务平台实现了网络信息实时公开、可追溯。诉求者通过互联网或移动终端，可查询所投诉、咨询或申报事项的办理状态。福建省 12345 便民服务平台监督管理机构对群众关注的 90 项便民服务事项进行重新梳理，明确具体责任单位和兜底部门，

---

① 《以教育信息化引领教育现代化——福建省"十三五"教育发展专项规划解读之十一》，http://www.fujian.gov.cn/xw/fjyw/201609/t20160919_1690602.htm[2020-10-01]。

② 《福建省人民政府办公厅关于印发福建省"十三五"数字福建专项规划的通知》，http://www.fujian.gov.cn/xw/ztzl/zfwzjsygl/ygwj/201605/t20160524_1197706.htm[2020-05-24]。

确保群众反映的问题能及时得到处理、解决,对一些职能交叉或职责不明的便民事项,直接指定相关部门处理。福建省 12345 便民服务平台监督管理机构提供的数据显示,2017 年上半年,平台共受理群众诉求件 315 957 件,及时办结回复 311 176 件,及时回复率达 98.49%。在福州,受理有效诉求件 17.08 万件,及时回复率达 99.86%,群众基本满意率达 99.74%①。

第三,建立重点食品、食用农产品全过程追溯制度。落实"最严谨的标准、最严格的监管、最严厉的处罚、最严肃的问责"的要求,实施食品安全战略,构建从"农田到餐桌"的"一品一码"(一个批次产品有唯一的追溯码)全过程追溯体系,实现食品质量安全顺向可追踪、逆向可溯源、风险可管控、发生质量安全问题时产品可召回、原因可查清、责任可追究,有力保障食品质量安全,保障广大群众饮食安全的知情权和监督权。食品安全追溯体系覆盖了种植、养殖、生产、加工、仓储、物流、终端销售、检验、检测、政府监管、企业管理、互联网查询等各个环节,监管部门和消费者可以通过访问食品安全信息追溯公众服务平台,或者手机下载 APP(即应用程序)扫追溯码的方式,获知该追溯码对应食品或食用农产品的产地、生产经营者、生产日期、检验检测等相关信息。2017 年底实现重点食品和食用农产品全过程可追溯,2018 年实现福建省范围内食品和食用农产品全过程可追溯。

第四,电子政务应用体系基本建成。社会管理普遍实现信息化,80%的主要业务实现了信息化应用,社会运行和综合监管水平明显提升。涵盖福建省的人口和企业法人基础数据库、第三方涉税信息交换、家庭收入核对、保障性住房核对等平台基本建成。建成了安监、煤监、水利、消防等 16 个专业应急指挥平台和省级综合平台,福建省防灾减灾和应急处置能力大幅提升。全面建成网上行政审批系统、网上行政执法平台,在全国率先推行文件证照电子化应用,在网上审批、电子招投标、电子通关报检等业务活动中初步实现材料全流程电子化网络化提交、受理、流转,公共服务能力进一步提高。

3. "数字福建"建设,为福建省转变经济发展方式注入新动力

数字经济发展势头良好。2015 年福建省数字经济发展总水平居全国第六位,一些技术和产品处于国内外先进水平。福建省电子商务交易总额 7116 亿元,"两化融合"发展水平排名全国第六位,互联网经济加快发展,有力促进了产业结构升级和经济发展方式转变②。

---

① 《福建省 12345 平台:件件有落实 事事有回音》,http://www.taihainet.com/news/fujian/gcdt/2017-09-03/2050703.html[2020-09-03]。

② 《福建省人民政府办公厅关于印发福建省"十三五"数字福建专项规划的通知》,http://www.fujian.gov.cn/xw/ztzl/zfwzjsygl/ygwj/201605/t20160524_1197706.htm[2020-05-24]。

第一，党的十八大以来，福建省以产业需求为导向，编制战略性新兴产业技术发展报告和创新态势图，深化产学研用结合，强力打造福建产业升级版。

组织实施了 97 个科技重大专项专题，在数控与智能装备、新能源、稀土分离、农业生物育种等多个领域实现重大技术突破，布局建设了宁德时代新能源、福州京东方、"数字福建"云计算等重大项目，加快推动动力电池、集成电路、新型显示、石墨烯、生物医药和康复等新兴产业发展。

福建省战略性新兴产业增加值从 2012 年的 1468 亿元增加到 2016 年的 3146 亿元，占福建省地区生产总值的比重从 7.5%提高到 11%。提高科技对外开放水平，与 79 个国家和地区建立了稳定的科技合作关系，建设了 15 个国家级国际科技合作基地、12 个国家级海峡两岸科技产业合作基地。与国家自然科学基金委员会共同设立促进海峡两岸科技合作联合基金，2012～2016 年资助立项 87 个重点项目，安排经费超过 2 亿元，吸引了台湾 50 多所高校、研究机构的 800 多名科研人员参与项目申请、100 多名台湾科研人员参与研究。与中国科学院共建海西研究院、厦门稀土材料研究所、泉州装备制造研究所和 STS 福建中心，通过院省合作转化中国科学院系统科技成果。福建省技术合同成交额从 2013 年的 53.9 亿元增加到 2016 年的 105.7 亿元，专利权质押融资金额跃居全国第四位[①]。

第二，信息产业由弱变强。福建省谋划布局建设一批产业链关键环节和核心技术领域的重大项目。2017 年 2 月，福州京东方第 8.5 代新型半导体显示器件生产线项目投产，不仅填补了福建省大尺寸液晶面板的空白，而且吸引了东旭光电科技股份有限公司、联华林德气体有限公司、东进化工集团公司、裕永物流有限公司等十多家企业就近配套，有望形成千亿产业集群；2017 年 3 月，福建华佳彩高新面板项目一期试投产，不仅可以满足日益增长的中小尺寸电子产品对高性能触控面板的需求，还将集聚发展大面板电子设备及智能手机、平板电脑、车载导航等，助推莆田打造信息产业集群；一期投资 370 亿元的晋华存储器集成电路生产线项目，将建成国内首家具有自主技术及世界级先进制造工艺的存储器研发制造企业，填补我国动态存储器产业国产化空白，推动福建打造东南沿海集成电路新基地。

第三，福建省委、省政府相继出台《福建省实施〈中国制造 2025〉行动计划》《关于实施创新驱动发展战略建设创新型省份的决定》等文件，加快推进福厦泉国家自主创新示范区建设，进一步明确了创新驱动、打造福建产业升级版的目标和路径。

第四，科技创新已成为厦门经济发展的核心动力。2017 年 8 月 24 日，美图公司在香港发布 2017 年上半年业绩公告。截至 2017 年 6 月底，美图应用已覆盖

---

① 《福建集聚科技创新动能力促产业转型》，http://m.xinhuanet.com/fj/2017-10/05/c_1121763721.htm[2020-10-05]。

全球超过 11 亿台独立设备，全部应用月活跃用户达 4.813 亿，拥有超过 5 亿海外用户。作为一家以创新为核心的移动互联网公司，美图公司现已开发出一系列专有技术，注册超过 100 项专利[①]。"厦门是中国最美的城市，所以这里诞生了全国最美的应用——美图秀秀。"在美图公司董事长蔡文胜看来，其实厦门互联网基因很强大，2015 年互联网刚在大陆普及时，厦门就已成为互联网创业热土。时至今日，厦门规模以上高新技术产业增加值占规模以上工业增加值比重达 67.87%。此外，厦门培育市级众创空间和小微企业创业创新示范基地 187 个，创业团队超过 2200 个，创客超过 11 900 人，涵盖移动互联网、文化创意、电商、智能制造等领域[②]。

第五，数字经济的崛起。国家健康医疗大数据中心、国家级互联网骨干直联点、国家国土资源大数据应用中心应用试点、中国 VR 中心暨技术教育培训中心、清华大数据创新基地（福州）、中国·福建 VR 产业基地等大数据中心在"数字福建"（长乐）产业园落地；三大电信运营商，以及中电数据服务有限公司、浪潮集团有限公司、国信优易数据有限公司、北京奇安科技有限公司等大数据领军企业入驻"数字福建"（长乐）产业园。

一系列扶持战略性新兴产业、高技术产业的政策措施持续发挥效应，大大促进了物联网、智慧家居、石墨烯、稀土、3D 打印等新产业、新业态的加快成长，成为福建制造业的新动能。智慧制造领域已经成为福建省的聚集地。作为"中国制造 2025"首个地方试点，泉州"数控一代"粗具规模，泉州市数控企业达 300 多家。石墨烯产业也将成为福建省经济发展的先导产业。福建省出台全国首部省级石墨烯专项规划，提出到 2020 年，建成较为完善的石墨烯材料研发、制备、应用等产业发展体系。永安石墨小镇重点打造石墨烯应用产业链，吸引清华大学深圳国际研究生院、厦门大学化学化工学院两支科研团队在园区设立工作站。

第六，《2016 年福建省国民经济和社会发展统计公报》显示，2016 年，福建省研发投入占地区生产总值的比重从 2010 年的 1.16% 提高到 1.55%。省级创新型企业达 681 家。2012～2016 年，福建省战略性新兴产业增加值达 3146 亿元，占地区生产总值的比重达 11%；高技术产业增加值 1117 亿元，比 2012 年增长 56.6%。福建省在淘汰落后产能的同时，发力技改，全力支持企业采用先进、适用的新技术、新设备、新工艺和新标准，使传统产业焕发新活力。2017 年，福建省还设立 80 亿元的企业技改专项基金，通过股权投资、债权融资等方式，有效支持了总投资额达 652

---

① 《美图公布 2017 年上半年业绩 毛利同比大增 484.4%》，http://finance.ifeng.com/a/20170824/15602418_0.shtml [2020-08-24]。

② 《厦门：高素质创新创业之城 新经济新产业快速发展》，http://www.chinahightech.com/html/chuangye/cyfh/2017/0904/428000.html[2020-09-04]。

亿元的 69 个省重点技改项目建设。据估算,每年可为技改企业节约财务费用约 2.4 亿元,实现销售收入 1160 多亿元,利润 150 多亿元。目前,福建省纺织、服装、食品、石材、水暖等传统产业的主要企业工艺技术装备水平已达到国际或国内先进水平[①]。

第七,中国东南大数据产业园日新月异。秉持产城融合理念,在大数据等产业引领带动下,滨海新城正加快构筑产业发展新高地。中国东南大数据产业园日新月异,截至 2017 年 8 月,园区总对接项目达到 196 项,其中落地 82 项。仅半年时间,落地项目就比动建时多了 50 余项。浪潮集团有限公司、东华软件股份有限公司、北京奇虎科技有限公司(以下简称奇虎 360)、国信优易数据有限公司、北京神州汽车租赁有限公司等大数据领军企业纷纷入驻。"随着政策红利的不断释放,相信会有更多大数据物联网企业落户。"福建科龙天亿智能科技有限公司总经理张寿兴告诉记者。作为推进"数字福建"建设的重要工程、滨海新城"产城融合"的重要载体,中国东南大数据产业园将重点打造物联网、云计算、大数据、电子商务、移动互联网、地理信息等六大产业,构筑产业发展的新高地,成为福州转型升级的新引擎[②]。

福建省电子信息集团发挥行业龙头作用,携数字福建云计算运营有限公司、乐为科技(福建)有限公司、福建星元次方大数据应用有限公司等 15 家企业挂牌入驻,总投资逾 30 亿元。目前,国家级互联网骨干直联点已实现与省通管局、三大运营商传输线路互联互通,吸引了奇虎 360、华为等众多 IDC 互联网客户。

福建省大数据产业重点园区和"数字福建"建设重要承载基地的 EC 产业园,就是践行这一理念的结晶。位于安溪的中国国际信息技术(福建)产业园是华东南规模最大、等级最高、功能最全的数据中心。目前,数据中心投用机柜 5000 个以上,已有 50 余家单位入驻;服务外包产业基地可为 5000 个创业人才提供拎包入驻服务。

第八,中国·福建 VR 产业基地成立。作为互联网龙头企业,网龙被赋予建设福建 VR 产业基地的重任,并依托福建在"一带一路"建设中的纽带优势,致力整合全球资源构建 VR 生态圈,积极抢占 VR 发展先机,打造产业标杆。目前,网龙搭建的中国·福建 VR 产业基地公共服务平台,已成为福建省最大的 VR 相关资讯获取渠道。

---

① 《2016 年福建省国民经济和社会发展统计公报》,http://tjj.fujian.gov.cn/xxgk/tjgb/201702/t20170224_49134.htm[2020-02-24]。

② 《有福之州,环境更美》,http://fjrb.fjsen.com/fjrb/html/2017/09/18/content_1054627.htm?div=-1[2020-09-18]。

4. "数字福建"建设有效拓展了改善民生的途径

第一，2017 年 8 月 28 日，全国首个"数字公民"试点项目在福州市鼓楼区启动。"数字公民"计划于 2017 年底完成数字身份认证和个人数据归集两大平台建设，并探索政务便利应用、健康全息数字人、商业权证管理服务三个应用试点。目前，新大陆集团已联合福建省空间信息工程研究中心成立"数字公民"联合实验室，启动相关法理法律研究和技术标准制定。"数字福建"的"三部曲"就是政府政务、社会治理和公共服务。在电子政务建设过程中，福建省各级政府、各个部门积累了大量信息数据，利用大数据技术打破数据孤岛，打通数据服务百姓的最后一公里，推动"数字福建"迈向社会治理和公共服务的新阶段。"数字福建"建设在改善民生方面主要侧重于建设好国家大数据产业集聚区、"数字中国"产业应用示范区和国家东南区域大数据中心等；围绕"加快城市信息化基础设施建设"、"深化信息化建设应用"、"互联网+政务服务"和信息惠民等四大中心任务，加快建设社会信用体系、无现金社会、政务数据开放平台等一批重点项目，运用大数据、区块链、人工智能等新一代信息技术创新公共服务和社会治理，使得"数字福建"的建设成果体现在为百姓提供主动化、精细化、人性化的服务上。

第二，医疗保障等惠民措施不断推陈出新。国家健康医疗大数据展示中心、国信优易数据有限公司、北京贝瑞和康生物技术有限公司等 35 家医疗大数据企业相继落地，形成医疗数据存储、数据研发应用、数据交易及产业基金链条齐全的医疗健康产业集群化发展态势。"数字福建"（长乐）产业园的无创心电大数据建立了全国首家人工智能无创心电大数据中心，实现百姓从被动医疗转为主动健康管理的横向有保障、纵向有支撑的新模式。

3.2　福建省信息基础设施建设的新探索

3.2.1　宏观层面

1. 缩小数字鸿沟

城市地区积极推进全光网城市建设。政府加强引导，提升社会信息化应用普及程度和应用水平，继续推进既有小区光纤到户改造。推动《住宅区和住宅建筑内光纤到户通信设施工程设计规范》和《住宅区和住宅建筑内光纤到户通信设施工程施工及验收规范》两项国家标准的落实。加快制订城市地区信息基础设施专项规划，落实住房和城乡建设部及工业和信息化部联合下发的《关于加强城市通信基础设施规划的通知》,各级政府做好相关规划的衔接和协调,将信息基础设施规划纳入城乡建设规划中统筹考虑;农村地区抓好普遍服务补偿机制项目实施,加快农村地区宽带网络覆盖和能力升级。

积极落实电信普遍服务补偿机制,推动电信企业深度合作共享,加快农村地区的宽带网络建设。持续推进村村通建设的纵深发展,扩大农村地区光纤覆盖范围。推动农村地区宽带升级,实现农村家庭带宽接入能力达到 12 兆字节/秒的目标。扩大《住宅区和住宅建筑内光纤到户通信设施工程设计规范》和《住宅区和住宅建筑内光纤到户通信设施工程施工及验收规范》两项国家标准的适用范围,新农村建设、城镇化改造过程中采用光纤入户方式。

2. 加强天地一体化网络资源协调

一是持续推进宽带无线和移动通信技术演进。统筹 2G/3G/4G/WLAN 协同发展,积极开展 5G 研究,确保 5G 全球领先发展。大力支持 5G 标准研究和技术试验,统筹国内产学研用力量加快 5G 标准制定和产业化,推进 5G 大规模技术试验,提升 5G 组网能力、业务应用创新能力和商用能力。积极推进 5G 频谱规划以满足 5G 技术和业务发展需求。

二是技术、管理两手抓,解决频谱资源缺口问题。在技术层面,继续推进各类无线电技术的演进升级,提高频谱使用效率;探索利用认知无线电等技术,推动频率资源的动态共享;研发 6 千兆赫兹以上超高频资源利用技术。在管理层面,建立频谱审计和回收机制,形成频率资源的闭环管理;探索频率资源的市场化配置,充分发挥频率资源使用效益;统筹各行业用频需求,制订频率资源中长期规划。针对我国卫星频率的短缺困境,管理部门、卫星行业应用单位和其他无线电用频单位要深入沟通,协调卫星频率资源,在频率规划、频率审批时预留卫星移动通信及宽带卫星通信系统所占频率及未来发展频率,加强频率资源管理,减少其他无线电设备对卫星通信的干扰。

三是加快法律法规制定,注重责权划分。加快互联网移动通信基站立法,形成互联网移动通信基站管理的法律法规和政策制度,规范基站的建设、管理行为,使基站管理步入法治化、规范化管理的轨道。强化基站建设单位的主体责任,促使建设单位正确处理好履行法定责任、做好通信服务、保护互联网环境权益和追求企业利益的关系。

3. 提升基础设施管控能力

一是适度超前布局基础设施,统筹指导云计算服务平台建设,推进超大型和大型数据中心部署,引导数据中心合理发展和布局,鼓励建设绿色数据中心。

二是切实提升数据中心的安全管控能力。以高端路由器、服务器为突破口,加快国产设备在信息基础设施的推广应用。以应用引领落实,各级党委、政府和军队单位带头使用国产云服务,减少政府自建数据中心的数量。

4. 以 PPP 模式加快建设新一代信息基础设施

加快信息基础设施建设,促进"互联网+"的实施,推动大众创业、万众创新,从根本上消除数字鸿沟,应加快光纤宽带网络建设,加快实施光纤到户工程,加快无线基站建设,强化农村信息通信基础设施建设。要提供速度快捷、价格低廉的网络传输存储服务,最重要的就是通过 PPP 模式来建设信息基础设施,打破国有资本垄断建设可能引致的信息基础设施落后的问题。此外,政府在继续提供通信普遍服务的同时,应在城镇化、工业化与信息化并行中统筹规划我国的信息基础设施建设,使"互联网+"成为整个社会创业创新发展的基础。

5. 将建设信息基础设施作为全民配合的行动

信息基础设施的兴建与完善关系到"互联网+"的实现效果,关系到国民经济转型升级和可持续发展的实现。信息基础设施的建设是一项涉及整个社会利益的系统工程,不仅需要互联网的支持,还需要国土、规划、住建、交通、市政、环保等多个部门的配合。信息基础设施的改善会使人们获得速度更快、价格更低的网络服务。无线基站的建设密度还会增大,这就需要普及科技知识,使信息公共基础设施的建设赢得公众的广泛支持。

3.2.2　基础设施建设思路

1. 整体思路的转变

信息基础设施与城乡规划原属两个不同的专业领域,信息基础设施规划呈现用户需求至网络需求至基础设施需求的思路,城乡规划从综合平衡公用资源的角度需要对各类要素进行通盘考虑,进行一定的合理控制。两种思路在信息通信技术发展迅速、城市快速发展的背景下发生碰撞,从长远发展的角度分析,需要开创需求与规划要素控制相结合的双向融合规划新思路,最大程度上缓解规划建设思路上的刚性与技术需求发展不确定性之间的矛盾。

2. 规划思路的转变

互联网时代的去中心化效应对信息基础设施的规划思路产生了决定性的影响,来源于传统通信网络分级分区的思路将发生明显的转变,融合的网络、融合的传送接入、融合的泛在终端带来的扁平化特点,对信息基础设施的要素布局提出扁平化、普遍服务、泛在融合化的要求。从规划思路角度来说，需要逐步打破原来国际、省际、城乡、中心城区、郊区差异的概念，形成符合未来发展的规划思路。

3. 基础设施建设布局思路创新

借鉴国内外的先进经验，探索在重要的商业商务区、公园绿化景观区、城市风貌保护区域，实现智慧城市信息基础设施与市政设施（路灯杆、电话亭、指示牌、广告牌等）的融合。基于未来统一开放的智慧信息基础设施发展趋势，积极发掘通信网络承载设施、物联网设施、各类智慧城市应用系统承载设施的共性需求，加以整合集约化，节约资源，推动通信、广电、电力通信等存量资源的充分共享融合。借助视距波或非视距波技术，探索实践打破存量驻地网中红线内外的藩篱瓶颈，即市政主干道路有线传输+无线中继传输+驻地网有线接入。

4. 规划工作思路创新

融合、泛在的基础设施发展特点将使其要素与城市其他领域产生交集，除了坚持控制性详细规划与专项规划的融合方法之外，需要从规划方法上进行创新突破，如专项规划与城市设计结合，建筑景观设计规划与分布式景观化基站规划的结合，专项规划与其他设施规划（道路交通规划、全市商业网点规划、环卫设施规划、加油站规划）的融合考虑，充分实现城市空间资源要素的综合、有效利用。

3.2.3 农村信息基础设施建设

1. 加强农村信息服务，建立健全农业信息数据库和农业信息网络体系

随着当前信息社会发展速度的加快，垃圾信息也在增多，导致获取信息所需要的成本随之增加，显而易见，农民靠自己获取信息，所需的成本会超过农民所能承受的范围，这就需要政府通过有效的信息服务，去帮助农民获取有价值的信息，使农民能够对信息及时了解、对信息技术及时掌握。政府的农业部门应当及时公布农业政策，气象部门应及时发布气象信息，技术部门对农业的病虫害问题应给予一定的技术支持，如向农民提供种植技术、养殖技术和有关农产品的加工、处理、保鲜的技术和信息，在县一级政府建立农业服务站，进一步加大信息服务力度。网络只有在数据库的支持下才能发挥它应有的作用，加强包括农产品生产信息、农产品市场信息和农产品技术及管理等信息在内的数据库开发势在必行。在建设和完善数据库的同时，将农业信息资源体系建设延伸至与农业相关的其他

领域，构建大型的、动态更新的农业综合数据库。

2. 加大政府对农村信息基础设施建设资金投入

农村信息化基础设施建设是一项投资巨大的工程，它的准公共物品属性、地域性、分散性特点，决定了政府在其中发挥了主导作用，政府的作用体现在一方面对企业、农民等投入主体起到了示范效应；另一方面，推动了全社会大规模的营利性投资。政府财政收入的一部分应放在对农村信息基础设施建设的投入上，构建农村信息化建设的融资机制，仅依靠政府的投入和农民的私人投入不能满足需要，建立以政府为主，市场为辅，社会民众广泛参与的多元化、层次化供给机制，吸引企业参与进来，拓宽资金来源，减少建设成本，有效推动信息体系建设发展。另一部分用于对政策的完善和网络体系的管理，建设资源共享及高效率的网络中枢平台，形成统一、畅通的网络体系，在信息基础设施的建设过程中，根据不同地区的经济发展情况及各个地域自身的发展特点，合理地选择信息技术及信息化建设的发展模式。

3. 提高农民信息意识和信息技能，为加快农业信息化建设奠定基础

提高农民信息意识的最基本的途径就是使农民的信息意识往好的方向发展，针对上述我国农民信息意识不强的现状，可以从以下几个方面来提高农民的信息意识。①发展农村教育事业。不仅要发展基础文化教育，更要发展信息化教育，信息化教育是提高农民信息意识的前提。②改善农村信息基础设施。这不仅意味着要多建图书馆等场所，还要建成一个提供多方位学习的、综合性的信息服务网络。③规范农村信息市场。通过国家来调控农村信息市场，通过对局部的市场进行监督和调控，并结合有关法律手段，将市场上的虚假和有害信息量降低到最少，当市场上出现有害和虚假信息而受到损害的情况时应当立即采取措施。

4. 加快农村信息化人才培养

加快农村信息化人才培养，可以通过培训与选拔的方法，培养一批家电维修和信息服务的专门性人才，提高他们的专业水平。同时，在现有的农业信息化人才中培养出一批具有带头作用的 21 世纪新型人才，以多种方式和途径对信息从业人员进行信息化教育，培养起一批能适应信息技术发展的复合型人才，促进农业信息化的发展，营造良好的国内农业信息化环境，以吸引大量国外专业人才的积极参与。另外，还要发展适应现代农业发展趋势的新型农民，使农民学习新的生产技能和现代信息技术，学会利用网络开拓农产品市场，将农产品通过网络推销出去。

3.2.4　信息资源深度开发与有效利用

1. 信息资源开发模式

1）政府自主开发模式

政府拥有大量的信息资源,政府信息资源几乎占所有信息资源的 80%。政府自主开发,即政府承担了信息资源开发的绝大部分任务,主导了开发进程与开发质量。由于政府掌握着自身产生的信息和自身需要的信息,政府自主开发可以使政府信息资源得到更加充分的开发,保证信息资源开发质量,还可节约成本,加快信息资源开发进程。因此,政府自主开发是信息资源开发的最基本模式。电子政务建设,包括政府门户网站的建设、政府信息的发布、政府在线信息服务等都是由政府主导的,如美国的第一政府网站、英国的政府门户网站、新加坡电子公民中心等,都是信息资源政府自主开发模式的典型案例。

2）商业化开发模式

商业化模式本质上是一种利用市场的力量开发信息资源的一种模式,是指政府将可供开发的信息资源以合同外包、委托开发等形式交由营利组织开发利用。政府不再直接参与开发过程,而只是提供一些方向性的建议。商业化开发模式不仅有利于提高信息资源开发效率,而且在降低成本和提升服务质量方面也具有一定优势。美国信息市场发展较为成熟,在信息政策和法律体系的保障之下,构建了信息透明、内容多样、成本低廉、开发高效的商业化开发、增值和利用模式。随着政府以外企业组织的参与,政府信息资源开发利用的商业化进程得以加速发展。在信息资源开发过程中,美国联邦政府是海量信息资源的供给者、信息资源开发利用策略的制定者、开发合作对象的选择者及市场监管者。欧盟、日本等国家和地区在信息资源开发中也大量利用了商业化开发模式,将信息资源开发外包,外包的信息资源包括国家机密、敏感信息以外的各种信息。此外,政府还将信息专营权外包,以便更好地开发信息资源。

3）社会化开发模式

社会化开发模式是指政府不再直接开发信息资源,而是交由非营利组织对信息资源进行开发,主要包括一些公益性机构、社会机构、科研机构等组织,如图书馆、信息研究所、大学和科研机构等。社会化开发模式不仅可以帮助政府开发一些政府不直接掌握、但政务运行又需要的信息资源,还可以避免政府开发信息资源的一些弊端,有效提高信息资源的开发效率。图书馆、信息研究所等机构本身在信息收集、标引、检索等方面都具有优势,因此有利于信息资源的有效利用。

市政数据可视化服务商是一个非营利组织,它致力于搭建全面、开放的数据平台，对政府官员和互联网都是开放的、透明的。OpenGov 拥有先进的财务报告引擎，是专门用于分享和分析财务数据的平台，浏览者可以在其平台上查看图形化的政府历年支出金额和分布领域。到 2014 年为止，财政支出数据录入 OpenGov 平台的美国地方政府已超过 50 个。截至 2016 年 3 月，OpenGov 为超过 900 个政府实体（包括政府机构、城市政府、学校）提供服务。在贝尔丑闻（涉及城市的挪用资金）之后，贝尔市政府于 2013 年 10 月开始使用 OpenGov 来重建这座城市和居民之间的信任。OpenGov 帮助很多市政府完成了效率的提升，辅助政府决策。OpenGov 在对贝尔市政府的相关数据进行收集之后，对该市的金融状况做了可视化展示，公众可在政府网站主页中自由访问。由此建立了公众对政府的信任，同时提高了公共事务的处理效率。

4）许可制开发模式

许可制开发模式是为了使政府信息资源能够在不同部门、不同行业之间安全、合理、有序地流动而采取的一种辅助模式，一般情况下，企业向政府申请，政府对信息资源许可开发后，企业才可以进行开发利用，其中大部分需要付费。

美国联邦政府的许可制度主要包括，基于价格区分的许可、最低限制的许可、抑制过高定价倾向的许可。英国政府许可制度则采用以下两种制度。

（1）统一许可制度，也称点击使用许可制度。许可模式分为公共部门信息许可、增值许可和议会许可三种类型。在该制度下，所有政府部门的信息资源均被整合在统一的在线系统里，申请者通过登录 OPSI［Office of Public Sector Information（UK）］网站申请许可，得到网站许可后即可进行信息资源开发。许可使用的相关费用则因政府信息资源的内容范围和增值程度的不同而有所不同。

（2）专门许可制度。OPSI 网站其实并未整合所有的政府部门信息，因为一些特殊的政府部门无法将其信息对外公布，因此这些特殊的政府部门并不适用统一许可制度。有鉴于此，申请者可直接与特殊的政府部门联系，以获取信息资源开发的权利。在该制度下，专门许可由特殊的政府部门直接颁发，但颁发行为受到 OPSI 的监督和制约。

2. 信息资源开发成果的表现形式

1）政府网站

政府网站是政府信息资源开发的最为常见的一种形式，也是政府信息资源得以有效利用的基本途径。政府网站整合性强，信息内容几乎涵盖了政治、经济、科技、教育和社会生活的方方面面。用户访问较为方便，网站开发成本相对较低，因此政府网站成为政府信息资源开发成果最主要的表现形式。政府网站还整合了站内搜索、订阅、推送、咨询、信息反馈等功能，用户访问的便利性、友好性也比较强。

美国联邦政府于 2000 年 9 月开通了第一政府网站，它是世界上最早的政府网站。第一政府网站与美国所有的州、地方政府门户网站相连接，用户可以通过此门户网站访问美国任何一个地方政府的门户网站。网站内容包含了政府机构在任官员简况、健康、住房和社区、工作与失业、法律问题等。网站对联邦政府各部门的业务进行集成开发管理，公众注册后可以进行信息查询、申请、缴费等办事服务，这种一站式服务大大方便了公众的使用。

英国政府网站一方面提供了政府部门设置、政策信息和政府运作流程、规章制度等，同时也整合了与公众、社会生活相关的各种内容，根据公众的实际需要，网站主页划分了若干主题，公众可以方便地浏览相关信息，这与美国的第一政府网站类似。英国政府网站特别之处是专门为残障人士设立了一个独立板块，涵盖了福利与经济援助、护理问题、交通与残障人士设施及他们的权利等方面，充分考虑了不同人群的需求。网站主页支持用户自行查询和搜索。

新加坡的电子公民中心是新加坡电子化政府建设的成果之一，提供了包括经济、教育、环境、基础设施建设等各种政府相关数据和信息。网站不仅提供办事服务，而且还提供较高质量的信息服务。除此之外，网站还提供了公众反馈的路径，为政府信息资源开发提供意见和建议。为了方便公众对信息的访问和利用，网站提供了大量图表，这些图表可以使公众更直观了解专业领域的基本状况及发展趋势。新加坡政府目录包含了政府的各个部门，并链接了包括电话、邮箱在内的联系方式，为公众提供了信息服务的便捷入口。网站还提供了公众反馈的路径，为政府信息资源开发提供了意见建议。

2）数据开放网站

近年来各国致力于数据及信息资源的公开与共享，开放数据备受关注。2011年，巴西、挪威、美国、英国等 8 国联合签署了《开放数据声明》，成立了开放政府联盟。目前，开放政府联盟已有 70 个成员方，共同为开放政府努力。2013 年，8 国又签署了《开放数据宪章》，承诺做出更多努力与行动。目前，美国、英国在开放数据方面取得了良好成果。美国政府数据开放门户网站——Data. Gov，截至 2016 年 11 月，该网站已有 192 608 个数据集，用户可通过主题浏览的方式对农业、商业、财政、教育、当地政府、气候、公共安全等多个方面的数据集进行访问。这些数据集的格式多种多样，涵盖了 HTML、XML、PDF、RDF 等 30 余种。用户在浏览时可以对数据发布机构、机构类型、数据格式、主题、标签等进行限定，还可以自行给数据集添加标签，方便浏览利用。英国的数据公开网站——data. gov. uk，对数据进行公开，数据来源包括政府机构、公共部门及其他地方当局。截至 2016 年 11 月，该网站共有 40 209 个数据集，涵盖了政府、社会、教育、商业、运输、环境、健康等多个主题，采用 HTML、CSV、WMS 等不同的格式保存。通过对网站内容进行统计，这些数据集约 75% 有开放政府许可证，16%还未获取到许可，还有少数数据没有公开。用户可以在该网站访问原始数据，同时可以对这些数据加以利用，而拥有开放数据许可证的数据集就可用于商业目的。

3）智库网站或者数据库

据考证，世界上最早的智库是英国的皇家联合军种国防研究所，专攻军事研究，由惠灵顿公爵于 1831 年创立。智库兴盛于 20 世纪 50 年代，当时社会上已经存在大量类似智库的团体了。布鲁金斯学会和卡内基国际和平基金会是世界著名的、美国资历最老的智库机构，早在 20 世纪初就已成立。据美国宾夕法尼亚大学的研究统计，2017 年世界范围内共有 6846 个智库。

智库的工作主要在于填补学术界与政界、企业界之间的思想鸿沟。学术界的研究严谨而权威，但是耗时太久；新闻报道快速、便捷，但是缺乏专业深度。专业智库可以为施政者和大型企业决策者提供研究报告，这些研究报告既富有严谨的学术精神，同时又像新闻报道那样通俗易懂。智库对政府的决策和企业的发展都有很大影响。智库有很多附属机构，如附属于政府、大学和大型企业等的机构，也有的是独立机构，但它们通常客观地为公共利益服务。

据 2015 年的全球智库报告，美国的智库数目位居世界第一，2015 年共有 1835 个智库。从第二次世界大战开始以来，美国的智库就开始为军事决策提供依据，战后常常被称为"美国政府的外脑"，对美国决策有很大影响。政治、经济、军事、外交等方面都有它们的参与。英国共有智库 288 家，主要是为政府、党派或大企业公司决策提供智力支持。

智库为政府决策提供科学依据；作为政治沟通的工具，智库可以有效疏通利益的表达；作为一个法律上完全独立的机构，智库自主管理，不受制于政府，客观性更强，有利于为政府决策服务，开发信息资源。智库为了完成使命需要开发大量的信息资源，尤其是为政府决策服务的智库，其开发的信息资源与政府运作关系非常密切。

4）其他形式

国内外政府信息资源开发成果的表现形式，除了政府门户网站、数据开放网站和智库网站（或者数据库）以外，还有其他形式：政府出版物。政府出版物是由政府部门及其专门机构根据国家的命令出版的文献资料，其内容比较广泛，一般包括两种：行政性文献和科技文献。在美国，政府出版物是政府出资或根据法律的要求而出版的信息资源。美国政府出版局与美国政府印刷局、商业机构、图书馆等多个机构合作，共同完成政府出版物的生产、管理、收藏、发布等过程。随着社会的进步和开放，各国政府都会把相关的行政性文献和重要的科技文献公开出版，并建立相应的网站公布这些文献的电子版本供社会查阅和使用。另外，还有智能手机信息服务。随着智能手机日益普及，手机信息服务越来越成为政府与公众之间沟通的一个重要渠道，政府开发主体逐渐运用智能手机向公众提供信息服务，收集社会对政府的反馈信息，也通过智能手机提供简单的办事服务。

3. 信息资源开发利用的模式创新

1）管理机制创新

新技术带来了政府信息资源开发利用手段的创新，而这些新手段要落到实处，还需配套的机制。在管理机制方面，我国政府信息资源开发利用的创新方向包括以下几方面。

（1）借鉴欧美政府信息资源管理方面的法律体系，结合我国国情，制定完善的、符合新技术背景下政府信息资源开发利用要求的法律体系，同时促进技术的应用。

（2）制定开发利用的标准和规范，数据共享是开发利用的关键，而标准化和规范化的数据编码、技术平台是共享的基础。

（3）引入企业和社会上的其他组织参与政府信息资源的开发利用，借助它们在各自行业或技术上的所长，对部分有价值的海量政府信息资源进行深度增值开发，以实现资源的优化配置，为社会大众提供高质量的信息服务。

（4）政府信息资源开发和利用对政府工作人员提出了挑战，政府亟须建设一支高素质的公务员队伍，其思想观念、行为倾向、知识结构、应用能力、知识存量都要达到较高水准，才能运用好新技术、管理好新主体，开发出符合市场和社会需求的信息，供社会各方面充分利用。

2）技术创新

当今时代，每天都会产生海量的数据，大部分有价值的海量数据都会被纳入政府信息资源库中。大数据及其相关的技术已经成为信息行业发展的热点和主流，政府利用大数据、云计算等新技术改善信息资源开发利用质量，是实现技术创新的方向。在开发利用过程中，政府一方面利用大数据相关技术，缓解信息存储的压力，同时将其作为发布信息的重要平台；另一方面，由于数据量实在太大，窥一斑难以知全豹，并且大数据的真正价值在于结合实际需求的有效利用，因此必须对数据进行深入挖掘和分析，才能使政府信息资源发挥出其独特价值，使得政府决策科学化，从而提升政府的治理能力和服务能力，同时也为企业及其他社会机构的决策提供支持。

3）服务理念创新

要实现政府信息资源开发利用的目标，还需要政府创新服务理念，运用新技术将高质量的信息传递给社会公众，降低获取信息的经济成本和时间成本，强化政府服务职能。服务理念创新包括以下几点。

（1）以社会公众需求为导向，重新梳理政府业务流程，简化政府业务的中间环节和程序，做到便民、利民。

（2）建立信息共享平台，如国家科研数据交换和共享平台。例如，美国政府就是通过其政府数据平台向社会开放了汇聚在政府机构中的海量数据，有利于促进各行业和各领域开展基于科学的数据分析，提高管理效率和提升发展速度。

（3）回应社会大众潮流，拓展信息发布终端和渠道，比如，把信息浓缩并通过智能手机进行主动推送。

4. 信息资源开发的政策法规

1）不折不扣地落实政府信息公开制度

政府信息公开是保障信息可供公众和企业进行开发利用的前提和基础。《中华人民共和国政府信息公开条例》实施时间还不长，并且能够真正开放给公众和企业利用的信息资源相对有限。因此，为丰富可公开和再利用的政府信息资源，促进社会对政府信息进行商业性和社会化开发利用，政府各部门应在现有的《中华人民共和国政府信息公开条例》基础上，对本部门信息资源进行评估，明确哪些信息具有较大的经济效益和社会效益，哪些可用于商业性开发，哪些适用于公益性开发，并建立政府信息资产目录予以公开，便于公众和企业及时了解政府信息资源可获取和可利用的情况。

2）逐步形成促进政府信息资源开发利用的政策体系

目前，福建省政府信息资源开发利用还缺乏社会力量的广泛参与，信息资源再利用的文化还没有形成。为使政府信息资源的社会经济效益最大化，有必要逐步形成促进政府信息资源开发利用的政策体系。例如，借鉴欧盟的再利用条例，研究制定福建省政府信息资源开发利用条例或管理办法，规定可进行开发利用的信息范围、信息申请程序、收费原则、开发主体的资格认定、开发行为的规范和约束、知识产权保护等，特别是应确定一种合理的市场竞争秩序和政府约束机制，防止政府因信息垄断和参与增值开发而损害公众和企业的开发权利。

同时，政府信息资源开发利用的政策还需对信息内容服务产业在政府信息资源开发利用中的作用给予充分重视。目前，福建省政府信息资源的开发利用任务仍主要由政府部门或企事业单位承担。为鼓励社会力量的参与，推动信息内容产业的发展，政府应研究制定针对政府信息资源开发利用相关企业的扶持政策，如提供税收优惠，建立行业发展引导基金，加大政府采购对信息内容服务业的扶持力度，免费向相关企业提供政府信息资源，引导其参与政府信息资源开发利用等。

5. 跨部门信息资源整合

政府信息资源整合的结果就是政府门户网站转型为知识门户，它成为面向公众和企业提供知识服务的一种知识交流和知识共享平台。政府相关部门通过对一些主题资源的深层次组织，分析公众和企业的需求，并以此为基础，在门户网站上动态地为公众和企业提供信息和知识，这是新一代政府门户网站的本质特征。

只有跨部门政府信息资源整合与共享才能使得政府通过门户网站持久地进行知识传播、共享与创新，最终实现政府知识管理的最优化。

结合政府信息资源的特性，融入知识管理的过程、技术、方法等，跨部门政府信息资源整合路径包括内部信息资源收集、政府知识生产、政府信息与知识应用。

内部信息资源是跨部门政府信息资源整合与共享的基础，由政府各部门政务活动中形成的政府内部系统资源构成，如办公系统、业务系统和服务系统所累积的信息资源，主要包括规章制度、业务流程、部门协作、网站检索、书刊杂志、会议记录、项目文件、政策法令、电子邮件、员工经验、专业数据库等。

政府知识生产主要利用知识管理的理念、技术和方法，首先对存在于各个系统的信息资源进行采集，同时结合信息服务机构对信息的规范化要求进行描述，专家库对信息的有效性和准确性进行审核，通过获取、分类、存储和提炼以形成有用的知识，要进行跨部门信息资源整合就需要采用分类标引、主题标引等标识方法提取知识因子、建立知识关联，经过知识重组，便可以整合形成统一的政府知识库。

政府信息、知识应用指的是直接面向公众和企业，为公众和企业提供信息和知识服务，使得公众和企业在知识门户上进行知识共享、交流、合作，最终实现思想、管理、技术和服务创新。通过知识挖掘技术挖掘出公众和企业需要的信息和知识，运用协同技术促进政府与公众、企业之间电子政务办公效率的提高，社会化媒体的互动可以促进政府各部门成员、公众与政府之间的沟通交流，利用商务智能技术则可以推动隐性知识向显性知识的转化，从而促进知识应用和创新，为公众和企业提供更加便捷、有效的交互环境。

当前，与全国一样，福建省以"全心全意为人民服务"为根本宗旨，正倡导建设服务型政府。服务整合、政务流程整合、人员整合和数据整合是整合政府信息资源、实现优化政府信息服务和知识服务的重要内容，是建立服务型政府的重要途径。通过建立以服务整合为核心，政务流程整合、人员整合、数据整合为重要支撑的跨部门政府信息资源整合，最终实现提高政府综合服务能力的目标。

跨部门政府信息资源整合的一个重要内容就是服务整合，通过对不同部门的服务对象、服务内容、服务方式及服务目标等进行有效整合，实现政府各部门信息服务的完美统一、提供一站式的政府服务。服务整合需要整合政府各部门的各种服务项目，统一发布在政府门户网站上，使公众和企业能够通过一个门户方便地获得这些服务。另外，政府服务整合需要遵循面向公众和企业、以信息和知识内容为主与分层整合等原则。2017 年 10 月 20 日上线的闽政通 APP 就是一个尝试，它整合了福建全省政务服务资源，建设福建省政务服务 APP 统一平台；提供办事服务、信息服务和互动服务，并具备统一身份认证、统一支付服务等能力，打造权威、高效、便捷的个性化政务服务平台。

跨部门政府信息资源整合还需把不同政府部门的业务流程集中到一个信息平台，实现政务流程优化和再造，提高政务流程的开放性、透明性。政务流程整合通过引入知识管理、社会化媒体等对政务流程重组，实现政府内部及部门之间、政府与外部公众和企业之间的业务过程自动化，缩短服务周期，避免重复劳动，提高政府办事和服务效率。政府部门建立基于社会化媒体的知识管理和服务系统，既可以向政府各部门提供沟通交流的平台，又可以使政府业务流程变得更加流畅。

公务员在基于知识管理的跨部门政府信息资源整合中起着很重要的作用。目前相当一部分公务员的信息意识还比较淡薄，信息技能也不高，这些都不利于政府信息资源整合工作的开展。因此，公务员（包括普通员工和高层领导者）信息技术、信息技能培训显得越来越重要，应鼓励公务员积极交流工作经验、工作技能、工作方法、工作体会等，实现公务员的最佳整合。福州市鼓楼区洪山镇镇政府在这方面做了有益的探索，洪山镇通过举办楼宇论坛助推数字经济发展，提升了基层公务员的信息意识。

数据整合能有效促进政府各部门信息资源的利用，为政府工作提供很好的知识管理和知识服务支撑，是政府信息资源跨部门整合最基本也是最迫切的要素。采用多个彼此协作但又互相独立的数据源的数据整合平台，提取不同数据源中结构化、半结构化、非结构化的数据，实现跨部门的政府数据整合，便于获取和使用，实现统一管理。

信息资源整合的目的是实现其共享，而共享政府信息资源的目标是追求政府信息资源利用价值最大化。由于政府信息资源的特殊性和敏感性等原因，政府信息资源共享是有限共享。因此，以知识管理的理念、方法和技术，从政策体系建设、组织文化建设、技术环境构建等方面形成的跨部门政府信息资源共享的机制是实现政府信息资源利用最大化的必由之路。

由于相关法律法规的缺失，信息管理人员为规避信息泄露风险，多倾向于对政府信息进行保密。只有完善政府信息共享方面的法律法规，使政府信息共享有法可依，才能打破政府各部门的利益壁垒，消除各部门的顾虑，切实保障政府信息共享的顺利进行。因此，完善政府信息资源共享法律法规，保证政府信息共享有法可依、有章可循是政府跨部门信息资源共享建设的当务之急。

政府知识共享首先需要专门的人力资源支持，或建立负责知识共享的专职部门。加强领导，增进各部门信任，将知识共享贯穿于日常工作中。要在组织中建立政府知识共享的文化，不能让政府工作人员觉得知识共享是额外的一项负担，尤其是存在于政府各部门工作人员头脑中的隐性知识，无法通过技术手段进行有效提取和整合。因此，要对组织结构与文化进行建设，使政府信息共享发挥最大作用。

现代信息技术有效地提高了信息管理效率，促进了人们之间的交流，因此要实现政府信息共享，应充分利用现代信息技术手段。技术手段在政府信息共享中的作用主要体现在两方面：一是有效管理政府信息，构建政府知识库；二是构建政务信息共享平台，促进政府知识的交流、共享。

在政务活动中，不可避免地会涉及多部门合作完成同一任务的情况，在这种情况下，需要各部门交流、协调，优化政府资源配置，高效完成部门任务。以完成同一任务的多部门协作信息资源整合与共享更具有目的性、针对性。通常需要多部门联动执行的任务都是比较复杂的，可以提取知识库中现有相关知识（如预案、类似任务经验、各部门历史任务经验等），结合任务特点将其分解成不同的、可以被单个或较少部门联合执行的子任务。由于知识库中存储着各部门完成类似任务的知识，知识库既是跨部门政府信息资源整合的结果，也是跨部门政府信息资源共享的开始。基于知识库，提供从任务、部门等维度对知识库的访问，以知识地图为导航，以知识挖掘为手段，各部门能方便地获取来自该部门其他成员、协作部门乃至政府外部组织的对高效完成任务有所帮助的知识。

3.2.5 技术支撑体系

1. 基于时空信息云平台的大数据服务

基于时空信息云平台的云存储与智能压缩算法可以初步解决大数据最基本的存储问题。在设备虚拟化管理平台中，将存储资源直接作为服务实现云存储，云存储能够通过集群应用、网格或分布式文件系统，将网络中大量的不同类型的存储设备通过应用软件集合起来协同工作，共同提供数据存储和业务访问功能。云存储可以实现存储完全虚拟化，所有设备对云端用户完全透明，任何云端被授权用户都可以通过网络与云存储连接，使用户拥有相当于整片云的存储能力，从而突破传统存储方式的性能和容量瓶颈，实现了性能的提高和容量的扩展。

智能压缩方法则是把编码层次从传统的信号编码层和特征编码层提升到语义编码层。针对视频大数据，将基于全局运动估计的高效视频编码在视频对象所在的空间中对前景和背景、全局对象、运动估计进行提取和表达，对全局冗余对象特征进行抽取和映射，在语义层上进行编码，同时为后期的检索与分析提供良好的支撑。结合云存储与智能压缩，可以大幅降低存储成本，对区域信息化平台上的各类大数据进行有效的保存。

在解决基础性的存储问题后，还需要针对应用范围进行高效、快速的数据检索。在检索到有效的数据集后，结合各类应用的具体需求进行处理，并按需提供可靠服务，在弹性计算能力支撑下的检索云服务不仅能够自动地提取图像和视频内的特征，还能够对翻墙、奔跑、尾随、聚集、徘徊等行为进行提取并建立索引。对于最终用户而言，只需选择感兴趣的行为和地理位置，如对某小区搜索奔跑行为，即可快速检索到小区内与奔跑有关的对象位置、关键帧及视频信息。

遥感云则是通过整合各类遥感相关的信息资源，建立面向网络服务的架构，通过云计算平台为用户提供直观、便捷、定制化的地球空间服务。具体来说，遥感云就是将分布在不同地理位置的空天地传感器资源、空间数据资源、处理算法及软件资源、地学知识资源、模块化的工作流资源等进行有效组织，并通过注册服务中心统一发布，借助于云计算平台的可伸缩性，通过计算资源、网络资源、存储资源的共享和自动控制机制及各种网络为全社会提供地球空间信息可视化服务。

全球卫星导航系统由于存在各种误差，定位精度还无法达到很多行业用户的要求。为了提高定位精度，出现了连续运行参考站系统，目前用户将卫星定位信息传送到位置云服务中心，位置云服务中心在1秒内即可将定位精度解算到亚米级。通过地面基准站系统的增强服务，可以实现北斗等卫星定位系统米级高精度导航定位服务。对于卫星信号无法覆盖的室内和地下空间，可以采用加速度计、陀螺仪、电子罗盘、摄像头等传感器和Wi-Fi[①]、无线通信网、蓝牙等无线信号方式进行定位，提供高精度室内外连续定位，充分满足森林等各类环境的监测、勘察、调查，以及城管和公安等从政府、行业到用户的需求。

对大数据进行数据挖掘需要整个过程向前端和后端延伸，具体过程包括从海量、多源大数据中进行处理和分析，自动发现和提取隐含的模式、规则和知识，通过可视化并融合为易于人类理解的方式进行展现。数据挖掘首先获取并存储数据，按照挖掘需求在大数据中进行数据采集、检索和整合，并对数据进行筛选，包括去噪、取样、过滤、合并、标准化等去除冗余和多余数据，建立待处理数据集。接着对数据集进行处理和分析，包括线性、非线性、因子、序列分析、线性回归、变量曲线、双变量统计等处理和分析，按照一定方式对数据进行分类，并分析数据间及类别间的关系等。然后对分类后的数据通过人工神经网络、决策树、遗传算法等方法揭示数据间的内在联系，发现深层次的模式、规则及知识。对发现的这些模式、规则及知识按照变量的关系以人类易于理解的可视化方式给出变量间的关系分析，对于各类不同又有一定关联的内容，可以将其融合在一起，更直观展示并供人类分析和利用。

---

① Wi-Fi 是一种允许电子设备连接到一种无线局域网的技术。

2. 物联网技术

物联网是指通过射频识别、红外感应器、全球定位系统、激光扫描器等信息传感设备，按约定的协议把任何物品与互联网连接起来进行信息交换和通信，以实现智能化识别、定位、跟踪、监控和管理的一种网络。具体地说，就是把感应器嵌入和装备到电网、铁路、桥梁、隧道、公路、建筑、供水系统、大坝、油气管道等各种物体中，并且被普遍连接，形成物联网。物联网实现了人与人、人与机器、机器与机器的互联互通。

3. 数字城市技术

数字城市是一个无缝地覆盖整个城市的信息模型，把分散在城市各处的各类信息按城市的地理坐标组织起来，既能体现出城市中各种信息（自然、人文、社会等）内在的有机联系，又便于按地理坐标进行检索和利用。将基础地理数据、正射影像数据、街景影像数据、全景影像数据、三维模型数据、专题数据等各类数据按照地理位置在数字城市里进行整合，通过面向服务的架构，把各类空间和属性数据通过网络服务发布并提供给用户。各类用户通过网络注册共享自己的信息，并以服务的形式在数字城市地理空间框架平台上进行发布，政府、企业等各类用户都通过网络方便地获取交通、旅游、医疗、教育、应急等相关服务。

4. 农村信息化技术支撑体系发展对策

1）推进农村信息化云服务平台技术研发

结合国家关于农村信息化"平台上移、服务下延"的发展战略，利用云服务平台资源虚拟化、灵活的扩展性、强大的计算和存储能力、低成本等特点，构建农村信息化云服务平台，实现平台和资源的整合集成与高效共享。推进"国家大平台"建设所需要的"云存储与云计算中心""数据集成与处理中心""1+N 服务平台""用户网络"各个层次的技术研发。鼓励农业网络信息深度挖掘技术、海量农村农业信息资源主动服务技术、海量农业数据云存储系统和全国现代农业科技网络服务平台技术的发展。

2）推进农村信息化传输技术创新

以"三网融合"为核心基础，充分发挥全国各级通信服务运营商的主观能动性，推进移动互联网技术创新与应用，加快偏远山区通信和电视网络发展。同时，以卫星通信设备为辅助手段，扩大信息传输网络在农村的覆盖面积。大力推进建设基于"三网融合"的多业务服务平台，推进分区域、分阶段、多方式的信息业务和通信网络融合试点，发展手机电视、互联网应用服务、交互式网络电视等，以推动宽带电信网、新一代互联网和数字电视网的共建共享，推进高层业务应用融合，全面满足农村信息化服务的创新发展需要。

3）推进农村信息化接入技术发展

针对当前大部分农户难以实现互联网接入、农村信息化推进过程中成本较高、用户对计算机的维护能力较差等阻碍农村信息化推广的问题，结合农村公共信息服务终端需求，鼓励农村信息服务接入技术创新。重点发展村级远教信息服务站、科技特派员信息服务工作站、专业合作组织信息服务站相关技术；支持农户电视、手机、电脑、掌上电脑等信息接入终端技术；支持农村与城市资源的信息化对接技术。打造投入与运行成本低廉、更新便捷、高效易用的农村信息化服务模式，使农村科技信息服务真正做到快速、低成本、全覆盖，以满足农民的信息服务需求。

3.2.6　信息化带动工业化

信息产业关联度强、产业带动性大，是推动经济增长、产业结构调整的主要产业，发展信息产业是信息化带动工业化的重点内容之一。20 世纪 80 年代以来，两岸和平与合作的呼声越来越清晰，越来越急迫。先是一批台商通过第三地进入大陆开办企业，而后随着台湾放开老兵到大陆寻亲和探亲，以及改革开放的深入发展，更多的台湾企业开始进军大陆。台资企业在大陆投资形成了闽台两地产业合作的格局，闽台两地产业合作大致经历了三个阶段：第一阶段是 20 世纪 80 年代末对大陆的劳动密集型产业投资，主要是食品、纺织等传统产业；第二阶段是 20 世纪 90 年代"两头在外"的资本、技术密集型的出口加工工业；第三阶段是 1999 年后的以计算机为主导的电子信息产业，未来的重点在于两地在信息产业方面如何实现融合，并在此基础上实现共同技术创新、研发创新、商业创新等。从闽台信息产业合作的演进可以看出，自 1987 年以来，在过去的 30 多年中，尽管并非一帆风顺，但总体上经历了一个合作规模不断扩大、合作领域不断拓展、合作层次持续提升的发展过程，闽台信息产业交流与合作的趋势日趋明显，信息产业分工合作的广度和深度持续提升。

利用计算机辅助技术和数控技术改造工业生产过程，加大计算机集成制造系统、计算机辅助设计等技术的推广应用力度，优化生产过程，优化产品设计和提高生产过程的自动化、精密化程度，逐步改造和提升传统产业；利用信息技术改造企业的运营模式，推广企业资源计划（enterprise resource planning，ERP）、供应链管理（supply chain management，SCM）软件应用，提高企业管理精细化和决策科学化水平。在利用先进信息技术对传统工业产业进行改造和升级过程中，应瞄准重点行业和产品，突破一些以信息化改造传统产业的关键技术，根据不同产业类型和行业的特点进行分类指导,重点以家电、陶瓷、机械装备、纺织、服装、食品、饮料、家具等福建省传统优势产业为重点进行信息化改造与融合,不断增强传统产业竞争力。

大力发展现代信息服务业,进一步优化产业结构。信息服务业是实现信息资源充分、有效利用的关键,成为信息产业中发展最快、增值最大的产业,是信息产业发展的必然,也是促进传统产业结构调整与升级的必然。加强对信息服务业的统一规划和宏观调控,加大资金投入和政策支持,重点支持特色数据库,如妈祖专题文化数据库、闽南文化数据库、客家文化数据库、朱子文化数据库等建设。建立这些特色文化数据库是社会发展、经济建设和加深两岸同胞及中国与海外侨胞联系的重要资源。闽文化数据库的建设和维护,有助于"数字福建"建设、文化创意产业发展和旅游业转型升级等,也有利于强化闽台两地文化纽带,促进国家和平统一,有利于团结东南亚及海外华侨,同时使珍贵的地域文化遗存得到抢救性保护,意义非常重大。将闽文化特色信息资源库纳入"数字福建"和社会信息化建设长期规划中,坚持以统一格式、统一平台和统一规划的方式逐步推进福建省特色数据库建设的共建共享。这是一个需要对多个服务机构进行协作的系统工程,为了规范各个信息服务机构之间的行为,并协调其相互关系,需要建立一个行业层面的针对特色数据库建设的规划指导机构,统一规划福建省特色数据库共建共享的总体布局和运作机制,对共建共享过程中出现的各种问题进行统一指导。从经济学的角度看,尽管特色信息资源共建共享的整体效益很明显,但信息资源共享具有很强的外部性,因此在实际推行过程中,必然遇到各地信息服务机构的积极性不足,不愿主动共享自身资源的问题,甚至有的地方机构担心自身数据库建设不完善,共享之后会影响数据资源的安全性,或者暴露自身的短处。因此,在特色数据库资源共享的过程中,不能忽略各地特色数据库的信息资源拥有量及其价值的大小,不能硬性或者想当然地制定同一指标,而必须建立动态的利益平衡机制,通过灵活、机动的协调渠道,使参与特色信息资源共享的成员能根据投入和贡献大小获得相应的回报,从而保障参加共享的主体利益不受损害。以立项的形式争取各级政府、社会团体、民间组织对特色数据库建设的扶持。建立以全文型和多媒体型为主流的特色数据库,减少文摘型、题录型的特色数据库,形象、直观地向访问者展示本地区的经济、人物、事件、民俗等,满足广大读者对全文型和多媒体型数据库的需求。建设高水平特色数据库的根本保证是标准化。将各单位所独享的信息资源按统一的格式组织起来,实现网络连接,完成信息资源的有效交流和传递,就必须做到在统一的标准下对电子信息、多媒体信息及印刷型载体数字化信息进行规范的组织和加工,使之有序化。为此,各地的特色数据库建设应当坚持遵循"分散建设、统一检索、资源共享"的原则,加强沟通、联合建库,取长补短,按照统一的标准和规范,分主题、分学科、分阶段地进行。

3.2.7 政府系统信息化建设

1. 基于"互联网+"的电子政务系统建设

基于"互联网+"的电子政务系统建设主要提供两种公共服务，即在线办事服务和在线信息服务。在线办事是电子政务服务中数量最大的一部分业务。根据服务对象可以划分为政府对政府（government to government，G2G）的电子政务应用模式、政府与企业（government to business，G2B）之间的电子政务应用模式、政府与公众（government to citizen，G2C）之间的电子政务应用模式、政府与政府雇员（government to employee，G2E）即公务员之间的电子政务应用模式等几种模式。在线服务一般包括表格下载、网上申请、在线查询等方式。

表格下载服务内容应包括业务表格、有格式文本的申请书及其示范文本的下载。表格下载服务应符合以下要求：提供下载的表格名称应与办事指南保持一致；提供下载的表格内容应与实际业务办理情况保持一致；提供下载的表格应支持常用办公软件进行编辑处理；表格下载服务应提供表格的内容填写说明、文字编辑说明、打印格式说明等提示信息。

网上申请服务可实现网上提交办事申请、网上预约办理时间和地点、网上提交办事材料等功能。其中，网上提交办事申请功能应按照"网站前台提交办事申请、业务后台受理申请、网站前台反馈申请结果"的模式开展建设；网上预约办理时间和地点功能应按照"网站前台提交预约申请、业务后台受理申请、网站前台反馈预约结果"的模式开展建设；网上提交办事材料功能应按照"网站前台提交办事材料、业务后台预审办事材料、网站前台反馈预审结果"的模式开展建设。

在线办事服务查询应包括办理状态查询和办理结果查询。在线查询服务应符合以下要求：在线查询服务的内容应及时更新，与实际办理情况同步；在线查询服务的内容应全面，应包含事项名称、申请单位、受理时间、受理编号、办理状态、办理结果、办结时间等；在线查询服务应方便、快捷，应实现分类查询和关键字查询。

在线信息服务是电子政务环境下政府除了在线办事服务以外提供的一种重要服务项目。公众和企业通过政府信息服务对市场、所处环境和自身未来有比较明确的判断，从而做出正确的决策。政府信息服务质量越高对社会和企业的帮助越大，持续不断的政府信息服务可以提升公众和企业的核心竞争力，最终提升整个国家在信息社会的核心竞争力。政府在线信息服务指的是在网络环境下政府部门利用计算机、通信和网络等现代技术从事信息采集、处理、存贮、传递等的一切活动，其目的是为公众和企业提供所需的数据、信息、调查报告、研究报告等服务，使公众和企业通过这些信息服务对市场、所处环境和自身未来有比较明确的判断。

政府提供的在线信息服务的信息内容涉及与公众和企业相关的方方面面，按照不同的角度有不同的分类方法，但从它产生的领域和内容来划分，主要有以下类型。

一是政府法律、法规、制度信息，即由政府部门或立法机关制定的与公众密切相关的各种法律、法规、规章制度及其他有约束力的规范性文件等。

二是政府工作的动态信息，政府机关和其他公共服务部门为了提高工作的透明度而公开的信息，包括相关部门的负责人、部门职责、办事程序规则和执法结果等。

三是科技教育信息，包括一些著名科学家、科研项目、科学成就等，各层次的教育方针政策、教育机构、教育状况和特色、招生就业、教育规划信息等。

四是国民经济信息，包括市场经济法规、经济状况统计指标、企业基本信息、消费者信息、财政金融货币信息等。

五是各行业信息，农业、林业、畜牧业、工业、服务业等产、供、销法规政策、资源状况、市场信息等。

六是公共健康信息，包括医疗机构与医护人员信息、药品价格与质量信息、传染疾病通报、公共健康政策法规等。

七是文化娱乐信息，包括各类图书馆、档案馆、文化馆、博物馆等文化机构提供的信息服务，电视台、广播台及互联网等提供的文化娱乐信息等。

八是环境信息，包括地理信息、天气预报、环境污染信息、旅游资源信息等。

九是其他类型的信息。

2. 基于大数据的电子政务系统建设

（1）加强对信息化建设的统筹规划，明确领导机构和实施细则，搭建大数据平台。

（2）加大对信息基础设施建设的投入，并不断创新其运营方式。

（3）加大信息安全防护力度，建立健全大数据信息安全保障体系。

（4）筑巢引凤，开发潜能，打造一支技术过硬的政府信息化管理队伍。

3. 基于云服务的电子政务系统建设

1）提供信息技术服务内容

基础云服务平台具体构建中，需要采用软件即服务（software-as-a-service，SaaS）级服务模型构建，该模型为软件到服务的模型，是一种通过互联网提供软件的模式，提供基础服务的厂商将相应的软件服务统一部署在自己的服务器上，如邮件收发功能、视频会议功能等，客户在使用统一基础服务时，可以根据自己的实际需求，通过互联网向相应的服务提供商定制自己的软件服务，如政府情报部门的邮件系统需要进行加密服务等。因为服务是部署在服务器上的，所以任何问题都可以通过服务器源头解决，其安全性较高，维护成本较低，因此在政府信息化管理中，采用 SaaS 模型的服务效果良好，能够消除平台不兼容性，降低软件运行成本，并提升服务效率。

2）推动政府各部门在云端逐步实现信息和数据共享

信息共享是云服务的最主要目的之一，通过信息共享能够有效整合出合理化的信息内容，在此基础上，能够提升政府信息服务的进程和效率，通过信息共享来提升信息使用的效率，实现这一目标关键需要完成以下三个方面的信息共享建设：要采用云服务进行政府信息化建设，最大程度上实现云服务建设的价值，必须采用最小的资金投入而获得最大化的使用价值。采用云服务的计算服务和存储服务能够实现对各种应用软件的充分利用。安全性是每个平台都需要面对的问题，传统政府信息管理平台的安全性较低，大多采用传统防火墙构建，只对简单的病毒防护有一定的效果。当云服务平台接入后，仅病毒防护还不够，面对黑客的入侵防火墙一般不能够保证平台的安全性，这时候需要采用大数据分析技术，为云服务平台构建出入侵防御系统和主动防御系统等多方位的全面安全防护技术。

3）政府云服务的差异化建设

在构建云服务平台下的政府信息服务建设中，需要对基础服务构建出统一的平台，但是在统一的基础服务之上，需要针对政府不同类型的部门创建与其相适应的实际业务形式，保证业务的多样化。这时候，针对不同的具体业务形式，需要采用云服务的平台即服务模式进行构建，该模型为平台到服务模型，也就是将服务器平台作为一种服务提供的商业模式，该服务能够直接定制中间件服务，能够同时涵盖数据库和应用服务器。平台即服务模式能够针对政府信息部门的不同服务需求，在基础云服务的提供上，提供与其功能需求相适应的服务。

3.2.8　重点领域信息应用系统

1. 区域教育信息化

1）建立合理、有效的教育信息基础设施组织管理保障体系

在教育信息化的发展历程中，基础教育信息化存在较严重的不均衡现象，地区之间的数字鸿沟较大，尤其在教育信息基础设施方面表现得非常突出。发达地区的学校拥有丰富的信息化基础设施，而偏远农村地区的学校信息化基础设施非常稀缺。为了保障福建省各个地区的各级各类学校享有公平的教育信息基础设施，

促进教育信息基础设施建设协调发展，首先应该加强教育信息化组织管理，合理分配教育信息基础设施资源，建立可持续的组织管理保障体系，建立合理、有效的组织管理体系。应在市、县、学校建立相应的教育信息化组织管理部门，建立健全教育信息化领导、管理与服务机构，形成权责明确、统筹有力、能有效促进信息化与教育融合发展的全国教育信息化组织管理体系。对于地区教育信息化管理机构，重点要探索教育信息化基础能力提升的新机制，如加强政企合作；对于各级各类学校应重视学校信息化能力的建设和提升，如指派专职人员负责学校的教育信息化建设和管理工作，落实学校教育信息基础设施建设项目等。

2）构建容易获得的教育云服务模式

教育信息基础设施利用率不高是我国教育信息基础设施发展的一个瓶颈。经过改革开放几十年的发展，我国教育信息基础设施建设取得了显著的成就，但是"重建设、轻应用"的问题仍然非常突出，即重视硬件设施的建设，而轻视其教育应用。这种现象导致我国教育信息基础设施投入产出比例较低，效益不高。教育云服务是实现教育信息基础设施跨越式发展的重要机遇。教育云平台可以利用虚拟化技术，聚集和整合软硬件资源，弱化硬件、软件、数据、网络、存储等信息技术系统不同层面资源之间的物理依赖，达到集约化和透明化管理，实现动态调配和按需使用，从而提高计算资源的弹性和灵活重组，即充分整合现有资源，采用云计算技术，形成基础设施资源配置与服务的集约化发展途径，构建稳定可靠、低成本的省级教育云服务模式。面向福建省各级各类学校和教育机构，提供公共存储、计算、共享带宽、安全认证及各种支撑工具等通用基础服务，支撑优质资源全国共享和教育管理信息化。

3）构建多种资源共享和教育教学应用模式

教育信息化基础能力建设（如信息化基础设施的配备和优化）是基础，但更重要的是应用能力的提升。在网络教学环境下，大部分班级的课堂教学应能够共享和应用优质的数字教育资源，通过信息技术手段提高教学质量并促进教育的均衡发展。通过不同的应用模式，将信息技术在教学活动、教研活动及跨校教学中的应用变成一种常规行为。重点推进以"专递课堂"、"名师课堂"和"名校网络课堂"为代表的典型资源共享应用模式。

4）设立教育信息基础设施专项基金

教育信息化是实现教育跨越式发展的重大战略，需要大量的财政资金支持。政府应扩大教育经费中教育信息化的预算比例，尤其要加大对教育信息基础设施的投入力度。政府可以设立专项基金为教育信息基础设施建设提供坚实的财政支持。专项基金可用于教育信息基础设施建设，以及扶持各级各类学校的教育信息基础设施建设项目，如投入更多的资金用于宽带网络接入、计算机实验室建设、多媒体教室配置等。

5）建立较为完备的资金监管体系

为了保障教育信息基础设施的投入资金落到实处，应建立健全教育信息基础设施资金监管体系。教育信息基础设施组织管理机构统筹安排建设经费的投入，合理分配不同地区和不同学校的教育信息基础设施经费，加强建设项目的管理及经费的监管，并定期对建设成果进行验收，评估其投入产出效益，以促进资金的合理分配与使用。

6）促进企业参与教育信息基础设施建设

通过优惠政策吸引企业与政府共同建设教育信息基础设施。政府应提供宽松的政策环境，鼓励和吸引企业参与教育信息基础设施建设，引导产学研用结合，发展教育信息化产业，促进教育信息化的可持续发展。

2. 区域医疗信息化

（1）构建统一的医疗信息共享平台。资源和信息共享平台是区域信息化基础，它通过信息资源调集、整合区域内最先进的技术与资源以便服务患者。在区域内构建统一的医疗信息共享平台，在局域网内将医院所具有的资源和人才共享，一旦区域内的医院有需求，可直接在局域网里查找，确定了以后可以将患者送往最合适、最专业的医院，而且统一了医疗信息共享平台之后，医疗人员在工作场所就可以随时随地学习地区内的医疗病例，不断提高自己的医疗水平。

统一的医疗信息共享平台可以全面共享本地区居民的健康信息，一旦居民身体出现问题，在区域内任何一家医院都可以查到电子病史，便于医生诊断。同时，统一的医疗信息共享平台真正做到了信息和资源的高度共享，医院在需要时可有效调用本区域的资源，有效争取了治疗的黄金时间。

（2）逐步完善信息系统。区域医疗信息化平台的建设一般分为以下步骤：第一，在医疗机构管理方面实现信息化；第二，在临床管理上实现信息化；第三，形成完整的区域医疗信息化系统。要想真正实现区域医疗的信息化，相关的信息系统必须建立齐全。最佳医疗信息系统的构建顺序应当是：医院信息系统—放射信息系统—实验室信息管理系统—医学影像存档与通信系统—临床信息系统—公共卫生信息系统。遵循的原则就是先完善医院内部的信息系统，再建立公共卫生系统，确保共享资源的准确性和完整性。按顺序建立区域信息系统，保障区域医疗信息化的建设在有条不紊中进行，避免走弯路。同时，及时了解医疗信息化建设中的问题，针对这些问题制定相应的解决办法。区域医疗信息系统的建设需要相应的信息技术作为依托，在建设时要引入大量人才作为支撑。在完善信息系统的过程中，要让信息人才在了解医院的情况后对信息系统做出部分调整，保障所建立的信息系统符合本地区医院的要求。

（3）通过监测系统对区域内居民的健康状况进行及时监测。区域医疗信息化建立的最终目的是及时了解区域内居民的健康状况,对有健康隐患的居民进行及时治疗。所以,信息监测和咨询系统是保证居民健康的基础。建立监督系统,区域内的医生就可以对患者的健康状况和医疗状况进行跟踪,使得居民疾病在初发时就能得到很好的救治。同时,对于一些高发疾病的患者,医疗人员可对他们的身体状况进行有效监管,便于及早、快速、准确地发现问题,解决问题。监测系统的存在,使得区域内居民的健康情况在电子系统中有全面记录,从而便于医生发现潜在的问题,防患于未然。

3. 交通信息系统

1)态势监控

智能交通系统中的交通态势监控功能主要为集成指挥平台提供信息来源,通过各种道路交通信息采集子系统、分析研判子系统等,实现对全市路网路况历史、现状、发展趋势的及时、准确、全面掌握,为交通疏导、交通管理服务。交通态势监控功能紧贴路况监控、交通态势分析的业务需求,核心功能是进行全市路况信息的采集,判断全市路网交通状况,进行道路运行状态监控,并从多角度进行交通事故分析。交通信息系统的栏目和功能包括今日视点、路网交通状态、122警情/事件检测、交通热点、交通秩序、信号/视频/诱导/电警/卡口等设备状态监控、警力 fGPS/PDA 部署等。主要实现路口信息采集、数据的融合分析、路况预测、视频图像控制、路况和道路交通状态监控、交通态势分析自动检测、交通组织统计分析、交通事故分析与预防等功能。

2)预案管理

预案管理主要是借用、结合交警管理经验,对交通管理事件提前采取交通管理措施,为各类交通事件,如交通拥挤、交通事故、突发事件、大型活动、恶劣天气、道路施工等提供辅助决策支持,在指挥调度中起十分重要的作用。

由调度人员制订交通调度方案的文本及详细的交通调度方案的子方案,如交通电视监视方案、交通诱导方案、警力配置方案、交通设施配置方案、相关单位协作方案等。根据实战需要制作、演练、完善各种指挥调度处置预案。制作完成的预案可按其性质、等级、制作单位等进行分类管理,并可以将生成的预案进行自动或手动调用。

3)特勤任务管理

特勤任务管理以交通管理中各种等级的特勤、安保等任务为主线,侧重特勤路线、保卫区域、特勤岗位、特勤车辆的可视化设置,辅以交通诱导可变标志、道路交通信号控制、交通电视监视等技术子系统的协同工作,服务于特殊区域或路线、特定时间段的交通管理和综合保卫任务。特勤任务的指挥调度一般以辅助决策预案库进行辅助调度。

4）道路交通信息综合研判

建设一个面向内部的网站，在已有业务应用系统基础上，整合机动车、驾驶人资源库、各类业务数据、警情信息等数据，建立综合研判库。以交通违法和交通事故黑点分析为基础，开展综合分析研判，进行数据挖掘。通过警用地理信息系统平台实时地、直观地展示交通管理态势，为指挥决策和管理对策提供依据。系统集成违法数据库、车驾管数据库、信息平台数据库、事故处理系统数据库及黑名单数据库等相关数据库，以卡口系统、电子警察系统、动态违法抓拍系统、社会信息员上报信息等各类统计信息为依据，进行综合统计分析，并且能够根据各种业务数据的变动，预测各种道路交通信息的发展趋势，自动生成信息研判数据图表，建立信息研判机制，通过信息研判，准确掌握违法行为发生的地点、区域、高发原因，依据研判结论确定启动执勤岗位分级上勤方案等级和警力的投量、投向，为决策提供支持，切实做到"信息主导警务"。研判网站是一个信息发布、收集和共享的综合平台，包含了情报信息、网上作战、网上研判，能够起到主导警务的作用。网站还具有公告发布功能，可发布一些通知、公告之类的公示性信息，能将信息快速、及时地传递给每一位警员。网站还提供了一些公安交警方面的热门信息网站链接，可扩充研判网站信息面，真正做到信息最大化共享、最广泛利用。

5）交通信息统计查询管理

通过集成指挥平台实现辖区内机动车信息、驾驶人信息、交通事故信息、交通违法信息、抓闯信息、外场设备信息的查询统计分析，通过对人、车、设备、道路的综合查询统计分析，有效部署警力，疏导、改善交通拥堵现状。同时，可面向公众提供道路交通信息查询服务。

6）道路交通信息服务功能

道路交通信息服务功能依托交通管理的各类信息资源，通过互联网、呼叫中心、手机、掌上电脑等移动终端，以及诱导屏、交通广播等显示装置，为交通参与者提供路况、突发事件、施工、气象、环境等较为完善的出行信息服务。出行者可提前安排出行计划，变更出行路线，使出行更安全、更便捷、更可靠。同时与铁路、民航、旅游、气象等相关的各类信息进行整合，与广播、电视结合，提供更全面、更多方式的服务，使交通参与者切身感受道路交通信息服务的便利。

7）系统管理功能

系统管理旨在通过提炼并整合各技术子系统共同的管理功能，为各技术子系统提供组件化、统一的通用功能，达到"一次开发、多处使用"的目的，同时减少用户对于各技术系统的维护工作量，实现系统管理的统一化、简洁化。系统管理的主要功能包括系统配置管理、组织机构管理、用户权限管理、数据维护与备份、日志管理五个方面。

3.3　互联网+服务背景下"数字福建"发展需要强化之处

3.3.1　互联网+服务背景下"数字福建"发展重点转向服务

"数字福建"是以福建省为对象的数字化、网络化、可视化和智能化的信息集成及应用系统。它将福建省各部门、各行业、各领域的信息通过数字化和计算机处理，最大限度地集成和利用各类信息源，快速、完整、便捷地提供各种信息服务，最终实现福建省国民经济和社会信息化。但是，现有"数字福建"的成就主要集中于信息化硬件及服务基础设施的完善，对服务质量提升与产业升级缺乏关注，导致公众和企业对"数字福建"的认可度不高，"数字福建"的服务受众群体也相对较小。另外，"数字福建"建设项目的设计与实施更多是从管理者角度出发，对公众与企业自身需求考虑不够充分。例如，电子政务方面，已经建成了以政府门户网站（个人计算机端与移动端）为主体的政务服务体系，但其真正的服务质量和服务效果难以评估，公众访问率不高；电子商务方面，在政府的大力支持下，以跨境电商为代表的互联网经济已经取得瞩目的成就，但在融资、管理方面依旧存在困难；信息化服务方面，医保、医疗、交通、教育等各个领域都建设或升级了相应的信息化服务系统，但是，与电子政务系统类似，服务水平和服务效果的评价未得到足够重视，服务能力的高低难以考核。总而言之，目前"数字福建"基础设施已基本覆盖，但是，在服务提升、质量监督方面仍旧存在较大的提升空间。

3.3.2　互联网+服务背景下"数字福建"建设过程中面临的具体问题

1. "数字福建"建设的关键技术

作为区域信息化的浩大工程，"数字福建"的涵盖领域非常广泛，技术方面的理论包括多源多时相多分辨率数据集成理论、分布式计算理论、三维仿真理论、海量存储理论、信息认知理论、空间数据仓库理论等。"数字福建"应用的关键技术主要有元数据与海量数据处理、数据仓库与数据挖掘、数据融合与虚拟现实、互操作与超链接技术等。

1）元数据与海量数据处理

元数据就是关于数据的数据，是结构化了的数据。它在某种意义上是沟通数据生产者、管理者和使用者的中介，主要包括主题内容与使用范围、参考标准、术语、元数据层次结构、元数据分级、元数据扩展原则和方法等。"数字福建"涉及大量的数据，对这些大量数据处理的技术需要快速、高效地进行存取、运算及传输，它是"数字福建"建设的基础，也是"数字福建"的关键技术。

2）数据仓库与数据挖掘

数据仓库是将不同类型的数据进行标准化过滤和匹配等操作后，进行数据仓库的建模、概括、聚集、调整及确认等工作。它是"数字福建"整合信息资源和数据资源的重要载体，也是实现信息共享、共用的基础。数据挖掘是通过建模从大量的数据中挖掘所需的数据、信息或知识，其过程包括确定挖掘对象、准备数据、建模、数据挖掘、结果分析和知识应用。

3）数据融合与虚拟现实

数据融合主要内容有栅格数据之间的融合、栅格数据与矢量数据之间的融合和矢量数据之间的融合。其中，栅格数据之间的融合技术相对成熟，而矢量数据之间的融合则比较复杂。目前，全世界信息管理者所面临的难题是如何融合图形数据与属性数据。虚拟现实系统主要由显示子系统、检测子系统和模拟子系统三部分构成。显示子系统负责感觉信息的合成；检测子系统则负责把操作信息传递给电脑；模拟子系统属于虚拟现实系统的核心，主要功能是实现虚拟环境的描述和构筑。虚拟现实系统的技术基础有很多，如高级三维图形技术、多媒体技术、网络通信技术等。实现虚拟现实系统的应用类型有视频映射系统、沉浸式系统和分布式虚拟系统。

4）互操作与超链接技术

互操作是异构数据、异构系统和易构平台，虽然它们的语言、模型和环境不同，但仍然可以实现相互通信和协调运行，共同完成某一指定的任务。这些异构实体主要包括应用程序、处理对象和系统运行环境等。互操作不仅是个技术问题，更涉及各个组织机构之间的配合与协调。它是"数字福建"实现通信共享和系统集成的重要技术途径。超链接技术为"数字福建"提供了数据和信息资源的关联，能够把"数字福建"庞大的数据和信息资源通过超链接技术相互联系起来，与互联网中超链接的作用相似，但"数字福建"拥有海量的数据，因此对超链接技术要求更高。

5）技术理论不成熟

我国的"数字福建"研究刚起步，政府和企业内部信息化建设也比较缓慢，因此我国"数字福建"管理建设还有很漫长的路需要走。目前为止，我国对"数字福建"研究侧重点依然在技术层面上，关于理论的研究少之又少。现有的理论基础跟不上实践的步伐，对城市建设过程中所出现的各种问题，缺乏强有力的理论支撑，导致"数字福建"建设的无序化。

由于缺乏系统的理论知识和技术框架来指导，各地的技术人员和研究人员只能按照各自对"数字福建"的理解进行建设。传统的"重建设轻管理"的观念已根深蒂固，城市管理体制也未能真正实现建设与管理的分离，造成城市建设快速推进而城市管理问题不断出现的局面。由于观念上的误区及重技术、轻理论的现状，福建省部分地区"数字福建"建设投入大量资金追求一流技术设施和形象工程，不仅给当地财政造成不小的负担，而且大大降低了管理系统的效率，更严重阻碍了数字城市管理模式的推广和应用。

2. 管理方面

1）管理体制冲突

数字化城市建设是一个设计理念先进、构架完善、切实可行的城市服务管理模式，但是由于对数字化管理涉及的很多机制、体制和机构的法律还没有一个全面的界定，这一模式在实际运行中遇到了重重阻碍。

首先是法规不健全，执法力度不够。城管部门"借法执法"，没有可以借助的自身独立的法律法规，致使城市管理的力度把握不准确，出现"不作为"和"乱作为"的现象。城管部门多事后管理、被动管理，一些共性问题根本没有得到很好的解决，极大地影响了城管部门的社会认可度。

其次是政出多门、条块分割。数字化城市管理是一个需要各部门相互协同、联动执法的系统工程，其管理范围涉及规划、建设、城管等多个相关职能部门。在原有的管理体制下，部门职能交叉、职能错位或空缺，对数字城管的有效运行带来了不小的阻力，数字化城市管理中具体事件的处理未能达到预期的效果；城市管理"条块分割"的管理体制在如何保证各部门管理职能的"无缝连接"上仍存在一定问题。如果不实现管理体制上的新突破，将会使数字化城市管理成为一个空壳。因此，我们必须加强部门间的合作，强化协同意识，弱化行政风格的调度和处理，突出政府机构在数字化城市管理中的主体地位。

2）某些城市的政府定位不准确

"数字福建"是建立在现代信息技术基础之上的新兴发展模式，以信息基础设施、空间数据基础设施等为核心力量。在城乡基础设施薄弱，整体技术条件和管理意识都达不到数字化城市管理的标准时，就盲目跟风地大搞数字化城市管理建设，确立难以实现的过高的目标，不仅数据通信设施不完善，而且数字化城市管理所需的业务知识和专业知识丰富的人才也匮乏。现有的数字化城市管理信息化平台工作人员对新的管理方式不能很好地适应。首先，不适应工作要求，不能及时采集信息；其次，采集信息时经常关注那些流动性大的小问题，而忽视了那些难以解决的问题。处置部门的工作人员方面也不适应数字化城市管理要求，表现在对数字化信息平台操作不熟练或对问题处理效率不高。

跟风似的搞数字化城市管理建设，只注重信息化技术的应用，忽视了在技术应用过程中对人才自身的开发与培养，忽视了本地信息人才的培养及对本地信息人才综合素质的培训工作。数字化城市管理建设是为了政府能够更加科学、更加合理地管理这个城市，从而更好地为人民服务。但是，不切实际的跟风行为不仅没有成效，反而不利于城市的发展。因此，数字化城市管理建设必须结合当地自身情况，制定长短期目标，以期获得最大的回报，提升城市管理水平。

3）标准不统一

"数字福建"的核心就是资源共享，同时是一个城市数字化管理发展水平的重要考核标准。就当前来看，主要存在的突出问题为各城市管理信息系统、办公自动化系统、地理信息系统孤立。在现代化城市建设中，很多城市都建立了以上三种管理系统，或者至少建立了前两种，但是各系统之间没有建立密切的联系。由于系统彼此之间是孤立的，信息流通自然不畅。要想解决孤立和不畅的问题，唯一的办法就是实现三种系统相互联系，相互共享。数字化城市管理建设标准不统一，部分地区数字化建设的步伐和目标等与该地区信息化发展脱节，形成了两套独立的体系，最终导致重复建设和信息闭塞，而在数字建设规划相对独立的地区，则容易出现闭门造车的现象。最后，由于对政策、趋势等研究不透彻，往往出现投资的浪费。"数字福建"管理建设还没有上升到国家层面上。数字化城市建设必须由国家相关部门主导，并将此项工作纳入国家总体发展规划，为各城市数字化建设提供一个交流与共享的平台。电子政务各自为战。电子政务是数字化城市建设的基础，但现状是各自为战，缺乏交流。究其原因主要有以下几个方面：缺乏统一的领导机制和规划，没有统一的建设标准和目标，电子政务建设的初衷是建立一个公开的、开放的政府管理系统，但是现实中部分地区的政府"闭门造车""各自为战"，严重制约了数字化城市管理在现代城市管理中的作用。标准化问题也是当前亟须解决的问题。由于数据格式的多样化，在城市管理过程中数据的交换和查询极其不便，造成国内"数字福建"基础设施开发效率低下。因此，建立科学的、统一的数据处理和信息管理技术标准已迫在眉睫。

4）考核机制不完善

依托数字化城市管理信息平台，在对考核方法进行合理、正确选择的基础之上，建立了一套具有科学性和可实施性的监督考核体系，从多个方面、多个领域，对城市管理的各方面进行考核评价。但实际工作中，这套考核体系如何实施，由谁来实施，如何有效督促城市管理问题及时解决，都缺乏相关文件、政策的规范。处置部门缺少具有专业知识的专职操作员，违反操作流程，随意处理问题。种种情况均是由于缺乏完善的考核指标和强有力的制约手段。只有切实地进行有效监督与科学评价，才能最大限度地发挥每个岗位、层面、系统的功效，全面提升数字化建设水平和服务能力。

3. 信息共享方面

20 世纪 90 年代以来，随着计算机技术和网络技术的发展，整个社会信息化程度不断提高。经过多年的建设，我国网络环境已初步形成，为信息共享的实现提供了极大的便利条件。随着社会经济的快速发展，信息成为全社会的宝贵资源和财富，信息共享的需求也日益增加。如何对信息资源进行分类，促进跨部门、跨行业的信息资源共享，满足政府、企业、社会组织和公众的各种需求，使整个社会充分分享信息资源，是当前我国信息化工作中的一个重要任务。目前我国的信息资源还没有得到有效的开发利用，制约了信息社会化服务的发展，这已成为信息化建设中一个迫切需要解决的问题。因此，围绕信息资源共享这一主题，开展对信息资源管理、信息资源整合、信息资源开发、信息资源安全、信息资源配置等方面的研究是非常必要的。

信息资源作为生产要素、无形资产和信息社会的关键财富，在经济社会资源结构中具有重要的地位，对推进改革开放和经济发展的影响日益突出，已成为经济全球化背景下国际竞争的一个新重点。但是由于信息建设缺乏统一规划与制度保障，信息资源不能有效整合，不能充分共享。主要表现在以下几方面。

1）部门利益造成信息封锁

由于对信息资源的归属、收集、开发等的相关法律法规缺失，不少政府部门将政府信息资源部门化，人为设置信息壁垒，导致了信息资源成为部门的私有财产。这种情况严重阻碍着政府信息资源的整合、开发和利用。一些政府部门出于维护部门利益及显示部门主管权力，不愿进行信息交换、共享和利用。一些政府部门把自己掌握的信息资源作为筹码，进行信息寻租，以维护其自身的既得利益。信息流动与共享共用在某种程度上意味着部门权力的削弱或者流失。这种数据信息资源部门私有化导致了在大型的、跨部门的政府信息资源建设项目中，很难做到信息互联互通，一些政府部门在建设过程中强化部门利益。部分政府部门对信息资源的分割和垄断使大量的政府信息资源共享需求与实际共享需求的满足之间的矛盾突出，极大地弱化了政府的公共服务效率、政府部门间协同能力和应急响应能力，造成了极大的资源浪费，已经成为阻碍区域信息化发展的绊脚石。例如，水利系统各单位结合自己的业务需求，为满足局部的利用目标，多方筹集资金，开发建设了一些专用信息系统，这些系统在水利工作中发挥了积极的作用，一定程度上推动了水利信息化水平。但在实施过程中出于不同的目的和利益而各自为政，造成了不必要的重复建设。此外，大部分数据库与具体业务处理紧密绑定，硬件、基础软件与具体单位、部门绑定。这些系统基本上都分散建设在各个地区或不同业务部门，形成了以地域、专业、部门、系统等为边界的信息孤岛，形成了数据和信息资源割据局面。受各方利益的限制，水利信息系统中的许多子系统不具备持续运行条件，难以向公众和相关企业提供服务。由于系统规范性差，共享困难，影响了系统效益的持续发挥。这些问题导致水利信息化资源得不到充分、合理、有效的利用，一定程度上制约了水利信息化健康、协调、可持续发展。

2）信息资源利用率不高

各级政府部门掌握大量的政府信息和数据，这些信息和数据分别属于不同部门。由于缺乏对公众使用信息资源的服务意识和对信息资源的协调管理，普遍存在信息资源量不足、信息内容更新不及时、网络平台交互性差及突发事件应变能力较弱等问题，不少数据库缺乏开发维护，处于闲置状态。如果政府信息资源交流不畅，信息资源利用率低，那么一定程度上就会造成社会资源的浪费。例如，近年来，我国自然灾害、事故灾难、公共卫生、社会安全等突发公共事件频发。从处理这一系列公共突发事件的应对过程来看，公共安全应急管理还存在许多不足。其中，信息资源的共享成为重要问题之一。改革开放以来，国家在人力、物力、财力和技术装备等方面，为应对各类公共突发事件打下了坚实的基础。公共应急资源在政府各部门、各行业内形成了一定的储备，社会组织和个人手中也有为各自生产生活所需的物资积累，但由于缺乏对资源存量的掌握和利用渠道，现有资源没能被有效整合和高效利用。公共应急所需的基础信息缺乏，共享能力差。例如，城市遭遇破坏性地震，城市的自救能力如何，城市血库能否满足用血需求，城市地下管线破坏需要如何应急，多长时间可以恢复城市基本功能等信息，多数都不能及时向公众提供。

3）缺乏统一的信息资源管理和协调机构

由于我国政府组织采取纵向层级制和横向职能制的二元矩阵结构，纵向组织结构由中央、省（自治区、直辖市）、市（地区）、县、乡等层级构成，横向组织结构由各政府职能部门构成。这种组织结构使得在纵向上，政府部门之间存在着制约关系，如海关、工商、税务、公安等纵向业务系统，在全国范围内形成了一个个相对独立的系统，并在系统内部实施垂直管理；而在横向上，政府职能部门之间一般没有制约关系，各职能部门各自行使专属管理职能。由此，在信息资源配置上容易出现纵强横弱的现象。因此，从这个角度来看，区域信息化发展相对于行业信息化来说难度大很多。此外，我国政府在信息市场监管方面也存在一些问题。一方面，信息资源的数字化和网络化发展形成的新兴信息市场没有专门的部门进行统一管理；另一方面，传统的信息市场多头分散管理，造成信息资源源头很多，口径不一。以全国大中城市房价统计为例，行业管理部门关注的是成交量，而统计部门的数据主要是房地产企业上报的，不同的部门选用的方法和标准不一，计算出的结果也大不同。统计数据是政府制定宏观调控政策的依据，数据失真将影响政府部门决策的科学性。

4）信息资源开发的市场机制还未形成

我国信息资源产权结构单一，信息资源市场开放不足，缺乏竞争机制，制约了信息社会化服务的发展。在我国信息资源市场中拥有信息资源的政府部门或其下属企事业单位，或拥有一定行政权的机构垄断着信息资源。由于缺少社会竞争，提高质量、改善服务缺乏推动力量，造成信息资源开发利用市场化、产业化程度低，信息资源产业规模较小，缺乏国际竞争力。例如，多种原因造成 2017 年我国一些农副产品价格暴涨。原因之一是农产品市场信息机制不完善，不能提供及时、准确的产量、销售等信息，农民只能盲目跟风，从而给炒作者创造了机会，进而给国家、农民及消费者带来了损失。

5）保障信息资源共享的法律法规滞后

随着我国信息资源应用的不断深入，有关信息公开、信息安全等方面的法律法规缺失的矛盾变得越来越突出。迫切需要制定相应的法律法规，明确各类信息的采集、存储、加工、传递、检索、分析等应用过程中的法律地位。信息资源可分为政府性信息资源、公益性信息资源和商业性信息资源，对信息资源实施分类、分级，才能保障信息应用的安全、可靠，推动信息公开和跨部门的信息共享。

4. 公共服务方面

在信息社会背景下，面对复杂的治理环境，各级政府一直在确定政府的角色和职能，从而更好地处理政府与社会、市场、企业的关系。就全球范围而言，构建服务型政府已成为一种共识，因此，我国各级政府都更加重视履行社会管理和公共服务职能，把财力、物力等公共资源更多地向社会管理和公共服务倾斜，各级领导干部的精力也更多地放在推进社会进步和解决公众、企业关心的问题上。但从总体上看，福建省各级地方政府职能转变尚未到位，与构建服务型政府的目标还有较大的距离。

1）政府治理中越位、错位、缺位等现象突出

一是政府职能越位。越位是指政府管了不该管的事，主要表现在政府对企业、协会、社团等活动的干预上。二是政府职能错位，错位是指本来属于某一政府机关管理的事情却被另一政府机关管理，从而造成事权不清、相互扯皮及财权与事权不统一等问题。与此同时，部分地方政府过于偏重地区生产总值的增长，一定程度上忽视了社会发展和进步问题，为求经济增长速度，往往热衷于介入或干预微观经济活动，以市场主体的身份盲目上项目、办企业、引投资，以致政府对经济的干预增强，而忽略公共服务。三是政府职能的缺位。缺位是指政府在应该负有责任的市场监管、社会管理和公共服务方面没有负起或没有很好地负起应有的责任，导致经济和社会发展长期积累的问题和深层次矛盾越来越多。

2）一部分公务员为人民服务的意识淡薄

服务是政府软环境建设中的永恒话题，是现代政府的本质要求，公务员服务意识是软环境营造的核心。作为重要社会组织的政府是因社会需要而存在的，是为社会利益而存在的，为国家服务、为人民服务是政府存在的价值基础。事实上，一些地方政府的行政一直是以政府管理需求为中心的，它们还属于重管理、轻服务的管控型政府。公务员的服务意识不强，致使一些政府门难进、脸难看、话难听、事难办。一些地方政府的行政效率也比较低下，为人民服务在局部地区成为一句空话，使政府的形象和公信力受到很大的损害。

3）政府绩效亟待提升

政绩就是政府活动的绩效；政绩也是在宪法法律框架内充分运用党和国家出台的政策，从实际出发，善于调动人民群众的积极性，提高社会生产力的成绩。近年来，福建省很多领导干部按照科学发展观的要求，在改革开放和现代化建设的伟大实践中创造了不平凡的业绩，受到了广大人民群众的爱戴和拥护。然而，仍然有一些领导干部对政绩的认识比较模糊、片面，甚至产生了错误。

4）政府公共服务供给能力和供给水平不高

一是政府对公共服务的投入不足。与广大人民群众日益复杂化、多样化的公共需求相比，目前福建省各级政府所提供的公共产品、公共服务总量不足，公共服务的投入仍然偏低，尤其是在公共卫生、社会保障、公共基础设施、农村义务教育等基本的公共产品供给和公共服务方面。二是政府公共服务的质量较差、效率较低。长期以来，政府作为公共服务的主要提供者，几乎垄断了公共服务的供给，由于缺乏竞争，政府提供的公共服务质量不高、效率较低。对于这些问题，还需从改善公共服务的供给机制入手，花大力气加以解决。

5）政府回应社会的能力有待增强

政府回应社会就是政府在公共事务管理过程中，对公众和企业通过互联网提出的需求和问题做出积极的、快速的反应和回复。改革开放以来，各级政府部门在回应社会方面做了很多工作，回应能力有所提高，但是离社会的要求还有很大差距，具体表现为回应速度慢、效率低，回应缺乏针对性和有效性，有的回应甚至引发社会对政府的信任危机，对上述问题必须高度重视，力求把问题解决在萌芽状态。

3.3.3　"数字福建"建设中诸问题的主要原因分析

1）角色定位不准确

在"数字福建"建设过程中，某些政府部门存在角色定位不准确或角色缺位的现象。

2）"官本位"思想的影响

"官本位"意识是"官本位"体制下产生、发展的一种思想意识，其特征是社会成员把任官视为最优的职业，并且以所谋官职的高低作为衡量一个人社会价值的尺度。当前，"官本位"等封建残余意识或多或少地存在着，并且对现实社会仍然产生着负面影响。"官本位"意识是造成政府工作人员为民服务意识淡薄的根本原因。权力本身具有两重性：既可用来为人民服务，也可用来牟取私利。在"官本位"思想控制下，职位代表着权力，权力也代表着利益。一些公职人员没有在自己的意识里树立起一切权力都是人民赋予的思想，习惯于对社会事务进行过多干预、控制，不习惯也不允许公众运用自己的权利自下而上地与政府互动，这样就会淡化甚至丧失掉服务人民的意识。

3）绩效评估体系不完善

以往政府部门绩效评估的标准注重的是 GDP、引进外资额度、就业人数等纯数量指标，关注的是资源投入的多少和行政努力付出的多少，对政府官员行政能力的评价往往以争取到多少项目和投资来衡量。受这种评估指标的影响，绩效评估注重对辖区内经济增长的衡量，而轻视人文、环境、社会福利等全面指标的评估。在片面的评估指标引导下，政府重视经济产出总量，忽略经济增长背后的环境污染、生态破坏，导致低效率的经济运行模式和粗放型的经济增长模式，从而制约了经济的进一步发展。

4）计划经济体制的影响

计划经济是一种通过集体控制和分配权利的经济秩序。计划经济中，生产和投资总是由政府指令控制，生产决定分配，在公有制经济占主导地位的计划经济体制下，相应的分配制度也就是以按劳分配为主体的分配方式。计划经济体制在"数字福建"项目建设参与各方权益分配方面或多或少地存在一定的影响，这种影响不利于调动"数字福建"利益攸关方的积极性。

5）政府回应机制不健全

传统的政府回应机制自身具有不可避免的沟通单向性、回应被动性的缺陷，没有对反应和回复过程加以明确的区分和相应的责任界定，出现了重视公众意见，却忽视对于意见的有效反馈的固症，使得整个回应机制带有反馈滞后性、回复随意性等缺点。

6）公众参与热情不高

数字化管理系统应当确保市民的知情权、参与权和管理权，充分发挥市民的作用，数字化管理系统过于倚重系统内部工作人员对信息的收集上报工作。这些内部工作人员对信息的收集上报工作属于政府内部运行，但由于人力、物力等条件的限制，目前系统搜集信息的能力还比较有限，所以依赖于政府内部工作人员的数字化管理系统难以实现实时性和全覆盖。虽然系统通过 12345 市民热线、网络舆情监控等方式，为广大公众参与提供了多条有效途径，但是仍然存在公众参与程度和参与热情不高等现象，绝大部分公众反映的问题都是关于切身利益的问题，对于与个人关系不大的市政、环境问题反映不多、不及时。因而，十分有必要调动广大公众的参与热情，为公众参与数字化管理系统创造有利的环境。

　　自 2000 年开始，20 年的"数字福建"建设，成效显著，但是近年来随着互联网+服务兴起，"数字福建"发展存在一些需要改进之处。本书认为，"数字福建"发展需要改进之处主要表现在"数字福建"投资渠道不畅、PPP 管理机制需要进一步完善；信息资源建设力度不够，尤其是政府部门间信息共享程度低，使得公共服务水平难以提升；对社会需求关注不够，把握社会需求的办法不多，导致"数字福建"投入很大，公众和企业获得感不明显；对公众的"数字福建"采纳行为研究不够深入，公共服务供给方式单一、单调；"数字福建"服务效率和效果评价体系尚未建立，对"数字福建"电子政务建设缺乏统一、权威的评价机制。本书主要对上述问题进行较为深入的分析和研究，以期提出针对性较强、操作性较强的对策和建议，为推动"数字福建"实现良性、可持续发展尽绵薄之力。

第4章　基于 PPP 的"数字福建"建设机制

  2012 年我国政府再度掀起 PPP 模式热潮。这一轮 PPP 热潮最先由财政部推动，国家发展和改革委员会（以下简称国家发改委）随后加入。通过梳理 2014～2017 年国家发改委和财政部发布的一系列关于 PPP 模式的核心政策文件，将 2016 年国家发改委发布的《传统基础设施领域实施政府和社会资本合作项目工作导则》与财政部同年发布的《关于在公共服务领域深入推进政府和社会资本合作工作的通知》进行比较，可以发现，PPP 项目的应用由一开始局限于传统基础设施领域向更广泛的公共服务领域延伸，强调在公共服务领域深化 PPP 应用与改革工作。

  PPP 模式是指政府和私人部门之间就公共产品的提供而建立的风险共担的长期伙伴关系[1]。一方面，政府部门主导项目标准的制定，如明确公共服务的考核绩效等，并对项目进行协调和管理；另一方面，私人部门运用其在资金、技术、管理方面的优势，按照政府的要求建造、运营和维护公共基础设施，为政府和公众提供优质服务，并依靠政府部门的专项补贴或者向使用者收取服务费用来获取较为稳定的收入。双方协同运作，共担风险，最终完成以更低的成本提供更为优质的政务服务的目标。

  从国际视野来看，PPP 模式应用最为成熟的两个国家分别是英国和加拿大。英国政府最初是被 PPP 模式能够引入私人资金，缓解财政压力所吸引，而加拿大政府一开始则看中 PPP 模式对经济增长、创造就业机会的巨大作用。毋庸置疑，以上都是 PPP 模式相对于传统公私合营项目的优势。为了吸引资本，促进 PPP 模式的顺利开展，加拿大政府分别于 2007 年、2013 年设立了"PPP 基金"和"建设加拿大基金"，对 PPP 项目进行补贴与资金扶持。国外学者也对 PPP 模式展开科学研究。Liu 等[2]总结澳大利亚基础设施的一系列 PPP 项目存在的问题，通过问卷调查的方式，设计基于生命周期的绩效衡量框架，用于衡量 PPP 项目在建设、运营和维护等阶段中的绩效。Hueskes 等[3]对弗兰德城市 25 个 PPP 项目展开研究，发现 PPP 项目可持续发展的重要性一直被社会所忽略，进一步指出这可能是由于可持续性发展的衡量指标不易体现在 PPP 项目合同中的条款所致，从而提出了促进政府和私人部门双方更多考虑项目可持续性发展的若干治理手段。Li 等[4]围绕英国成功实践的 PPP 项目进行研究，对潜在的 18 个因素进行归纳与总结，最终概括出三大重要因素，其中，合理的风险分担成为最为关键的因素。

国内关于 PPP 模式的学术探讨在 2000 年左右兴起。何雪锋和王秀霞[5]基于演化博弈的视角，分析了 PPP 项目运营期内政府部门管理的稳定策略。刘宏等[6]从双方承担项目风险的角度，探寻项目风险折扣系数对 PPP 项目获得成功的影响。谢海林等[7]结合现阶段我国 PPP 项目的发展状况，提出构建"互联网+PPP"运作模式的基本思路，并论证了这一模式在实践推进中需要完善的相关配套政策支持。周正祥等[8]从法律法规体系、价格形成机制、审批过程复杂度等多维度剖析我国PPP 模式运作过程中存在的问题。

通过梳理以上文献发现，PPP 项目生命周期比较漫长，通常包括建设、运营、维护等重要阶段，每个阶段都有其不同的风险和收益。国内学者一般将 PPP 项目作为一个单阶段对象进行研究，忽视对不同阶段潜在影响因素的分析。另外，关于含有可持续发展价值意义的未来收益的研究也未在以往研究文献中有所体现。

英国财政部的调查数据显示，在英国，PPP 模式应用领域最多的前三名分别为学校、医院、市政建设，其次是司法、公共安全、交通、垃圾和污水处理等。将PPP 模式应用于电子政务领域在国际中鲜有出现，但美国印第安纳州政府电子政务建设PPP 模式的成功实践[9]仍然给予我们积极启示——让私人部门参与到电子政务的运作中来。私人部门不再仅是基础设备的供应商、政务系统的集成商，也是电子政务的运营商和维护商，集多重角色于一体，实现私人部门与政府的协同运作，在为公众提供电子政务公共服务的同时可得到固定的现金流和收益。私人部门还可以运用项目积累的合法信息，进行数据的发掘和整理，向用户提供其他的信息增值服务，收取服务费用，从而实现私人部门可持续发展的目标。

4.1   PPP 模型的建立与演化博弈分析

4.1.1   PPP 模型的建立

1. 模型描述

基于以上分析，本书将政务服务平台建设与 PPP 模式相结合，将政务服务平台项目划分为建设阶段和运营阶段（下一阶段研究重点）两个时期，运用演化博弈论的方法构建政府与私人部门合作模型，把未来收益、风险成本、收益分配系数、监管成本和建设成本等因素纳入模型，探寻补偿机制的调节机理。重点探讨建设阶段政府和私人部门的稳定策略集，从而实现以低成本提供更为优质的公共服务的目标。

2. 参数说明

v_1：政府政务服务项目基本收益，如提供优质服务获得社会称赞，提高政府公信力等。

v_2：私人部门政务服务项目基本收益。

Δv_1：（严格监管，积极建设）策略中，政务服务平台项目总的未来收益。

Δv_2：（宽松监管，积极建设）策略中，政务服务平台项目总的未来收益。

k：政务服务项目总的未来收益政府分配系数，$0 < k < 1$。

$1 - k$：未来收益私人部门分配系数。

z：政府宽松监管时未发现私人部门消极建设情况下给予其基本补贴。

c_1：私人部门积极建设政务服务项目成本。

c_2：私人部门消极建设政务服务项目成本，且 $c_1 > c_2 > 0$。

c_3：政府进行严格监管时所需额外付出的监管成本。

s：私人部门承担的项目风险成本。

λ：政务服务平台项目建设的风险转移系数。

α：（宽松监管，消极建设）策略中，私人部门获得的项目建设风险折扣系数。

β：（严格监管，消极建设）策略中，私人部门获得的项目建设风险折扣系数。

x：政府对政务服务平台项目进行严格监管的概率。

y：私人部门积极建设政务服务平台项目的概率，$0 \leq x, y \leq 1$。

3. 条件假设

假设 1：政府对政务服务平台项目的建设严格监管，营造公平、公正的良好竞争环境，从长远的角度考虑，则 $\Delta v_1 > \Delta v_2$。

假设 2：由于政府给予私人部门一定的优惠条件，如政策支持、简化融资条件等，需分担一定的项目建设风险，存在政务服务平台项目建设的风险转移系数，该系数在本书中为常数项。

假设 3：（严格监管，积极建设）策略集所产生的政府服务项目建设的风险最小，进行简化处理，该部分风险忽略不计；（宽松监管，积极建设）和（严格监管，消极建设）策略集由于单方风险规避能力有限，会产生较大的项目风险，并一定会发生风险成本转移现象，且 $0 < \alpha < 0.5 < \beta < 1$；（宽松监管，消极建设）策略集下，双方所要分担的项目风险最大。

假设 4：总的未来收益涵盖政府的未来收益和私人部门的未来收益。一方面，政府的未来收益指的是提高行政效率，社会数字化程度不断提高等；另一方面，私人部门的未来收益指的是运行成本降低，用户认可，提高项目本身可持续发展的可能性，在未来其他 PPP 项目中继续提高与政府合作的概率。政府和私人部门的收益矩阵如表 4-1 所示。

表 4-1　政府和私人部门的收益矩阵

私人部门	政府	
	严格监管（x）	宽松监管（$1-x$）
积极建设（y）	$v_1 + k\Delta v_1 - c_3 - z$	$v_1 + k\Delta v_2 - z - \lambda\alpha s$
	$v_2 + (1-k)\Delta v_1 + z - c_1$	$v_2 + (1-k)\Delta v_2 + z - c_1 - \alpha s$
消极建设（$1-y$）	$v_1 - c_3 - \lambda\beta s$	$v_1 - \lambda s - z$
	$v_2 - c_2 - \beta s$	$v_2 - s - c_2 + z$

4. 政府与私人部门策略稳定性分析

政府严格监管时的期望收益为
$$E_{11} = y(v_1 + k\Delta v_1 - c_3 - z) + (1-y)(v_1 - c_3 - \lambda\beta s)$$
政府宽松监管时的期望收益为
$$E_{12} = y(v_1 + k\Delta v_2 - z - \lambda\alpha s) + (1-y)(v_1 - \lambda s - z)$$
政府采取混合策略的期望总收益为
$$E_1 = xE_{11} + (1-x)E_{12}$$
根据演化博弈原理，政府严格监管政务服务平台项目策略的动态方程为
$$F(x) = \frac{dx}{dt} = x(1-x)\{y[k(\Delta v_1 - \Delta v_2) + (\alpha + \beta - 1)\lambda s - z] + z + (1-\beta)\lambda s - c_3\}$$
私人部门积极建设的期望收益为
$$E_{21} = x[v_2 + (1-k)\Delta v_1 + z - c_1] + (1-y)[v_2 + (1-k)\Delta v_2 + z - c_1 - \alpha s]$$
私人部门消极建设的期望收益为
$$E_{22} = x(v_2 - c_2 - \beta s) + (1-y)(v_2 - s - c_2 + z)$$
私人部门混合策略的期望总收益为
$$E_2 = yE_{21} + (1-y)E_{22}$$
根据演化博弈原理，私人部门积极建设政务服务平台项目策略的动态方程为
$$F(y) = \frac{dy}{dt} = y(1-y)\{x[(1-k)(\Delta v_1 - \Delta v_2) + (\alpha + \beta - 1)s + z]$$
$$+ (1-k)\Delta v_2 + (1-\alpha)s - (c_1 - c_2)\}$$

当 $F(x) = 0$ 时，得到 $x_1 = 0$，$x_2 = 1$，$x^* = \dfrac{(c_1 - c_2) - (1-k)\Delta v_2 - (1-\alpha)s}{(1-k)(\Delta v_1 - \Delta v_2) + (\alpha + \beta - 1)s + z}$，

求得 x 都处于系统的稳定状态。当 $F(y) = 0$ 时，得到 $y_1 = 0$，$y_2 = 1$，$y^* =$

$$\frac{c_3 - z - (1-\beta)\lambda s}{k(\Delta v_1 - \Delta v_2) + (\alpha + \beta - 1)\lambda s - z}$$，求得 y 都处于系统的稳定状态。因此，政府和私人部门构成的整个动力系统存在以下 5 个平衡点，分别是（0，0）、（0，1）、（1，0）、（1，1）、（x^*，y^*）。

由 $F(x)$，$F(y)$ 推算系统的 Jacobi 矩阵为

$$J = \begin{vmatrix} a_{11} & a_{12} \\ a_{21} & a_{22} \end{vmatrix},$$

其中：

$$a_{11} = \frac{\partial F(x)}{\partial x} = (1-2x)\{y[k(\Delta v_1 - \Delta v_2) + (\alpha + \beta - 1)\lambda s - z] + z + (1-\beta)\lambda s - c_3\}$$

$$a_{12} = \frac{\partial F(x)}{\partial y} = x(1-x)[k(\Delta v_1 - \Delta v_2) + (\alpha + \beta - 1)\lambda s - z]$$

$$a_{21} = \frac{\partial F(y)}{\partial x} = y(1-y)[(1-k)(\Delta v_1 - \Delta v_2) + (\alpha + \beta - 1)s + z]$$

$$a_{22} = \frac{\partial F(y)}{\partial y} = (1-2y)\{x[(1-k)(\Delta v_1 - \Delta v_2) + (\alpha + \beta - 1)s + z]$$
$$+ (1-k)\Delta v_2 + (1-\alpha)s - (c_1 - c_2)\}$$

当 Jacobi 矩阵同时满足：①矩阵的行列式 $\det J = a_{11}a_{22} > 0$；②矩阵的迹 $\operatorname{tr} J = a_{11} + a_{22} < 0$ 时，该平衡点为动力系统的稳定状态，即 ESS。显然，平衡点（x^*，y^*）不可能为整个系统的 ESS，因而只需探讨其他四个平衡点的稳定状态，如表 4-2 所示。

表 4-2　五个稳定状态下的具体取值

稳定状态	取值			
	a_{11}	a_{12}	a_{21}	a_{22}
（0，0）	$z + (1-\beta)\lambda s - c_3$	0	0	$(1-k)\Delta v_2 + (1-\alpha)s - (c_1 - c_2)$
（0，1）	$k(\Delta v_1 - \Delta v_2) + \alpha\lambda s - c_3$	0	0	$(c_1 - c_2) - (1-k)\Delta v_2 - (1-\alpha)s$
（1，0）	$c_3 - z - (1-\beta)\lambda s$	0	0	$(1-k)\Delta v_1 + \beta s + z - (c_1 - c_2)$
（1，1）	$c_3 - k(\Delta v_1 - \Delta v_2) - \alpha\lambda s$	0	0	$(c_1 - c_2) - (1-k)\Delta v_1 - \beta s - z$
（x^*，y^*）	0	x^*	y^*	0

令 $\Delta R = z + (1-\beta)\lambda s - c_3$，表示私人部门消极建设政务服务平台项目时，政府严格监管和宽松监管的效益差；令 $\Delta Z = k(\Delta v_1 - \Delta v_2) + \alpha\lambda s - c_3$，表示私人部门积极建设政务服务平台项目时，政府严格监管和宽松监管的效益差；令 $\Delta P = (1-k)\Delta v_2 + (1-\alpha)s - (c_1 - c_2)$，表示政府对政务服务平台项目建设进行宽松监管时，私人部门积极建设与消极建设的效益差；令 $\Delta Q = (1-k)\Delta v_1 + \beta s + z - (c_1 - c_2)$，表示政府对

政务服务平台项目建设进行严格监管时，私人部门积极建设与消极建设的效益差，如表4-3所示。

表 4-3　各个均衡点的条件与稳定性分析

情形	条件	(0, 0)	(0, 1)	(1, 0)	(1, 1)
1	$\Delta Z < 0 < \Delta R$ $\Delta P < \Delta Q < 0$	− ± 鞍点	− ± 鞍点	+ − ESS	+ + 不稳定点
2	$\Delta Z < 0 < \Delta R$ $\Delta P < 0 < \Delta Q$	− ± 鞍点	− ± 鞍点	− ± 鞍点	− ± 鞍点
3	$0 < \Delta Z < \Delta R$ $\Delta P < \Delta Q < 0$	− ± 鞍点	+ + 不稳定点	+ − ESS	+ ± 鞍点
4	$0 < \Delta Z < \Delta R$ $\Delta P < 0 < \Delta Q$	− ± 鞍点	+ + 不稳定点	+ ± 鞍点	+ − ESS
5	$\Delta R < 0 < \Delta Z$ $\Delta P < \Delta Q < 0$	+ − ESS	+ + 不稳定点	− ± 鞍点	+ ± 鞍点
6	$\Delta R < 0 < \Delta Z$ $\Delta P < 0 < \Delta Q$	+ − ESS	+ + 不稳定点	+ + 不稳定点	− − ESS
7	$\Delta R < \Delta Z < 0$ $\Delta P < \Delta Q < 0$	+ − ESS	− ± 鞍点	− ± 鞍点	+ + 不稳定点
8	$\Delta R < \Delta Z < 0$ $\Delta P < 0 < \Delta Q$	+ − ESS	− ± 鞍点	+ + 不稳定点	− ± 鞍点

图 4-1（a）：在情形5中，无论政府采取怎样的监管态度，私人部门都会选择消极建设，通过偷工减料等非正规方式获得更多收益，而当私人部门选择消极建设时，政府对政务服务平台建设项目严格监管的收益小于宽松监管的收益，因此更倾向于宽松监管的策略。情形7与情形8表明，对于私人部门积极建设或者消极建设的行为，政府都选择宽松监管的策略，由于知道政府不会进行严格监管，私人部门必然会选择消极建设。

图 4-1（b）：在情形1中，私人部门在衡量风险成本与收益之后，决定对政务服务平台项目进行消极建设，此时，政府进行严格监管的收益更大，政府发现私人部门的消极行为后会停止发放基本补贴，政府承担的风险成本减少，虽然需要额外投入监管成本，但是总体获益更多。在情形3中，政府给予私人部门的补贴额度对其不再有刺激作用，私人部门倾向于通过消极建设项目获得收益，而无论

私人部门做出怎样的行为，政府始终对其进行严格监管所获得的收益是最大的。

图 4-1（c）：在情形 4 中，政府始终对项目进行严格监管时的收益是最大的，私人部门如果消极建设，则会被取消项目补贴，承担更大的项目风险，同时，会减小未来合作的可能性，综合权衡之后，私人部门会积极建设项目。

图 4-1（d）：对应情形 6，其鞍点为（x^*，y^*），系统的稳定状态有两个，即（宽松监管，消极建设）和（严格监管，积极建设），整个系统往哪一个稳定状态动态发展，取决于系统的初始状态，与图形 H［由点（0，0）、（0，1）、（1，0）和（x^*，y^*）构成的多边形］和图形 Q（$S_Q = 1 - S_H$）的面积有关。当 S_H 越大时，系统往（宽松监管，消极建设）的稳定状态发展的概率越大；当 S_H 越小时，系统往（严格监管，积极建设）的稳定状态发展的概率就越大，越有可能实现政务服务平台项目建设的目标。

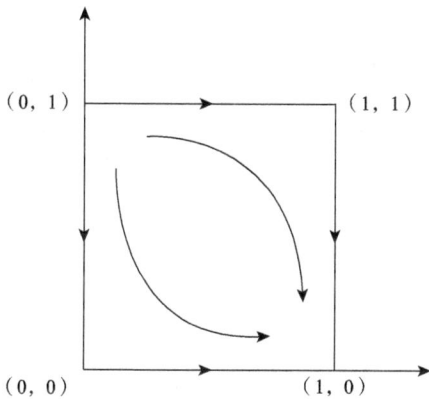

（a）稳定状态为（宽松监管，消极建设）相位图

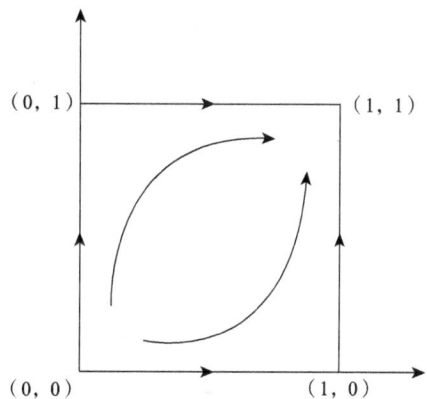

（b）稳定状态为（严格监管，消极建设）相位图

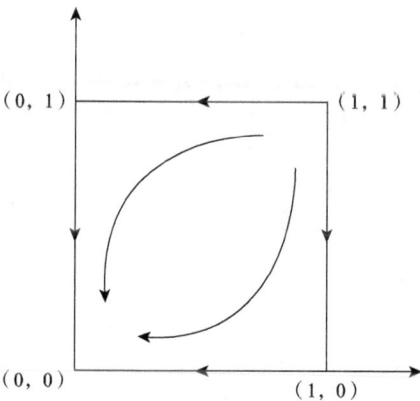

（c）稳定状态为（严格监管，积极建设）相位图

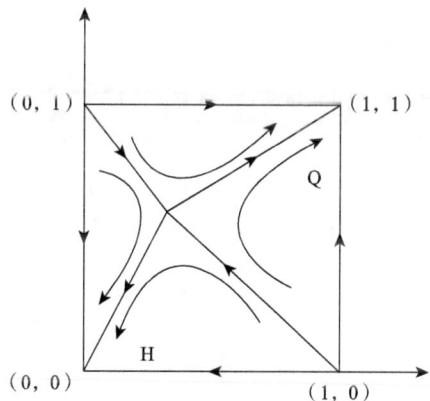

（d）多演化稳定状态相位图

图 4-1　稳定状态相位图

4.1.2　系统稳定策略的影响因素分析

在情形 6 的条件下，对系统稳定状态演化路径的影响因素进行进一步分析。

由 $S_H = \dfrac{1}{2}\left[\dfrac{(c_1 - c_2) - (1-k)\Delta v_2 - (1-\alpha)s}{(1-k)(\Delta v_1 - \Delta v_2) + (\alpha + \beta - 1)s + z} + \dfrac{z - k(\Delta v_1 - \Delta v_2) - (\alpha + \beta - 1)\lambda s}{z + (1-\beta)\lambda s - c_3}\right]$

（ λ 为常数项）可知，影响因素分别为：Δc，k，α，β，Δv_1，Δv_2，s，z。

为使接下来的分析更直观、简明，现令 $\Delta c = c_1 - c_2$。

结论 1：私人部门积极建设成本与消极建设成本差额越大，政务服务平台项目成功概率越小。

证明：

$$\frac{\partial S_H}{\partial \Delta c} = \frac{1}{2} \cdot \frac{1}{(1-k)(\Delta v_1 - \Delta v_2) + (\alpha + \beta - 1)s + z} > 0$$

S_H 随着 Δc 的增大而增大，私人部门积极建设成本与消极建设成本差额越大，S_H 越大，政府与私人部门合作的政务服务平台项目成功的概率越小，即私人部门因消极建设如偷工减料等手段获得的收益越大，政务服务平台项目越容易失败。

结论 2：存在最优收益分配系数使得项目成功概率最大。

证明：

$$\frac{\partial S_H}{\partial k} = \frac{1}{2} \cdot \left\{ \frac{(\alpha + \beta - 1)s + z}{\left[(1-k)(\Delta v_1 - \Delta v_2) + (\alpha + \beta - 1)s + z\right]^2} - \frac{\Delta v_1 - \Delta v_2}{\Delta R} \right\}$$

可见，$\dfrac{\partial S_H}{\partial k}$ 的符号大小与 k 有关，对其进行二阶求偏导，得到 $\dfrac{\partial^2 S_H}{\partial k^2} = \dfrac{1}{2} \cdot$

$\dfrac{\Delta v_1 - \Delta v_2}{\left[(1-k)(\Delta v_1 - \Delta v_2) + (\alpha + \beta - 1)s + z\right]^3} > 0$，$S_H$ 是关于 k 的凹函数，即存在一个最优

k 值，使得政务服务平台项目取得成功的可能性最大。因此，对于总收益，政府要把握合理的分配系数，不能过多压缩私人部门收益，打压其积极建设政务服务平台项目的积极性，同时，也要合理规划，确保政府严格监管项目时的收支平衡。

结论 3：私人部门积极建设时所需承担的风险成本与项目成功概率成反比。

证明：

$$\frac{\partial S_H}{\partial \alpha} = \frac{1}{2} \cdot \left\{ \frac{s\left[(1-k)(\Delta v_1 - \Delta v_2) + (\alpha + \beta - 1)s + z\right] + (1-\alpha)s^2}{\left[(1-k)(\Delta v_1 - \Delta v_2) + (\alpha + \beta - 1)s + z\right]^2} - \frac{\lambda s}{\Delta R} \right\} > 0$$

S_H 随着 α 的增加而增加，项目成功概率减小。在（宽松监管，积极建设）的

策略集下，不公平的市场环境增加了私人部门承受的风险，α 值增大，则促使私人部门倾向于做出消极的行为选择。

结论 4：在政府严格监管下，私人部门消极建设的行为导致自身需承担的风险成本越大，项目成功概率越大。

证明：

$$\frac{\partial S_H}{\partial \beta} = \frac{1}{2} \cdot \left[\frac{\Delta P \cdot s}{\left[(1-k)(\Delta v_1 - \Delta v_2) + (\alpha + \beta - 1)s + z\right]} - \frac{\Delta z \cdot \lambda s}{\Delta R^2} \right] < 0$$

S_H 随着 β 增大而减小，政府对政务服务平台项目进行严格监管时，私人部门如果对项目进行消极建设，无论是来自项目自身的风险发生概率，还是被政府发现消极建设行为的概率均会大幅度增加，与之相对应的是私人部门承担更多的风险成本。作为理性行为人的私人部门更加倾向于能够获得更多收益的积极建设策略。

结论 5：存在最优风险成本，使得项目合作成功的概率最大。

证明：

$$\frac{\partial S_H}{\partial s} = \frac{1}{2} \cdot \left\{ \frac{(1-\alpha)\left[(1-k)(\Delta v_1 - \Delta v_2) + z\right]}{\left[(1-k)(\Delta v_1 - \Delta v_2) + (\alpha + \beta - 1)s + z\right]^2} + \frac{\lambda(\alpha + \beta - 1)(z - c_3)}{\Delta R^2} \right\}$$

当 $z < c_3$ 时，$\dfrac{\partial S_H}{\partial k}$ 符号无法判定，需要结合 s 进行进一步分析。对其进行二阶求偏导，得

$$\frac{\partial^2 S_H}{\partial s^2} = -\frac{1}{2} \cdot \left\{ \frac{(1-\alpha)\left[(1-k)(\Delta v_1 - \Delta v_2) + z\right](\alpha + \beta - 1)}{\left[(1-k)(\Delta v_1 - \Delta v_2) + (\alpha + \beta - 1)s + z\right]^2} \right.$$
$$\left. + \frac{2\lambda(\alpha + \beta - 1)(z - c_3)(1 - \beta)\lambda}{\Delta R^3} \right\} < 0$$

S_H 是关于 s 的上凸函数，存在极限风险成本阈值。当 s 达到该阈值时，S_H 的面积达到最大，项目失败的可能性也最大。任何 PPP 项目的建设必然会存在一定风险，政务服务平台项目的建设也不例外，但政府与私人部门的协调合作，能够共同将项目风险控制在可承受范围之内，从而提高项目成功建设的可能性。

结论 6：政府严格监管下，项目成功概率与项目未来收益成正比例关系。

证明：

$$\frac{\partial S_H}{\partial \Delta v_1} = -\frac{1}{2} \cdot \left\{ \frac{(1-k)\Delta P}{\left[(1-k)(\Delta v_1 - \Delta v_2) + (\alpha + \beta - 1)s + z\right]^2} - \frac{k}{\Delta R} \right\} < 0$$

S_H 随着 Δv_1 的递增而递减，在严格监管下，政府营造公平、良好的竞争环境，

会促使私人部门选择积极建设的行为以获取更多效益。

结论7：仅私人部门单方面努力时，未来收益不一定增加，系统的稳定演化趋势取决于政府的监督成本。

证明：

$$\frac{\partial S_H}{\partial \Delta v_2} = \frac{(z+\beta s-\Delta c)\Delta v_2 - [(1-\alpha)s-\Delta c]\Delta v_1}{(1-k)(\Delta v_1 - \Delta v_2)+(\alpha+\beta-1)s+z} - \frac{\Delta v_1 - \Delta v_2}{z+(1-\beta)\lambda s-c_3}$$

当私人部门单方面积极建设时，总的未来收益不一定增加，存在多方面因素的影响，当 $c_3 > z+(1-\beta)\lambda s$ 时，得出 $\frac{\partial S_H}{\partial \Delta v_2} > 0$，$S_H$ 随着 Δv_2 的递增而递增，政府宽松监管时，由于公平竞争市场的缺失，私人部门单方面的积极努力结果很不理想，政务服务平台项目建设成功的概率降低，这一博弈结果取决于政府严格监督成本的大小。

结论8：政府补贴机制发挥作用存在一定限制条件。

证明：

$$\frac{\partial S_H}{\partial z} = \frac{1}{2} \cdot \left\{ \frac{\Delta Z}{\Delta R^2} + \frac{(1-k)\Delta v_2+(1-\alpha)s-\Delta c}{[(1-k)(\Delta v_1-\Delta v_2)+(\alpha+\beta-1)s+z]^2} \right\}$$

当 $c_1 > (1-k)\Delta v_2+(1-\alpha)s$ 时，$\frac{\partial S_H}{\partial z} > 0$，私人部门从风险成本分担和收益获得角度综合考虑，可能采取消极行为。政府对政务服务平台项目建设进行宽松监管时，由于无法及时发现私人部门的消极行为，政府对私人部门仍然进行常规补贴。此时，政府对私人部门支付的补贴额度越大，总的项目效益与积极建设成本的差额也就越大，私人部门就会偏好消极建设策略，项目失败的概率就越大。这说明，政府实施的补偿机制失灵，处于无效状态。

4.1.3　结论

政府对 PPP 项目要进行严格监管，营造公平、公正的竞争环境。在微观层面，PPP 是一种融资方式，而在宏观层面，PPP 更体现了一种管理思维，对经济繁荣和对社会治理都具有重要意义。政府加大监管力度，有助于提高 PPP 项目成功的可能性。对于政务服务平台项目而言，由于 PPP 模式自身存在的特点，政府责任部门和私人部门双方都有可能存在机会主义。一方面，政府责任部门为吸引社会资本参与政务服务平台项目建设，可能采取先模糊或者降低标准，完成招标工作后再重新修改条款的做法；另一方面，私人企业为得到 PPP 项目，可能采取先开出优厚条件，项目实施后再提出重新谈判或者消极建设的做法。这样的行为不利于政务服务平台的成功建设。如果政府对政务服务平台建设项目进行严格监管，不仅能够有效预防政府责任部门的投机行为，也能对私人部门存在的侥幸心理起到约束的作用，同时营造公正、公平的市场环境，调动私人部门努力建设项目的积极性，吸引更多私人部门加入到 PPP 项目合作与建设的队伍中。

补偿机制作用的正常发挥，受限于一定条件。当私人部门积极建设的成本大于消极建设的收益，特别是在政府进行宽松监管时，私人部门的侥幸心理有可能不受约束，同时，政府可能由于监管疏忽无法及时发现私人部门的消极行为，而对其进行基本补贴，这更进一步促使私人部门做出消极行为，补贴的力度越大，项目失败的概率就越大，从而导致补贴机制失灵。加拿大针对 PPP 项目设立了专项基金，如 "PPP 基金" 和 "建设加拿大基金"，对相关项目进行资金补助。虽然这些基金都有力推动了项目的成功建设，但是，基金作用的发挥有一定条件限制，在对政务服务平台项目进行补贴的时候，要充分考虑这一限制条件，避免补贴机制失灵。

如果项目总的未来收益及其分配系数合理，私人部门积极建设政务服务平台项目就能够增加未来与政府继续合作的概率，则私人部门会偏好于积极努力的行为选择。PPP 项目开始实施之前，招投标阶段具有耗时长、手续费高的特点。与传统的政府招标项目相比，PPP 项目表现得更为复杂，需要政府责任部门和私人部门就资金来源、管理方式、绩效考核等方面进行深入的研究和咨询。项目实施之前就可能产生较高的交易成本。同时，由于私人部门认知与学习能力的局限性，需要积累相当多的 PPP 项目经验才能降低成本，而单个部门能够实施 PPP 项目的机会并不多，需要投入培训学习模块中的费用占总支出比例较高。例如，在一项改造伦敦地铁的 PPP 项目中，光是花费在签订合同事项上的费用就高达 4 亿英镑，而项目的总成本才 157 亿英镑，占比 2.55%。对于政务服务平台项目来说，为公众提供服务是平台的核心价值，平台的成功建设可为下一阶段的运用与维护工作提供强有力的保障。私人部门积极建设项目，可提高项目本身可持续发展的能力，获得可观的未来收益，增大与政府继续合作的概率。这不仅能够有效推进现阶段 PPP 项目的成功建设，保障下一阶段 PPP 项目的运营与维护工作，还能够显著减少未来 PPP 合作项目的期望成本。

4.2　"数字福建" 社会资本参与现状分析

自从 2000 年提出 "数字福建" 建设以来，"数字福建" 经过多年建设，成绩卓越，效果斐然，实现了多个率先。2013 年福建信息化综合指数居全国第 6 位，互联网普及率居全国第 7 位，2018 年，已经实现高速宽带和 4G 网络基本覆盖城乡。在这些成就的背后，是巨大的资金投入，2001 年和 2002 年省政府每年投入专项资金 1 亿元，2003～2007 年每年投入 8000 万元，2008～2012 年每年投入 5000万元，2013 年投入 8000 万元。自 2014 年初省政府印发的《2014 年"数字福建"工作要点》中提出大力推进"数字福建"建设后，2014 年政府投入大增，2014年投入了 1.3 亿元，增长了 62.5%，2015 年预算投入 1.5 亿元，增长了 15.4%。虽然投入不算太多，但是对于财政依旧造成了压力，如 2015 年"数字福建"省级财政拨款 1.5 亿元，可 2015 年省级一般公共预算收入才 278.1 亿元，占比为 0.5%。但这还远远不能满足"数字福建"发展的需求，仅 2014 年、2015 两年，福建省重大信息工程建设项目就需完成投资 252.35 亿元，用于重点推进宽带网络扩容、云计算、安防系统等领域的一批重大项目建设，如表 4-4 所示。两年省级财政拨款 2.8 亿元，而"数字福建"中仅新一代信息基础设施建设工程的需求就达 265亿元，这巨大的资金缺口，迫切需要政府引入社会资本填补，以促进"数字福建"发展。

表 4-4　2014～2015 年福建省重大信息工程建设项目及其投资

项目	投资额/亿元
中国移动福建公司 TD-LTE 网络扩容工程	80
中国移动福建公司传送网及宽带全光网络工程	60
中国移动福建公司企业级云计算 IT 资源池工程	1
中国电信福建公司 TD-LTE（混合组网）建设工程项目	22
中国电信福建公司城市光网建设工程项目	8.3
福建广电网络集团高清化网络建设改造工程	36
数字福建云计算中心社会和企业云建设项目	13.77
福建数据中心土建、生产调度机房及配套工程	15
数字福建云计算中心一期工程	7.28
福建省中小学视频监控安防系统工程	1
福建省金保工程（二期）	0.5
福建省交通运输市场信用信息服务工程	0.39
福建省金保工程（三期）	0.61
环境质量监测工程	6.5

"数字福建"的建设已经进入攻坚期，不仅需要政府财政支持，而且需要拓宽投融资渠道，吸引社会资本参与，才能促进"数字福建"更好、更快发展。以中国电信福建公司为例，2000～2010 年，该公司在"数字福建"相关建设项目上，已投入超过 600 亿元资金，在电子政务、民生信息化、农村信息化、通信基础网建

设等方面取得显著成效, 获得社会高度认可。十年间, 中国电信福建公司先后完成了福建省政务内网、外网建设, 在福建省建成九个设区市和武夷山市共 10 个无线宽带城市群, 建成并率先实现了 3G 网络的全省覆盖, 建成龙岩上杭、武夷山市等五个国家级、省级农村信息化示范点, 启动了物联网武夷山示范区的建设。目前, 中国电信福建公司 "城市光网" 工程全面推进, 实现光纤到楼率100%, 千兆光纤通达福建省各市、县、区, 光纤覆盖广大农村主要村镇, 形成有线、无线无缝链接、全面覆盖的通信网络, 这些都为 "智慧城市" 建设奠定了坚实的基础。

同时我们应该注意到, 目前 "数字福建" 发展资金的缺口主要通过引入央企、国企来弥补, 如在信息基础设施领域内依靠引入移动、联通、电信三大运营商来弥补, 从表 4-4 可知, 2014～2015 年仅三大运营商投入就达 171.3 亿元, 占全部重大信息工程建设投资一半以上。相对来说, 民间资本投资极少, 甚至可以说是空白。

4.2.1　社会资本参与 "数字福建" 建设的必要性及可行性

1. 社会资本参与 "数字福建" 建设的必要性分析

财政资金是有限的, 没有能力也没有必要 "包打天下", 尤其是对企业、产业的支持, 其主要还是发挥杠杆作用, 财政政策要避免对市场机制造成冲击, 以免干扰市场的运行规律, 造成产业发展对政府资金的依赖, 甚至引发不正当竞争。这就要求在推动 "数字福建" 发展过程中, 在资源配置方面, 市场能办的都交给市场, 政府做到既不缺位也不越位, 要探索以资本为纽带, 善于借助市场的力量, 吸引和利用金融资本、社会资本与民间资本的介入。针对 "数字福建" 建设项目, 社会资本参与 "数字福建" 建设的必要性表现在以下几方面。

第一, 社会资本参与 "数字福建" 建设是进一步加快 "数字福建" 发展的需要。首先, 投资对于加快 "数字福建" 发展具有关键作用。"数字福建" 建设是一个长期过程, 需要大量资金长期、不断、稳定的支持。2013 年福建省地区生产总值为 21 759.64 亿元, 公共财政收入 3430.36 亿元, 占福建省地区生产总值的比例为 15.8%, 而公共财政支出为 3068.80 亿元, 政府公共财政仅剩 361.56 亿元, 占福建省地区生产总值的比例为 1.7%。仅由政府提供经费支持是远远不能满足需要的, 因此需要引入社会资本尤其是民间资本进入, 充分发挥社会资本的作用。其次, 社会资本参与 "数字福建" 建设有利于推动 "数字福建" 建设和运营, 提高资金使用效率。社会资本参与 "数字福建" 的建设和运营, 就会参与资金的使用、监管和日常运营, 提高建设项目的运营效率和营利能力。

第二, 社会资本参与 "数字福建" 建设是福建省优化调整 "数字福建" 投资结构的需要。目前,"数字福建"投资结构中,民间资本占极少部分,甚至是空白,而绝大部分为政府和国企投入。"数字福建"的建设是长期项目,对于资金也需要长期投入,因此这样的投资结构极不合理,既不利于"数字福建"长期、稳定、健康发展,也不符合福建省深化投融资体制改革目标。引入社会资本,尤其是民间资本,加快投融资体制改革,推进投资主体多元化,使市场在投资领域的资源配置中起决定性作用,进一步发挥社会资本的作用,这对于推动"数字福建"建设稳步发展具有关键作用。

第三,社会资本参与"数字福建"建设是福建省加快民营经济发展的需要。社会资本,特别是民间资本有巨大的投资需求,福建省经济社会发展的一些"短板"领域也有引入投资的需求。目前,部分领域存在着"玻璃门、弹簧门",需要通过深化改革和完善政策来解决。"数字福建"建设项目中引入社会资本,是福建省落实打破垄断,扩大社会投资准入范围,降低准入门槛,发展混合经济、促进国有企业改革等政策措施的关键一步。在落实引入社会投资者的过程中,福建省还将通过创新投资合作方式、加强投融资服务等改革措施,促进社会资本愿进来、进得来、留得住、可流动。

综上,开展"数字福建"和社会资本合作,有利于创新投融资机制,拓宽社会资本投资渠道,增强经济增长内生动力;有利于推动各类资本相互融合、优势互补,促进投资主体多元化,发展混合所有制经济;有利于理顺政府与市场关系,加快政府职能转变,充分发挥市场配置资源的决定性作用。

2. 社会资本参与"数字福建"建设的可行性分析

1)政府政策支持

中共十八届三中全会肯定了各种非公有制经济在市场中的地位,并且提出使市场在资源配置过程中起决定性作用[①],这为社会资本参与"数字福建"建设提供了政策导向。近年来,国家相关部委发布鼓励和引导社会资本参与公益事业、基础设施项目建设的文件,如2014年的《关于印发政府和社会资本合作模式操作指南(试行)的通知》、国家发改委印发《国家发展改革委关于开展政府和社会资本合作的指导意见》,全国社会资本参与公共项目建设的热情高涨。福建省人民政府在《2014年"数字福建"工作要点》中也提出,要拓宽资金渠道,在加大政府投入的同时,研究制定社会资本投资信息化的政策措施,充分发挥运营商作用,鼓励企业参与信息化基础设施、公共平台、智慧城市、信息惠民工程和大数据应用试点等重大项目的建设和应用,试行公共平台、公共应用购买服务。由此可见,

---

① 《中国共产党第十八届中央委员会第三次全体会议公报》,http://news.cntv.cn/2013/11/12/ARTI1384257782 885952.shtml[2020-11-12]。

社会资本参与"数字福建"建设势在必行。

2）福建省社会资本充足，投资踊跃

随着过去几十年的经济高速增长，福建省社会资本有了显著的积累，投资增长势头较好，截止到 2013 年底，福建省金融机构吸纳储蓄存款 11 847.25 亿元，同比增长 12.8%，2013 年福建省民间投资 8674 亿元，同比增长 35.5%，占总投资比重达 56.9%，同比提高 5.5 个百分点，2014 年 1～8 月民间投资 6694.2 亿元，同比增长 26.7%，占总投资比重首超 60%，达 60.1%，同比提高 3.1 个百分点。2017年，福建全省民间投资总额达 15 788 159 亿元。福建省社会资本较为充裕，投资潜力巨大，引导社会资本特别是民间资本投入"数字福建"建设完全是有可能的。

3）"数字福建"建设项目具有广泛需求，要保证其较好的投资收益

从需求来讲，福建省对于"数字福建"建设项目的需要较大。例如，光缆的铺设，3G/4G 移动通信网络搭建，物流信息服务平台和电子商务服务平台的构建，在福建省范围内都具有长期、较大范围的需求，这将产生一定的长期、稳定的收益来源。作为利用社会资本融资的"数字福建"建设项目，要吸引大量的社会资金形成长期性的收入支出的良性循环，要求该项目有着长期、稳定的收益，如果投资"数字福建"项目收益较同期的国债能够高出 1～2 个百分点，那么将会有较强的投资竞争实力。目前，国债到期的收益率为 4%，那么投资"数字福建"项目的收益率则要求达到 5%～6%，加上需要找相关的管理公司及部门缴纳将近 0.5%～1%的管理费用，那么项目收益率要达到 5.5% 以上才具有实现社会资本融资的可行性。

4）使用 PPP 模式可以帮助政府增强公共服务和便民服务信息化供给能力、提高供给效率

根据《国家发展改革委关于开展政府和社会资本合作的指导意见》，PPP 模式主要适用于政府负有提供责任又适宜市场化运作的公共服务、基础设施类项目，因此，福建省新建"数字福建"项目应优先考虑采用 PPP 模式建设。

4.2.2　社会资本参与"数字福建"建设的 PPP 模式及选择

由以上分析可知，社会资本参与"数字福建"建设势在必行，那么，社会资本以何种方式参与"数字福建"建设？本书将结合社会资本参与"数字福建"建设的现实情况，在现有的政策框架下，探索若干适宜社会资本进入的发展模式，同时给出社会资本参与"数字福建"模式的一般选择，为社会资本参与"数字福建"建设提供参考借鉴。

1. 社会资本参与"数字福建"建设的 PPP 模式

社会资本参与"数字福建"建设项目的模式多种多样，总体归属于 PPP 模式，即公私合伙制，简言之是指公共部门通过与私人部门建立伙伴关系来提供公共产品或服务的一种方式，其具有两层含义：一是为满足公共产品需要而建立的公共和私人倡导者之间的各种合作关系；二是为满足公共产品需要，公共部门和私人部门建立伙伴关系，共同建设大型公共项目。

PPP 不同模式的实质区别在于项目产权及项目控制权上。据此，可将 PPP 项目分为外包类、特许经营类和私有化类三大类。

（1）外包类 PPP 项目。外包类 PPP 项目中政府是项目的投资者，承担项目全部投资，拥有项目完全的所有权，对项目具有绝对的控制权。社会资本主体承包整个项目中的一项或几项，如只负责工程建设，或者受政府之托代为管理维护设施或提供部分公共服务，并通过政府付费实现收益。政府可对项目的各个部分提出要求，甚至可更换社会资本主体。在外包类 PPP 项目中，社会资本主体承担的风险相对较小。外包类 PPP 项目可按是否整体外包分为整体外包和模块外包。整体外包包括设计—建造（design-build-transfer，DB）、设计—建造—主要维护（design-build-major maintenance，DBMM）、经营和维护（operation and maintenance，O&M）、设计—建造—经营（design-build-operate，DBO）；模块外包包括服务外包及管理外包。

（2）特许经营类项目。特许经营类项目中政府拥有完全产权，但对于项目不具有绝对控制权，而具有相对控制权。由于需要社会资本参与部分或全部投资，需要与社会资本主体进行协商，签订合同，确定政府与社会资本的相关权益与对项目的控制程度，并且通过一定的风险分散机制及利益分配机制使政府与社会资本主体各自分担适当的风险，共享项目收益。根据项目的实际收益情况，政府可能会向特许经营公司收取一定的特许经营费或给予一定的补偿，这就需要政府协调好社会资本主体的利润和项目的公益性两者之间的平衡关系，因而特许经营类项目能否成功在很大程度上取决于政府相关部门的管理水平。通过建立有效的监管机制，特许经营类项目能充分发挥双方各自的优势，节约整个项目的建设和经营成本，同时还能提高公共服务的质量。由于项目的资产最终归政府所有，一般存在使用权和所有权的移交过程，即合同结束后要求社会资本主体将项目的使用权或所有权移交给政府。

特许经营类项目包括目前流行的移交—经营—移交（transfer-operate-transfer，TOT）、建设—经营—转让（build-operate-transfer，BOT）类型，及比较小众的设计—建造—转移—经营（design-build-transfer-operate，DBTO）、设计—建造—投资—经营（design-build-finance-operate，DBFO）类型。其中，DBFO 类型的产权

结构视合同而定，由政府与社会资本主体商定。

（3）私有化类 PPP 项目。私有化类 PPP 项目需要社会资本负责项目的全部投资，在政府的监管下，通过向用户收费，收回投资实现利润。私有化类 PPP 项目的所有权永久归社会资本主体拥有，并且不具备有限追索的特性，因此社会资本在这类 PPP 项目中承担的风险最大，而且在这一类型中，政府对于项目没有控制权或者具有较少控制权，但由于项目承担着公共利益，政府对于项目的监管要求更为严格。

私有化 PPP 类型按是否完全私有化，可分为完全私有化及部分私有化。完全私有化包含购买—更新—经营（purchase-upgrade-operate，PUO）、建设—拥有—经营（build-own-operate，BOO）模式，部分私有化中普遍为股份转让的形式。如图 4-2 所示。

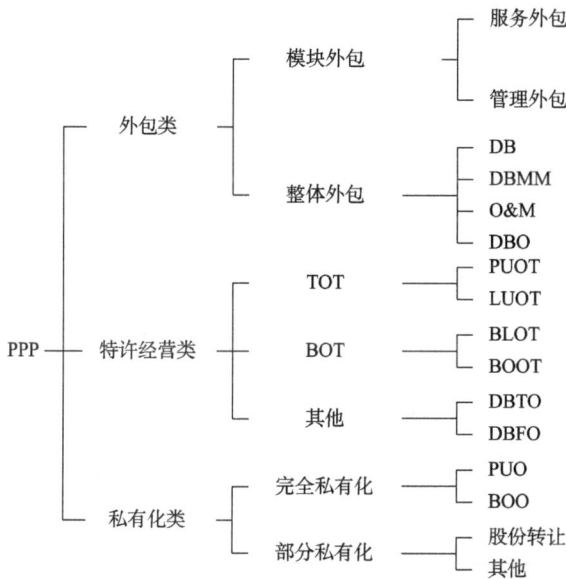

图 4-2　PPP 模式二级结构分类

上述这些模式中，容易引起混淆的是 DBO、DBTO、DBFO、BLOT、BOOT及 BOO。下面分别从投资、建设、经营、所有权四个方面来比较这些模式的异同，见表 4-5。

表 4-5　几种容易混淆的 PPP 模式比较

比较项		DBO	DBTO	DBFO	BLOT	BOOT	BOO
投资	私人负责投资			√	√	√	√
	通过向用户收费收回投资		√		√	√	√
	通过政府付费收回投资	√		√			

	比较项	DBO	DBTO	DBFO	BLOT	BOOT	BOO
建设	私人部门建设工程	√	√	√	√	√	√
经营	私人部门提供服务	√	√	√	√	√	√
所有权	公共部门永久拥有	√	√	视合同定	√		
	合同期间私人拥有					√	
	私人部门永久拥有						√

在本书中，我们将主要阐述最常用的两种模式 BOT 模式及 TOT 模式。

BOT 为建设（build）、经营（operate）、转让（transfer）的英文缩写，也被称为特许权融资方式，即在政府和投资方之间达成协议的前提下，由政府向投资方授予特许权，允许其在一定时期内筹集资金建设某一基础设施并管理和经营该设施及其相应的产品与服务，政府对其提供的公共产品或服务的数量和价格可以有所限制，但保证投资方具有获取利润的机会，整个过程中的风险由政府和投资方分担。当特许期限结束时，投资方按约定将该设施移交给政府部门，转由政府指定部门经营和管理，其融资模式如图 4-3 所示。我国首例 BOT 模式建设的项目是 1983 年香港和合实业公司与中国发展投资等为共同承包商在深圳建立的沙角 B 电厂。

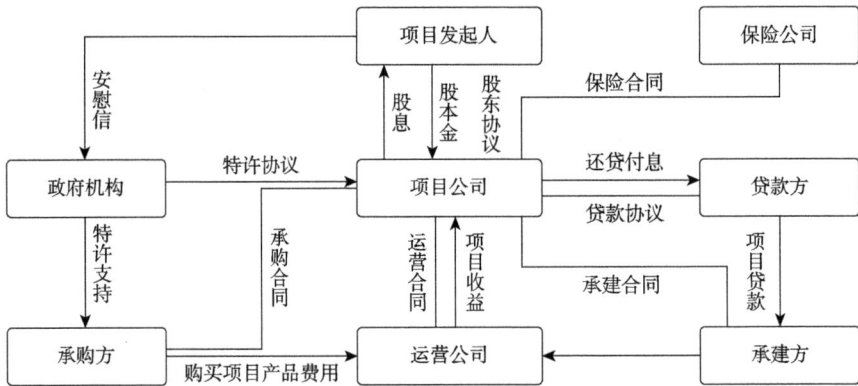

图 4-3　BOT 融资模式

TOT 模式是一种通过出售现有资产以获得增量资金进行新建项目融资的一种新型融资方式。该模式是应用于公共基础设施建设项目的一种投资方式。政府将已经建成投产运营的基础设施项目移交给投资方进行运营，政府凭借所移交的基础设施项目未来若干年内的收益（现金流量），一次性地从投资方融通到一笔资金，再将这笔资金用于新的基础设施项目建设。当经营期届满时，投资方再将项目的产权或经营权无偿移交回政府手中。TOT 融资方式的运作过程省去了建设环节，项目的建设已由政府完成，仅通过项目产权或经营权移交来完成一次融资，其融资模式如图 4-4 所示。

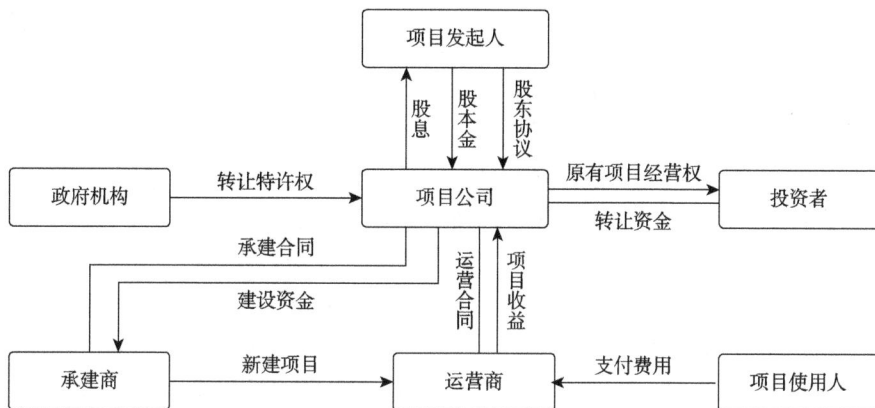

图 4-4　TOT 融资模式

同 BOT 模式相比较，TOT 模式具有结构简化、时间缩短、前期准备工作减少、费用节省等优点。TOT 融资方式与 BOT 融资方式相比较，最大的区别在于避开了"B"（建设）中所存在的较高风险和大量矛盾，政府与投资双方往往比较容易达成一致意见。

2. 社会资本参与"数字福建"建设的 PPP 模式的选择

在实际选择社会资本参与"数字福建"建设的模式时，不仅要考虑项目的性质归属于经营性项目、准经营性项目，还是非经营性项目，而且应当考虑项目是已建项目还是在建项目，甚至需要考虑已建的项目是否需要扩建，还是只是需要提供外包服务或管理，同时需要参考《国家发展改革委关于开展政府和社会资本合作的指导意见》中的说明：经营性项目通过政府授予特许经营权，采用 BOT、BOOT 等模式推进；准经营性项目通过政府授予特许经营权附加部分补贴或直接投资参股等措施，采用 BOT、BOO 等模式推进；非经营性项目通过政府购买服务，采用 BOO、委托运营等商业化模式推进①。

对于社会资本进入"数字福建"领域的模式的选择应按如下要求进行：对待建新项目而言，如果不具备收费机制，属于非经营性项目，则采取外包类模式，如新建的电子政务可由政府付费，通过外包合同，承包给社会资本主体；

---

① 《国家发展改革委关于开展政府和社会资本合作的指导意见》，http://www.gov.cn/zhengce/2016-05/22/content_5075602.htm[2016-05-22]。

如果具有收费机制，但不能直接向用户收费的，可采取政府购买服务的方式；如果能直接向用户收费且私人公司不拥有项目最终所有权的经营性项目或准经营性项目，则实施特许经营，如 BOT 模式或 TOT 模式；如果能直接向用户收费，但私人公司拥有部分所有权或最终所有权的，则采取合资建设或股份转让的方式。

对已建项目而言要根据项目的服务需求和政府的财政状况来考虑是否需要吸引社会资本。若政府财力有限，且"数字福建"项目不能满足服务需求，则需要吸引社会投资。同时考虑项目的公益性大小和社会影响，对公益性较强的项目，政府需要拥有所有权，可以实行经营权转让的 TOT 模式吸引社会投资者。对准经营性项目则可以采取股份转让或资产出售的方式由社会投资者经营。当项目能满足服务需求，不需扩建时则采取服务外包的方式，不需吸收社会投资。但项目需要扩建时，可以采取 TOT 或 BOT 模式，以国有存量资产获得社会增量投资。

因此，"数字福建"项目供给模式选择方式归纳为：整个行业还是部分业务引入社会投资者，是股份转让还是增资，是转让部分股份还是全部股份，股份转让给若干投资者还是进行上市融资。PPP 模式中，公私资本之间是一种互补关系，而非替代关系。应该构建"公私有序竞争、相互合作"的模式，协调国家承担的公共责任和企业经营目标之间的关系。通过科学设计产权结构，在一定程度上可以解决政府管制机构的公共利益目标和企业盈利目标之间的冲突。

4.2.3　社会资本参与"数字福建"建设的影响因素分析

社会资本参与"数字福建"建设的影响因素繁多，各影响因素作用却不尽相同。政府实施各项机制时，难以在同一水平层面上对各影响因素进行考量。因此，有必要对各影响因素的重要性进行相关研究。

这部分将结合社会资本参与"数字福建"的实际情况，探讨影响社会资本参与"数字福建"建设的因素。为了区分出各个因素的重要性，本书利用 AHP 对各个因素进行重要性排序，以明确其中关键因素，为政府制定各项机制提供参考。

1. 层次分析法

层次分析法，简称 AHP，是 20 世纪 70 年代由美国学者 Saaty 创立的一种系统分析方法，综合定性与定量的分析，模拟人的决策思维过程，是一种多因素复杂系统，特别是以定量描述的社会系统分析方法。自 1982 年我国引入 AHP 之后，其在能源政策分析、产业结构研究、科技成果评价、发展战略规划、人才考核评价及发展目标分析等许多方面都取得了骄人的成果。

AHP 基于多目标的层次结构，根据主观判断计算一系列备选方案的相对重要程度。由顶层依次向下计算，通过决策者为每一水平和子水平提供主观两两相对重要性的判断，为每一单元创立向下的成对比较阵。通过计算比较阵的特征向量得到同层次各元素对于上一层次同一单元的相对重要性，然后再按照从底层依次向上的顺序，计算综合重要度，最后得到各备选方案（决策单元）的排序值。它将人们的思维过程和主观判断数字化，不仅简化了系统分析与计算工作，而且有助于决策者保持其思维过程和决策原则的一致性，所以对于那些难以全部量化处理的复杂的社会经济问题，它能得到比较满意的决策结果，具体过程如下。

（1）建立目标决策问题的层次结构模型。将所包含的因素分组，每一组作为一个层次，按最高层、若干有关的中间层和最底层的形式排列起来。层次结构模型中一般包括目标层 A、准则层 B、分准则层 C 及方案层 P。

（2）构造两两判断矩阵。判断矩阵是 AHP 工作的出发点。判断矩阵表示针对上一层某因素而言，本层次与之有关的各因素之间两两比较的相对重要性。通常由专家结合实际问题，采用 1~9 标度法来构造出各层因素之间的两两判断矩阵。假定 n 阶判断矩阵 A：

$$A = \begin{pmatrix} a_{11} & a_{12} & \cdots & a_{1n} \\ a_{21} & a_{22} & \cdots & a_{2n} \\ \vdots & \vdots & & \vdots \\ a_{n1} & a_{n2} & \cdots & a_{nn} \end{pmatrix} \quad (a_{ii} = 1, \quad a_{ij} = \frac{1}{a_{ji}}, \quad a_{ij} \neq 0) \qquad (4\text{-}1)$$

（3）层次单排序。根据判断矩阵计算对于上一层某因素而言本层次与之有联系的因素的重要性次序的权值，这是本层次所有因素相对于上一层次而言的重要性进行排序的基础。

层次单排序可以归结为计算判断矩阵的特征根和特征向量，即判断矩阵 B，计算满足式（4-2）的特征根与特征向量，$\lambda_{\max}$ 为 B 的最大特征根，W 为对应 $\lambda_{\max}$ 的正规化特征向量，W 的分量 W_i 为相应因素单排序的权值。

$$BW = \lambda_{\max} W \qquad (4\text{-}2)$$

具体算法：设 B 层准则数为 n，运用和积法对 $A - B_i$ 的判断矩阵 $\overline{A}$ 的每一列归一化，得到正规化判断矩阵 $\left\{\overline{a}_{ij}\right\}_{n \times n}$，其中：

$$\overline{a}_{ij} = a_{ij} / \sum_{i=1}^{n} a_{ij} \quad (j = 1, 2, \cdots, n) \qquad (4\text{-}3)$$

求正规化判断矩阵的每行之和，有

$$W_i = \sum_{i=1}^{n} \overline{a}_{ij} \quad (i = 1, 2, \cdots, n) \tag{4-4}$$

再对向量

$$W = (W_1, W_2, \cdots, W_n)^{\mathrm{T}} \tag{4-5}$$

进行归一化，得

$$W^{(1)} = (W^{(1)}_1, W^{(1)}_2, \cdots, W^{(1)}_n)^{\mathrm{T}} \tag{4-6}$$

（4）进行一致性检验。判断矩阵的一致性指标为

$$CR = \frac{CI}{RI} \tag{4-7}$$

其中，单排序一致性指标为

$$CI = \frac{\lambda_{\max} - n}{n-1} \tag{4-8}$$

RI 为随机一致性指标。一般而言，只要 CR ≤ 0.1，就认为判断矩阵的一致性可以接受，否则调整判断矩阵。

（5）层次总排序，即利用同一层次中所有层次单排序的结果，计算针对上一层次而言，本层次所有因素重要性的权值。具体因素权值为

$$\sum_{i=1}^{n} a_i b_n^i \tag{4-9}$$

其中，a_i 为上一层次第 i 个指标权值；b_n^i 为这一层次中第 n 个因素针对上一层第 i 个指标的权重。

另外，需对总排序进行一次性检验，CR ≤ 0.1，即通过检验。

2. 社会资本参与"数字福建"建设的综合影响因素的 AHP 分析

根据社会资本参与"数字福建"建设的特点，本书主要从技术环境、经济环境、操作环境、社会环境、政治环境五个方面分析社会资本参与"数字福建"建设的影响因素，建立如图 4-5 所示的综合影响因素评估模型。

1）技术环境

技术环境主要从"数字福建"项目的技术角度出发，判断"数字福建"项目的技术可操作性和技术创新性。

（1）技术可操作性指"数字福建"项目建设方案在实施过程中对于技术的要求是否可以付诸行动，社会资本主体是否可以承受。

（2）技术创新性包括建设技术的创新及管理技术的创新。考察"数字福建"项目设计、施工、管理中是否采用现代建设技术及管理技术。

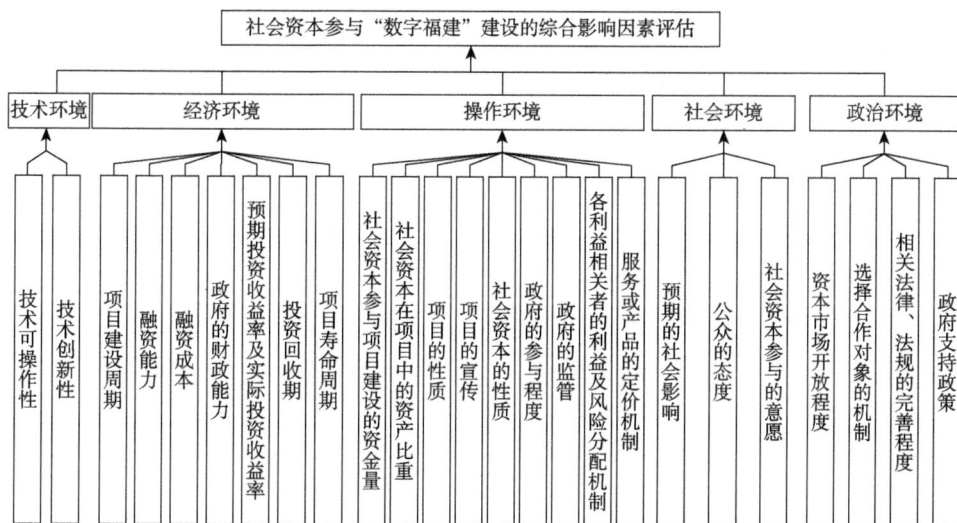

图 4-5 社会资本参与"数字福建"建设综合影响因素评估模型

2）经济环境

经济指标是项目投资决策的重要依据。社会实体是为了经济利益才参与到"数字福建"建设过程中来的，因此经济指标是影响因素中极其重要的一点。经济环境包括项目建设周期、融资能力、融资成本、政府的财政能力、预期投资收益率及实际投资收益率、投资回收期、项目寿命周期。

（1）项目建设周期一般指"数字福建"项目从正式开工建设到全部建成投入生产或使用所经历的时间。

（2）融资能力指社会资本主体通过贷款、发行债券等不同方式筹集到资金的能力。

（3）融资成本指社会资本主体为参与"数字福建"建设项目通过不同融资方式筹集资金，而支付给资金所有者的报酬。

（4）政府的财政能力。政府的财政能力会影响"数字福建"项目所需的社会资本，而且一个财政状况良好的政府能为项目的融资做信誉担保。

（5）预期投资收益率及实际投资收益率。"数字福建"项目各年的现金流量折现值之和为项目的净现值，净现值为零时的折现率即投资收益率。由于社会资本逐利的本质，适当的预期投资收益率能够吸引社会资本参与项目，可若项目实施过程中，实际投资收益率过低则会导致社会资本退出项目。

（6）投资回收期指"数字福建"项目所得净收益偿还初始投资所需要的年限。

（7）项目寿命周期。项目寿命周期指从项目投入生产或使用到整个项目终结不能再生产或服务所经历的时间。

3）操作环境

操作环境主要指在"数字福建"项目建设过程中，项目实际的操作运行情况，包括社会资本参与项目建设的资金量，社会资本在项目中的资产比重，项目的性质，项目的宣传，社会资本的性质，政府的参与程度，政府的监管，各利益相关者的利益及风险分配机制，服务或产品的定价机制。

（1）社会资本参与项目建设的资金量，主要指在社会实体参与的具体"数字福建"建设项目中社会实体的资金量。

（2）社会资本在项目中的资产比重，指社会资本占全部投入资金的比例。

（3）项目的性质指项目是经营性项目、非经营性项目，还是准经营性项目。

（4）项目的宣传，指政府为了"数字福建"项目所做的宣传。

（5）社会资本的性质，指社会资本属于国企、私企、个人投资者，还是属于国外机构所有等。

（6）政府的参与程度，指在"数字福建"项目的建设过程中，政府是只作为监督者，还是同时作为实施者参与融资、运营项目，以及参与程度的高低。

（7）政府的监管，指政府对于社会资本参与"数字福建"项目的监督，保证项目的进度和项目的顺利实施，以及预防发生不道德行为和违法违规行为。

（8）各利益相关者的利益及风险分配机制。项目产生的利益及风险如何分配关系到各利益相关者的合作能否继续下去，如果对于社会资本而言承担过重的风险而相应的利益却不与之匹配的话，社会资本有可能退出项目。利益及风险分配机制是指往往在项目开始前，社会资本主体就与政府或其授权的实施机构协商达成意见，并签署合同。

（9）服务或产品的定价机制。为了吸引社会资本进入"数字福建"项目，则需要对"数字福建"项目产生的产品或服务定价，使社会资本获得适当的利润，可是为了避免出现过多的超额利润，需要政府或其授权的实施机构与社会资本主体协商，确定定价机制，尤其在 BOT 项目中应该预先确定定价机制。

4）社会环境

社会环境指"数字福建"项目对于社会的影响，包括社会资本参与的意愿、公众的态度、预期的社会影响。

（1）社会资本参与的意愿是指社会资本参与"数字福建"项目的热情度。

（2）公众的态度是指公众对于社会资本参与"数字福建"建设项目的态度。

（3）预期的社会影响是指预期社会资本参与"数字福建"建设项目，会产生多大的企业效益，以及"数字福建"建设项目本身会对社会产生多大的效益。

5）政治环境

政治环境指政府的各项法律、法规、政策对于社会资本参与"数字福建"建设的影响，包括资本市场开放程度，选择合作对象的机制，相关法律、法规的完善程度,政府支持政策。

(1)资本市场开放程度,指政府对于资本市场开放程度的政策,这有利于社会资本进行融资。

(2)选择合作对象的机制,是指政府对于 "数字福建" 建设项目选择合适合作对象的机制。

(3)相关法律、法规的完善程度,包括对于社会资本主体权利的保护、项目合同的保护、社会资本主体退出项目的法规、政府接收项目的法规等,相关法律、法规的完善会增强社会资本主体参与 "数字福建" 项目的积极性。

(4)政府支持政策,指政府其他关于支持社会资本主体参与 "数字福建" 项目建设的政策,包括补贴、税收减免等。

通过对本领域相关专家采访及对社会资本参与 "数字福建" 建设的实际情况进行调研,本书对各因素采用德尔菲法打分,建立判断矩阵,进行 AHP 分析。各因素判断矩阵及权重如表 4-6~表 4-11 所示。

表 4-6　社会资本参与 "数字福建" 建设影响因素五大指标判断矩阵及权重分布

影响因素	技术环境	经济环境	操作环境	政治环境	社会环境	权值
技术环境	1	0.1429	0.2	0.2	0.3333	0.0421
经济环境	7	1	3	3	5	0.4656
操作环境	5	0.3333	1	1	3	0.2033
政治环境	5	0.3333	1	1	3	0.2033
社会环境	3	0.2	0.3333	0.3333	1	0.0857

表 4-7　技术环境判断矩阵及权重分布

技术环境	技术创新性	技术可操作性	权值
技术创新性	1	0.3333	0.25
技术可操作性	3	1	0.75

表 4-8　操作环境判断矩阵及权重分布

操作环境	社会资本参与项目建设的资金量	社会资本在项目中的资产比重	政府的监管	项目的性质	项目的宣传	社会资本的性质	政府的参与程度	各利益相关者的利益及风险分配机制	服务或产品的定价机制	权值
社会资本参与项目建设的资金量	1	3	1	1	5	3	1	0.2	0.3333	0.0883
社会资本在项目中的资产比重	0.3333	1	0.3333	0.3333	3	1	0.3333	0.1429	0.2	0.0365
政府的监管	1	3	1	1	5	3	1	0.2	0.3333	0.0883

续表

操作环境	社会资本参与项目建设的资金量	社会资本在项目中的资产比重	政府的监管	项目的性质	项目的宣传	社会资本的性质	政府的参与程度	各利益相关者的利益及风险分配机制	服务或产品的定价机制	权值
项目的性质	1	3	1	1	5	3	1	0.2	0.3333	0.0883
项目的宣传	0.2	0.3333	0.2	0.2	1	0.3333	0.2	0.1111	0.1429	0.0189
社会资本的性质	0.3333	1	0.3333	0.3333	3	1	0.3333	0.1429	0.2	0.0365
政府的参与程度	1	3	1	1	5	3	1	0.2	0.3333	0.0883
各利益相关者的利益及风险分配机制	5	7	5	5	9	7	5	1	3	0.355
服务或产品的定价机制	3	5	3	3	7	5	3	0.3333	1	0.2

表 4-9　经济环境判断矩阵及权重分布

经济环境	投资回收期	预期投资收益率及实际投资收益率	融资成本	融资能力	政府的财政能力	项目建设周期	项目寿命周期	权值
投资回收期	1	0.3333	3	1	5	7	5	0.2034
预期投资收益率及实际投资收益率	3	1	5	3	7	9	7	0.3998
融资成本	0.3333	0.2	1	0.3333	3	5	3	0.0973
融资能力	1	0.3333	3	1	3	7	3	0.1758
政府的财政能力	0.2	0.1429	0.3333	0.3333	1	3	1	0.05
项目建设周期	0.1429	0.1111	0.2	0.1429	0.3333	1	0.3333	0.0237
项目寿命周期	0.2	0.1429	0.3333	0.3333	1	3	1	0.05

表 4-10　政治环境判断矩阵及权重分布

政治环境	资本市场开放程度	选择合作对象的机制	相关法律、法规的完善程度	政府支持政策	权值
资本市场开放程度	1	3	0.2	0.2	0.109
选择合作对象的机制	0.3333	1	0.2	0.2	0.0629
相关法律、法规的完善程度	5	5	1	1	0.414
政府支持政策	5	5	1	1	0.414

表 4-11 社会环境判断矩阵及权重分布

社会环境	社会资本参与的意愿	公众的态度	预期的社会影响	权值
社会资本参与的意愿	1	5	3	0.637
公众的态度	0.2	1	0.3333	0.1047
预期的社会影响	0.3333	3	1	0.2583

一致性指标为 0.0284，小于 0.1，通过一致性检验，得到 AHP 综合排序的结果，如表 4-12 所示。

表 4-12 各因素权重分布

因素	权重	排名
技术创新性	0.0105	16
技术可操作性	0.0316	9
投资回收期	0.0947	2
预期投资收益率及实际投资收益率	0.1862	1
融资成本	0.0453	7
融资能力	0.0818	4
政府的财政能力	0.0233	10
项目建设周期	0.0110	15
项目寿命周期	0.0233	10
社会资本参与项目建设的资金量	0.0179	13
社会资本在项目中的资产比重	0.0074	18
政府的监管	0.0179	13
项目的性质	0.0179	13
项目的宣传	0.0038	19
社会资本的性质	0.0074	18
政府的参与程度	0.0179	13
各利益相关者的利益及风险分配机制	0.0722	5
服务或产品的定价机制	0.0407	8
资本市场开放程度	0.0222	11
选择合作对象的机制	0.0128	14
相关法律、法规的完善程度	0.0842	3

续表

因素	权重	排名
政府支持政策	0.0842	3
社会资本参与的意愿	0.0546	6
公众的态度	0.0090	17
预期的社会影响	0.0221	12

通过 AHP 分析，可知影响社会资本参与"数字福建"项目建设的因素重要程度依次为：预期投资收益率及实际投资收益率、投资回收期、相关法律、法规的完善程度、政府支持政策、融资能力、各利益相关者的利益及风险分配机制、社会资本参与的意愿、融资成本、服务或产品的定价机制、技术可操作性、政府的财政能力、项目寿命周期、资本市场的开放程度、预期的社会影响、政府的参与程度、项目的性质、政府的监管、社会资本参与项目建设的资金量、选择合作对象的机制、项目建设周期、技术创新性、公众的态度、社会资本的性质、社会资本在项目中的资产比重、项目的宣传。其中，最为重要的前三个因素依次为预期投资收益率及实际投资收益率、投资回收期、相关法律、法规的完善程度。预期投资收益率高，投资回收期短，相关法律、法规的完善程度高，势必能吸引更多的社会资本参与"数字福建"建设项目中来，使"数字福建"项目建设更进一步发展，而实际投资收益率高，能增强社会资本的黏性。

4.2.4 社会资本参与"数字福建"建设的机制构建

"十三五"期间为了推动"数字福建"的发展，优先选择 PPP 的模式引入社会资本，这也是 2014 年 12 月国家发改委发布的《国家发展改革委关于开展政府和社会资本合作的指导意见》及 2015 年 5 月 19 日国务院发布的《关于在公共服务领域推广政府和社会资本合作模式指导意见的通知》所倡导的。根据以上研究可知，在 PPP 模式中引入社会资本，相关法律、法规的完善程度、政府支持政策、各利益相关者的利益及风险分配机制、融资成本、服务或产品的定价机制、选择合作对象的机制等因素对于社会资本是否参与"数字福建"建设有很大影响。为提高社会资本主体参与"数字福建"建设的积极性，结合"数字福建"项目特点与性质，进行如下机制建设。

1. 完善法律法规体系

完善的法律法规体系是社会资本主体参与"数字福建"建设项目有效运作并

发挥其优势的保证。就目前而言，福建省仅依靠《国家发展改革委关于开展政府和社会资本合作的指导意见》《关于在公共服务领域推广政府和社会资本合作模式指导意见的通知》《福建省人民政府关于推广政府和社会资本合作（PPP）试点的指导意见》《关于进一步加快"数字福建"建设的若干意见》等意见或通知来管理社会资本进入"数字福建"的各项事宜，却还未有成套、系统的正式法律对其进行管理。

《关于在公共服务领域推广政府和社会资本合作模式指导意见的通知》中指出"鼓励有条件的地方立足当地实际，依据立法相关规定，出台地方性法规或规章，进一步有针对性地规范政府和社会资本合作模式的运用"[①]。

"数字福建"哪些领域、哪些项目可引入社会资本？各级政府在"数字福建"PPP 项目中的责、权、利如何界定？"数字福建"PPP 项目的技术标准有哪些？社会资本如何从"数字福建"PPP 项目中退出？福建省应尽快制定相应的法规对上述问题及解决办法加以明确。

具体可从以下几个方面完善法律法规。

1）制定社会资本进入"数字福建"领域的负面清单

"数字福建"项目具有广泛性，涉及社会生活的各个方面，不宜对其做诸多限制。除负面清单外的产业、领域与经济活动一律对社会资本开放，实行非禁即入，优先考虑民间资本。同时《福建省人民政府关于推广政府和社会资本合作（PPP）试点的指导意见》中指出 PPP 试点项目应收益比较稳定，技术发展比较成熟，长期合同关系比较明确，投资金额一般在 1 亿元以上，一轮合作期限一般为 10～30 年。因此，可以先从经济领域内的信息基础设施、电子商务、大数据、计算机、互联网等具有较好营利性的、技术较成熟的项目开放并试点，成立 PPP 项目公司，成功一批，再开放一批。在试点初期，应当规定社会资本所占资金比例，一般不超过 50%，以保证"数字福建"项目公益性及营利性达到最佳结合。

对于电子政务领域信息系统互联网平台建设、维护可试行外包给社会资本，实现由"建项目"向"买服务"转变，但禁止外资进入。对于社会保障信息服务体系、居民健康信息体系等社会公共服务项目，可先限制社会资本参与的股份比例，保证政府控股权，待时机成熟后，再完全开放。对于互联网平台、公共服务、安全保障、电子政务、地理空间信息等属于国家安全战略的项目禁止外资进入。另外，可在福建自贸区（福州片区、厦门和平潭片区）进一步放开对社会资本进入领域的控制，尤其是外资、台资的限制，对于中方控股企业的要求可降低。在自贸区可选择第三方支付等互联网金融方面进行试点，待经验成熟后，再推广。

---

① 《国务院办公厅转发财政部发展改革委人民银行关于在公共服务领域推广政府和社会资本合作模式指导意见的通知》，http://www.gov.cn/zhengce/content/2015-05/22/content_9797.htm[2020-05-22]。

2）简化审批流程，用法规形式明确下来

首先，可根据修改后的《福建省企业投资项目核准目录》进一步放开企业投资自主权，明确核准机关应当依法审查的内容和不得干预的事项，进一步确立企业投资主体地位。其次，建立项目实施方案联评联审机制，实行企业投资项目部分前置审批环节并联审查审批，试行政府投资项目可研审批（或企业投资项目申请报告核准）阶段并联审查审批，缩短项目前期工作周期。对于法律、法规没有明确规定作为项目审批前置条件的行政审批事项，一律放在审批后、开工前完成。

3）制定"数字福建"PPP项目中的政府权力清单、责任清单、服务清单

明确规定政府权力、责任及服务，不能强行干涉项目公司运行，切实维护社会资本主体的权利，以服务"数字福建"顺利建设为己任，取消、归并一批重复交叉的收费项目。同时规定凡未列入《福建省涉及企业行政事业性收费手册》的收费项目和标准，企业有权拒缴。对于三大清单，应包括事项类别、名称、实施主体、实施依据及办理事项的地点、法定时限、承诺时限等内容。

4）保障社会资本主体的合法权益

社会资本主体投资建设或运营管理"数字福建"项目，与政府投资项目享有同等政策待遇，不应另设附加条件；可按照协议约定，依法转让、转租、抵押其相关权益；征收、征用或占用这些项目成果，要按照国家有关法律、规定或约定给予补偿或者赔偿；允许参与"数字福建"PPP项目的企业名称登记、经营范围使用体现互联网经济特征的用语，支持互联网金融企业办理工商登记。简化福建省内增值电信业务经营、网络文化经营、软件企业认定等许可证的申办及年检手续等。

5）鼓励相关企业和行业协会制定"数字福建"建设所需要的技术标准

目前，"数字福建"建设的一些项目尚无适用的行业技术标准，因此应当加强政府引导，依托重大信息化应用工程，以企业和行业协会为主体，加快产业技术标准体系建设。完善信息技术应用的技术体制和产业、产品、服务等标准，推动网络互联互通、系统互操作和信息共享、共用。加快制定特色数据库（妈祖文化数据库、闽南文化数据库、客家文化数据库、朱子文化数据库等）标准。加强知识产权保护。

6）完善社会资本退出机制

政府和社会资本合作过程中，如遇不可抗力或违约事件导致"数字福建"PPP项目无法进行时，"数字福建"PPP项目实施机构要及时做好接续工作，保障"数字福建"PPP项目设施继续运行，保证公共利益不受影响。政府和社会资本合作期满后，要按照合同约定的移交形式、移交内容和移交规范，及时组织开展项目验收、资产交割等，妥善做好项目移交工作。依托各类产权、股权交易市场，为

社会资本提供多元化、规范化的退出途径。

2. 加大政府相关财政政策的支持力度

针对目前普遍存在的税费较高的情况,"数字福建" PPP 项目利润相对偏低的问题,政府可以通过相关财政政策适当减少税费,降低社会企业的运营成本等方式,以便提高其收益率。

第一,减免社会资本参与"数字福建"建设的相关税费。为了鼓励社会资本参与"数字福建"建设,可通过减费、免税、贴息等财政补助,对符合有关条件的"数字福建"项目,如电子商务、云计算、IT 等省重点扶持产业、台商参与投资项目,或与"一带一路"、福建自贸区相关的"数字福建"项目,可自取得第一笔生产经营收入所属纳税年度起,第一年至第三年免征企业所得税,第四年至第六年减半征收企业所得税,并可对其中社会效益较好,但收入无法覆盖成本的项目,给予财政补贴,其规模和方式要以项目运营绩效评价结果为依据,综合考虑产品或服务价格、建设成本、运营费用、实际收益率、财政中长期承受能力等因素合理确定、动态调整,并以适当方式向社会公示公开。例如,在"数字福建"建设过程中,尤其是基础信息工程,涉及土地获取、建设融资、经营管理等多个环节,这要求政府从每个环节着手,通过土地价格优惠、财政支出、贷款支持、税收减免等政策,一方面确保基础信息工程的可支付性;另一方面,减少基础信息工程建设、运营与管理成本,为社会资本参与提供一定的盈利空间,确保社会资本参与的积极性与可持续性。另外,"数字福建" PPP 项目尤其对网络设备有硬性要求,可对网络设备的购买给予一定补贴,对云中心的建设给予补助。

第二,可将部分国有股权的收益权让渡给社会资本股东,或可按有关规定不参与生产经营收益分配,以提高其收益率,吸引更多社会资本投入,或实行社会投资固定回报率,保障社会资本主体获得合理收益。在给予固定回报率之前,需要双方对项目进行考察,在充分考虑各种风险因素后,确定固定回报率,然后进行公证。同时可结合"一带一路"、福建自贸区情况,对于同时具有"数字福建"发展项目、"一带一路"项目或福建自贸区项目,双重或三重属性的项目,优先支持引入社会资本。引入规模可根据项目投资回报率及公益性进行考虑,但需对外资引入资金比例进行限制,尤其在省级信息互联网平台上要确保中方控股。

第三,可适当地采用以奖代补的方式。《关于在公共服务领域推广政府和社会资本合作模式指导意见的通知》中提出要探索以奖代补的措施,福建省目前也有对列入省级重点 PPP 项目的地方政府给予奖励。"数字福建" PPP 项目的建设可照此办理,比如对"数字福建" PPP 项目公司进行一次性奖励,奖励额度不宜超过项目前期工作额度的一半或者对于项目中期评估公益性与营利性结合良好的 PPP 项目公司给予奖励,对成功上市的"数字福建" PPP 项目公司也可给予一定奖励。

第四，建立"数字福建"建设投资基金。《关于在公共服务领域推广政府和社会资本合作模式指导意见的通知》提出积极探索财政资金撬动社会资金和金融资本参与政府与社会资本合作项目的有效方式。中央财政出资引导设立中国政府和社会资本合作融资支持基金，作为社会资本方参与项目，提高项目融资的可获得性。鼓励地方政府在承担有限损失的前提下，与具有投资管理经验的金融机构共同发起设立基金，并引入结构化设计，吸引更多社会资本参与。

福建省可与具有投资管理经验的金融机构共同发起设立基金，并通过引入结构化设计，吸引更多社会资本参与，将民间储蓄变为投资。实际操作中，可依据"政府主导，多元化融资，市场化运作"的原则，由福建省政府通过认购基金份额或直接注资等方式投入一部分资金，引导金融机构、私营资本等多方投资，形成专项用于"数字福建"建设的基金，社会资本不直接参与"数字福建"建设、经营，但保证其获得稳定、合理的回报，政府可以保留一票否决权，保证项目实施符合公众利益。这种方式能够最大限度地吸收社会资本，降低投融资风险，对投资者的技术和管理实力要求也较宽松，不失为广大社会投资者重点考虑的投资方式。

第五，落实"数字福建"建设用地指标。福建省土地利用年度计划要适度向重大"数字福建"建设项目倾斜，对于安排"数字福建"产业园、云中心的建设用地，予以优先保障和安排。重大项目建设的征地补偿、耕地占补平衡实行与铁路等国家重大基础设施建设项目同等政策。

3. 进行合理的风险划分

目前"数字福建"PPP 项目中风险划分不合理的现象很明显，一般情况下，社会资本承担更多的风险。因此，为了可持续发展，应该对双方承担的风险进行重新设计。

《福建省人民政府关于推广政府和社会资本合作（PPP）试点的指导意见》中指出"PPP 项目公司遵守市场经营原则，追求项目质量，合理节约项目成本，做好公共产品供应，开拓服务市场，并依法承担项目建造、运营、技术风险。政府或有权授予特许经营的主管部门按照特许经营协议约定履行合同义务和监管责任，并承担法律、政策风险，不得给予过高的补贴承诺，不得兜底市场风险"。

实际中，双方承担的风险不止于此。按风险承担能力进行分配、按控制风险的能力分担风险及按发生损失最大一方承担风险，进行风险划分。

"数字福建"PPP 项目中社会资本方应承担运营风险（需求风险、市场竞争风险、上下游市场波动风险）、建设风险（费用超支、工期延误、设计变更、质量安全风险、分包不当）、技术风险（技术快速进步引起损失）。

技术风险对于"数字福建"PPP 项目中的社会资本，是最易发生，也是可能造成最大损失的风险，因为如今信息化、数字化、网络化领域，技术进步速度越来越快，技术迭代时间越来越短，而如果产品无法跟上技术进步的要求，这就会减少其市场需求，造成损失。

政府部门应承担的风险有合作伙伴选择的风险、对特许经营项目资产的评估过低出让的风险及法律政策风险。有些风险需双方共同承担，如不良气候条件、地震等不可抗力造成的风险。

4. 降低民营工程型企业的融资成本

目前《福建省人民政府关于推广政府和社会资本合作（PPP）试点的指导意见》挑选出的 PPP 项目试点投资金额要求 1 亿元以上，可社会资本自身的资金积累非常有限，这就需要进行融资，可如今存在贷款利率高，融资难，融资渠道窄的问题，这对于参与"数字福建"项目的企业是一种负担。因此，帮助企业尤其是民营工程型企业拓宽融资渠道，减轻其融资负担，解决好资金问题，才能更好地引导社会资本发挥作用。

第一，应尽可能扩大开发性中长期贷款比例。根据《关于在公共服务领域推广政府和社会资本合作模式指导意见的通知》中条款"鼓励开发性金融机构发挥中长期贷款优势，参与改造政府和社会资本合作项目，引导商业性金融机构拓宽项目融资渠道"[1]，开发性银行贷款由于具有指导性、非营利性和优惠性等特殊性，在贷款规模、期限、利率等方面可提供优惠条件。对于"数字福建"建设项目融资申请银行贷款，应尽可能扩大政策性银行贷款比例，其还款期限要长于商业银行贷款，还本付息压力也要小于商业银行贷款，可以有效降低融资成本，有利于控制项目融资风险。

第二，加大重大"数字福建"PPP 项目信贷支持力度，为企业增信融资。根据《福建省人民政府关于推广政府和社会资本合作（PPP）试点的指导意见》中"省财政厅根据福建省 PPP 项目实施进展情况，逐步安排 5 亿元专项资金，成立风险池，为地方 PPP 项目贷款提供增信支持"，这对于"数字福建"PPP 项目也适用，应当为"数字福建"PPP 项目的社会资本方提供融资增信[2]。

同时要允许以"数字福建"PPP 项目自身收益、贷款人其他经营性收入等作为还款来源，结合"数字福建"项目数字化、网络化的特点，要允许以互联网平台等资产作为合法抵押担保物。同时根据《福建省人民政府关于推广政府和社会资本合作（PPP）试点的指导意见》中"因项目实施需要，经项目实施地政府批准后，符合条件的 PPP 项目特许经营权可用于向金融机构进行融资"，可允许"数

---

[1]《国务院办公厅转发财政部发展改革委人民银行关于在公共服务领域推广政府和社会资本合作模式指导意见的通知》，http://www.gov.cn/zhengce/content/2015-05/22/content_9797.htm[2020-05-22]。

[2]《福建省人民政府关于推广政府和社会资本合作（PPP）试点的指导意见》，http://www.fujian.gov.cn/zc/zxwj/szfwj/201409/t20140915_1468223.htm[2020-09-15]。

字福建"PPP 项目以"数字福建"PPP 项目特许经营权向金融机构融资[①]。

第三，扩大项目融资渠道。根据《关于在公共服务领域推广政府和社会资本合作模式指导意见的通知》《福建省人民政府关于推广政府和社会资本合作（PPP）试点的指导意见》的相关规定，结合"数字福建"项目本身的特点，应支持"数字福建"PPP 项目公司利用外国政府贷款和国际金融组织资金，通过发行公司债券、企业债券、中期票据、定向票据等市场化方式进行融资，并且鼓励社保资金、保险资金和公积金等长期资金按照市场化原则，创新运用债权投资计划、股权投资计划、项目资产支持计划等多种方式参与"数字福建"PPP 项目。

5. 确定合理的服务或产品定价

目前福建省公共项目的定价机制普遍采用福利性补贴定价机制，由政府定价，若发生亏损，由政府补贴企业，以弥补亏损，但可能会降低项目效率，出现养懒工的现象。可若由企业定价，则企业为获取最大利润，可能会损害公众利益。因此，需要一个合理的服务或产品定价。

《福建省人民政府关于推广政府和社会资本合作（PPP）试点的指导意见》指出"特许经营协议双方根据建造成本、运营维护费用、未来使用流量、预期收益率等因素，协商确定价格、收益和补贴。在项目运营期间，根据项目运营情况、公众满意度等，适时调整价格、收费标准、财政补贴、租金等，确保回报合理、项目可持续运营"。同时《国家发展改革委关于开展政府和社会资本合作的指导意见》指出"积极推进公共服务领域价格改革，按照补偿成本、合理收益、节约资源、优质优价、公平负担的原则，加快理顺公共服务价格。依据项目运行情况和绩效评价结果，健全公共服务价格调整机制，完善政府价格决策听证制度，广泛听取社会资本、公众和有关部门意见，确保定价调价的科学性。及时披露项目运行过程中的成本变化、公共服务质量等信息，提高定价调价的透明度"。[②]

在党的十八届三中全会提出让市场在资源配置中起决定性作用的原则下，结合"数字福建"PPP 项目价格变动迅速的特点，考虑建造成本、运营维护费用、未来使用流量、预期收益率等因素，探索由市场竞价方式确定价格基准线，采用弹性定价机制，根据项目运行情况和绩效评价结果，结合目前国债的收益率，确定可自由围绕价格基准线上下浮动的价格弹性范围。在价格弹性范围内，"数字福建"项目公司可根据市场情况自主决定价格，但若价格超出弹性范围，需经过公

---

① 《福建省人民政府关于推广政府和社会资本合作（PPP）试点的指导意见》，http://www.fujian.gov.cn/zc/zxwj/szfwj/201409/t20140915_1468223.htm[2020-09-15]。

② 《国务院办公厅转发财政部发展改革委人民银行关于在公共服务领域推广政府和社会资本合作模式指导意见的通知》，http://www.gov.cn/zhengce/content/2015-05/22/content_9797.htm[2020-05-22]。

证听证、省市审批。同时完善政府价格决策听证制度，广泛听取公众和有关部门意见，确保定价、调价的科学性。

6. 建立合理的项目投招标制度

目前的项目招标频现暗箱操作现象，对民间资本歧视并附加苛刻条件，甚至还有腐败现象，这是阻碍社会资本进入 "数字福建" PPP 领域的一大原因。因此，应当坚持透明、阳光的原则，建立一个公平、合理的招投标制度，这样才能让更多的社会资本参与到 "数字福建" 建设中来。

第一，建立 "数字福建" PPP 项目储备库。《福建省人民政府关于推广政府和社会资本合作（PPP）试点的指导意见》指出各级政府要按照本地区基础设施和公用事业建设需要，兼顾资金有效配置及项目合理布局，做好本地区 PPP 试点的项目策划。设区市政府要建立本地区项目储备库，省一级政府则要建立投资金额在 5 亿元以上的项目储备库。同时指出 PPP 试点项目应为收益比较稳定，技术发展比较成熟，长期合同关系比较明确，投资金额一般在 1 亿元以上，一轮合作期限一般为 10～30 年的项目。因此，可在经济领域内的信息基础设施、电子商务、大数据、计算机、互联网方面挑选具有较好营利性、技术较成熟、投资金额在 1 亿元以上的项目构成项目储备库。

第二，做好项目的前期论证。政府或授权组织实施单位要对拟实施 PPP 的项目进行必要性、可行性、经济性、合规性评估，对不同合作方式所对应的资本结构、运行成本及可获得的利润进行综合分析。重点关注定价机制、风险分担、产出质量、运营成本等要素，平衡项目经济效益和社会效益。

第三，严格项目招标。授权组织实施单位要严格按照政府采购法和招投标法的相关规定组织开展招标。规范设置投资准入门槛，对各类投资主体同等对待，对民间资本不得单独设置附加条件。评标过程中，组织专家委员会根据项目要求、应标单位报送的项目方案，并综合考虑应标单位的服务质量、专业素质，尤其是 "数字福建" PPP 项目所要求的技术性和财务实力等，对项目可行性、经济性和财政负担能力等进行论证，确定中标单位及项目方案。同时要及时向社会公开发布与 "数字福建" 相关的规划、行业政策、技术标准、建设项目、拟招标项目等信息，保障社会资本投资主体及时享有相关信息，保证程序公开、过程透明。

第四，签订 PPP 合同协议。社会资本参与 "数字福建" 建设运营，县级以上人民政府或其授权的有关部门应与投资经营主体通过签订合同等形式，对建设运营中的资产产权关系、责权利关系、建设运营标准和监管要求、收入和回报、合同解除、违约处理、争议解决等内容予以明确。政府和投资者应对项目可能产生的政策风险、商业风险、环境风险、法律风险等进行充分论证，完善合同设计，健全纠纷解决和风险防范机制。

7. 创新"数字福建"建设模式

目前有些"数字福建"PPP 项目投资收益率低，没有社会资本愿意参与，可将其与其他具有较高收益率的项目进行捆绑开发，以提高投资回报率。社会资本主体可从具有较高投资回报率的项目中获得收益，以弥补"数字福建"准经营性项目建设低经济回报甚至是亏损。例如，"数字福建"项目中的基础信息建设工程可将沿途的土地开发权与基础信息建设工程项捆绑，并给予一定税收优惠，以吸引广大的社会资本参与。

在现实操作中，可将数字经济、电子商务、公共服务相关项目与"一带一路"、福建自贸区、"互联网+"或"工业 4.0"相关的项目进行捆绑开发，公开招标，保证项目获得合理的投资回报率，并进行可行性论证，吸引社会资本进入。

组建"数字福建"PPP 专门管理机构及专业咨询机构。"数字福建"PPP 项目管理十分复杂，福建省政府和社会资本管理中心机构设置及人员编制较难应对这种复杂性。

建议在财政厅下独设一个机构用于管理福建省 PPP 项目，直属于财政厅，并在其下专门设立专业分支机构，负责管理社会资本参与"数字福建"建设，集中管理有关事务，如"数字福建"PPP 项目审批、合作伙伴选择、招投标、与项目公司协调沟通"数字福建"PPP 项目年度规划等。该机构应当具有独立性、透明度、高效率、行为的可预期性、专业性和责权一致性的特征，并且可在福建省各市财政局设立市级分支机构，以便更好地结合当地实际情况，管理事务。

建立"数字福建"PPP 项目省市政府常务会议、专题会议商议机制，统筹协调、监督"数字福建"PPP 模式运行中投资人的项目审批、建设、运营等履约行为，并为投资人的相应融资、审批等提供便利，充分调动投资方的积极性。

为了更好地管理社会资本参与"数字福建"建设的工作，设立的机构应当招聘具有专业知识的人才，且定期对人员进行培训，培训应该侧重资产管理、项目管理、资产融资方面，以适应社会资本参与"数字福建"建设的需要。同时由于"数字福建"项目的高技术要求，可由省财政厅筛选"数字福建"PPP项目咨询机构和专家，建立省级咨询机构库和专家库，在项目识别、筛选和论证等环节购买专业咨询服务，为项目提供技术支持，并开设"数字福建"PPP门户网站，发布政策和招标信息，设立项目库管理系统，跟踪、统计和汇总项目情况。

4.3　结论与政策建议

4.3.1　结论

社会资本是一种重要的资本形式，在 "数字福建" 建设过程中将发挥很重要的作用。本书围绕 "数字福建" 建设涉及范围广，资金投入大的现状，探讨引入社会力量参与项目建设的模式及相关机制，这对确保福建省信息化工作和水平始终走在全国前列、更好支撑福建科学发展、跨越发展具有重要的意义。

本章首先对项目涉及的主要概念如 "数字福建"、社会资本、政府与社会资本合作等予以界定。其次，在对国内外社会资本参与公共项目建设现状分析的基础上，通过调研和统计分析方法总结近年来 "数字福建" 资金的投入状况及社会资本参与的情况，分析社会资本参与 "数字福建" 建设的必要性及可行性；结合社会资本参与 "数字福建" 建设的现实情况，在现有的政策框架下，探索若干适宜社会资本进入的发展模式，同时给出社会资本参与 "数字福建" 模式的一般选择；社会资本参与公共项目建设受到多重因素的影响，本书从技术环境、经济环境、操作环境、社会环境、政治环境等多个层次探索经济政策、投资收益率、投资期限、融资难易及投资预期等前因变量对社会资本投资 "数字福建" 建设项目的影响并建立影响因素概念模型。最后，构建社会资本参与 "数字福建" 建设项目的相关机制，包括完善法律法规体系、加大政府相关财政政策支持力度、建立风险分担机制等。

4.3.2　政策建议

（1）完善的政策法规是社会资本参与 "数字福建" 建设项目有效运作并发挥其优势的保证。可目前还未有成套、系统的正式法律对其进行管理，出台福建省地方性法规，并针对在哪些 "数字福建" PPP 项目领域可引入社会资本、目前 "数字福建" PPP 项目审批流程长、政府在 "数字福建" PPP 项目中权利及责任不明、社会资本权利保护受损、技术性特征明显的 "数字福建" 项目没有明确的行业技术标准、如何明确社会资本从 "数字福建" PPP 项目中退出这些目前存在的问题，建议制定以下几方面的法律法规：第一，制定社会资本进入 "数字福建" 领域的负面清单；第二，简化审批流程；第三，制定 "数字福建" PPP 项目中政府权力清单、责任清单、服务清单；第四，保障社会资本主体的合法权益；第五，制定信息行业的技术标准；第六，完善退出机制。

（2）针对目前普遍存在的税费高、"数字福建"PPP 项目利润低的问题，政府可以通过相关财政政策来减少税费，降低运营成本，从而提高其收益率。第一，减免社会资本参与"数字福建"建设相关税费；第二，可将部分国有股权的收益权让渡给社会资本股东，或可按有关规定不参与生产经营收益分配或实行社会投资固定回报率，保障社会资本主体获得合理收益；第三，可适当地采用以奖代补的方式；第四，建立"数字福建"PPP 项目建设投资基金；第五，落实"数字福建"建设用地指标。

（3）目前"数字福建"PPP 项目中风险划分不合理的现象很明显，且普遍是社会资本承担更多的风险。因此，需对双方承担的风险进行重新设计。"数字福建"PPP 项目中社会资本方应承担运营风险（需求风险、市场竞争风险、上下游市场波动风险）、建设风险（费用超支、工期延误、设计变更、质量安全风险、分包不当）、技术风险（技术快速进步引起损失）。政府部门应承担的风险有合作伙伴选择的风险、对特许经营项目资产的评估过低出让的风险及法律政策风险。有些风险需双方共同承担，如不良气候条件、地震等不可抗力造成的风险。

（4）目前存在贷款利率高、融资难、融资渠道窄的问题，这对于参与"数字福建"项目的企业而言是种负担。因此，帮助企业尤其是民营工程型企业拓宽融资渠道，减轻其融资负担，解决好资金问题，才能更好地引导社会资本发挥作用。首先，应尽可能扩大开发性中长期贷款比例；其次，加大"数字福建"PPP 项目信贷支持力度，为企业增信融资；最后，要扩大项目融资渠道。

（5）目前"数字福建"项目服务或产品定价机制不合理。因此，需要一个合理的服务或产品定价。"数字福建"项目服务或产品定价机制应考虑建造成本、运营维护费用、未来使用流量、预期收益率等因素，探索由市场竞价方式确定价格基准线，采用弹性定价机制，根据项目运行情况和绩效评价结果，结合目前国债的收益率，确定可自由围绕价格基准线上下浮动的价格弹性范围。在价格弹性范围内，"数字福建"项目公司可根据市场情况自由决定价格，但若价格超出弹性范围，需经过公证听证、省市审批。同时完善政府价格决策听证制度，广泛听取公众和有关部门意见，确保定价、调价的科学性。

（6）一个合理的项目招投标制度是社会资本参与"数字福建"建设项目的重要考虑因素之一，而目前项目招投标存在不公平、制度不合理现象。因此，要建立"数字福建"PPP 项目储备库、做好前期论证、严格项目招标、签订 PPP 合同协议，完善合同设计，健全纠纷解决和风险防范机制。

此外，为提高社会资本参与"数字福建"建设的积极性，应创新"数字福建"建设模式，提高项目预期收益率，吸引社会资本参与；建议在财政厅下独设一个机构用于管理福建省 PPP 项目，直属于财政厅，并在其下专门设立专业分支机构，负责管理社会资本参与"数字福建"建设，集中管理有关事务，另外可由省财政厅筛选"数字福建" PPP 项目咨询机构和专家，建立省级咨询机构库和专家库。

参 考 文 献

[1] 叶晓甦，徐春梅. 我国公共项目公私合作（PPP）模式研究述评[C]. 2012 中国工程管理论坛. 2012.

[2] Liu J X，Love P E D，Sing M C P，et al. PPP social infrastructure procurement：examining the feasibility of a lifecycle performance measurement framework[J]. Journal of Infrastructure Systems，2016，23（3）.

[3] Hueskes M，Verhoest K，Block T. Governing public-private partnerships for sustainability：an analysis of procurement and governance practices of PPP infrastructure projects[J]. International Journal of Project Management，2017，35（6）：1184-1195.

[4] Li B，Akintoye A，Edwards P J，et al. Critical success factors for PPP/PFI projects in the UK construction industry[J]. Construction Management and Economics，2005，23（5）：459-471.

[5] 何雪锋，王秀霞. 演化博弈视角下 PPP 项目运营与政府监管的稳定性分析[J]. 财会月刊（中），2017（1）：17-22.

[6] 刘宏，孙浩，李宗活. PPP 模式下政府与投资方项目风险管理演化博弈分析[J]. 系统科学学报，2017（2）：102-105，111.

[7] 谢海林，王国华，杨腾飞. 我国基础设施建设的互联网+PPP 模式及其政策支持研究[J]. 中国行政管理，2017（4）：88-92.

[8] 周正祥，张秀芳，张平. 新常态下 PPP 模式应用存在的问题及对策[J]. 中国软科学，2015（9）：82-95.

[9] 陈雅芝. PPP 模式在电子政务建设中的应用研究[J]. 图书情报工作，2010，54（6）：141-144.

第5章 "数字福建"信息资源共建共享

5.1 "数字福建"信息资源共建共享管理

5.1.1 管理机构

福建省"数字福建"建设领导小组办公室（以下简称数字办）负责规划、组织、指导、协调和考核福建省政府信息共享工作。设区市数字办负责市级政务信息共享平台建设和运行。省信息化工作主管部门负责组织建设、运行福建省省级统一的政府信息资源交换体系，组织开发福建省省级统一的交换系统，组织编制"福建省政府信息资源共享目录"，协调政府信息资源共享交换工作。

福建省空间信息工程研究中心经省信息化工作主管部门授权，负责交换系统和前置系统的开发、运维；制定交换系统接口规范，提供政府信息资源目录服务、交换服务与共享应用服务；监控、统计机关单位共享信息连通情况和信息共享情况，协助开展信息共享评测和绩效考核工作。

政府监察部门负责督促、监督福建省省级政府信息资源共享交换工作。机关单位负责发布、维护和更新本单位提供的共享信息，按照信息共享管理办法规定使用其他单位提供的共享信息。机关单位在政府信息共享管理中享有的权利和应当履行的义务包括：各机关单位有权利依据履行职能需要，共享其他机关单位的政府信息；有义务依据职能和有关标准采集、更新相关政府信息资源，完整、准确、及时地发布和提供可共享的政府信息；有义务依据履行职能需要主动提出共享需求，通过信息共享实现流程优化和业务协同；有义务配合省数字办和福建省空间信息工程研究中心协调和实施信息共享。

5.1.2　监督和责任

机关单位信息共享工作纳入机关单位电子政务绩效考核内容。机关单位如违反管理办法，其他机关单位有权向福建省机关效能建设领导小组办公室（简称省效能办）或省数字办投诉。有关部门接到投诉后，应当及时调查处理，并将处理结果反馈投诉单位。

省发改委、省数字办和省财政厅要把机关单位信息共享绩效作为规划和安排机关单位信息化建设项目和运行维护经费的重要依据；对于不响应信息共享的机关单位，酌情暂停安排新的建设项目并暂停已建项目的运行维护费用。

有下列情形之一的，由省数字办会同有关单位责令改正并通报批评；情节严重的，提请有关部门对直接负责的主管人员和其他责任人员依法给予处分，即未按照要求建立和更新维护相关政府信息资源目录的；未部署前置交换系统和未及时发布、更新共享政府信息的；不共享其他部门政府信息、随意扩大信息采集范围，造成重复采集信息，增加社会成本、给社会公众增加负担的；对已经发现不一致的数据，不进行核对和纠错，造成社会公众不便或业务失误的；对共享获得的信息管理失控，致使出现滥用、非授权使用、未经许可的扩散及泄漏的；未与信息发布单位签订共享信息许可协议，擅自将共享获得的信息转让给第三方或利用共享信息开展经营性活动的；对于监督检察机关责令整改的问题，拒不整改的；其他违反政府信息共享管理办法的行为。

5.1.3　组织信息采集规定

福建省目录系统与交换系统分省和设区市两级建设部署。市级目录系统和交换系统作为省级目录系统和交换系统在设区市的节点。省、设区市两级系统要按照标准进行无缝对接。

县和县以下政府信息在市级目录系统登记发布；通过市级交换系统实现数据交换。

机关单位不得另行开发部署跨部门使用的目录系统和交换系统。

采购不涉及国家机密、商业机密和个人隐私的信息应与信息销售单位签订许可协议，允许在政务网络环境中共享。基础性、公共性的信息资源应由同级数字办统一组织采购或开发。

信息发布单位应对共享信息提供必要的技术支持，不得设置技术障碍，影响信息共享，或借此获取额外收益。

设区市和县数字办负责组织本级政府信息共享工作，建设并管理本级目录系统和交换系统，进一步细化信息共享制度，推动本级电子政务深化应用。

5.1.4 信息共享办法

政府信息共享应当遵循以下原则：共享为原则、不共享为例外。政府信息在机关单位之间应以共享为基本原则；不能提供共享的和只能提供受限共享的，应向省数字办提供相关法律法规依据；分工采集、及时提供。机关单位应依据职能，分工采集相关政府信息；及时响应其他机关单位依据履职需要提出的信息共享需求，并配合提供相关信息；统一标准、统一平台。机关单位要按照国家、行业和"数字福建"的相关标准规范，组织政府信息的编目、采集、交换、使用；各类业务应用系统要基于统一的政务信息共享平台开展政府信息共享应用；保障安全、无偿共享。按照"谁使用、谁管理；谁管理、谁负责"的要求，做好信息共享全过程的安全保障工作；政府信息在机关单位之间应实行无偿共享。

目前，福建省遵循信息共享原则，先后发布了《福建省政府信息共享管理办法》、《福建省政府信息资源共享目录》、《福建省省级政务信息资源目录管理办法（征求意见稿）》、《福建省省级政府信息共享交换实施办法》征求意见稿，对信息共享目录的制定、管理，数据的收集、共享应用、信息发布及共享安全等都做了全局化的概述，明确了共享信息的流程及相关责任部门。

5.2 "数字福建"信息资源建设需要改进的地方

经过近几年的发展，福建省电子政务建设取得积极成效。在网络基础设施建设、业务处理系统、信息资源开发和利用上都取得了较大的进展，电子政务总体框架基本建立，效应日益拓展并已进入全局性的发展阶段。但是，从总体上看，福建省电子政务与国家的总体要求和先进省（自治区、直辖市）相比，还有一定的差距，还存在一些不容忽视的问题。

（1）资金缺口增大。截至目前，福建省已投资数十亿元，其中很大一部分作为政府引导资金支持了电子政务建设项目的组织实施，在电子政务建设的推动上发挥了很大作用。但是随着电子政务建设的不断深入，资金的缺口逐渐增大。与电子政务发展水平较高的省（自治区、直辖市）相比，福建省电子政务建设经费投入相对不足，无法有效支撑一些重要的公共性、基础性电子政务公共服务项目，直接影响了电子政务的服务水平。

（2）存在"信息孤岛"现象。通过对福建省政府、人大、政协网和市、区、县政府部门等网站的观察，发现福建省电子政务缺乏统一的规划设计，各部门之间互相封闭，这些封闭的系统使得政府各部门之间难以实现信息互通，从而形成"信息孤岛"。这些"信息孤岛"使得政府各部门之间信息资源难以共享，大量的信息资源不能充分发挥应有的作用，浪费了大量的人力、物力。

（3）信息公开不及时。关于"数字福建"的建设情况，没有详细、透明的公示信息或公示迟缓。在政务网站上公布的资料都是概念性的东西，关于具体实施的细节没有具体的文件；对于建设中的项目，也没有及时发布跟踪、反馈的信息。另外，福建省委托的相关政务研究机构，在对省内掌握的信息资源上也持保留的态度，可供其他机构研究的事实资料不多。

（4）管理体制不完善。目前福建省在电子政务建设方面出台的政策法规尚不成体系，难以遏制长期以来形成的政府部门职能交叉，审批环节过多，行政流程不合理，透明度低等现象。电子政务建设的管理推进机制有待进一步完善。在管理机构设置上，负责电子政务建设工作的部门不尽相同，有的是信息化工作办公室、信息中心等专业机构，有的则划归某一政府部门管理，不利于电子政务的协调发展与整体推进。

（5）缺乏有效的部门间信息资源共享的制度保障。政府部门间信息资源共享主要以跨部门应用系统的项目建设方式推动，由于项目建设是一种一次性的事业，以项目方式推动的跨部门信息资源共享往往只能保证项目建成初期的试点、示范性信息资源共享，缺少长效的制度保障措施，共享信息的维护、扩展和完善及信息资源共享的长期运行难以持续。

（6）目录体系与交换体系建设存在困难。目录体系和交换体系建设主要存在两个方面的困难。一是难以确定所涉及的信息资源范围和突破口，选择范围太小难以体现应用效果和验证试点效果，选择范围太大又难以控制工程的复杂度。二是存在如何确定编目颗粒度、分类管理、服务应用模式、审核发布权限等一些具体问题，这些问题均与福建省政府信息资源的管理和利用模式密切相关，必须在实践中探索并在应用中逐步改进和完善。产生上述困难的根本原因在于所涉及的信息资源分布广、类型复杂且无明确的边界。

（7）部门间业务信息资源共享仅在少数领域开展。政府部门的条块分割、法规制度落后、政府各个部门的利益争夺等因素，导致信息跨部门共享困难，信息孤岛现象严重，信息资源建设与共享进展缓慢。目前，根据福建省信息资源开发利用的基础，在人口管理、城建与交通管理、公共安全管理等领域中有选择地开展了部分跨部门业务信息资源共享项目建设，但信息资源的编目管理和规范化的交换体系建设没有配套跟进。

（8）部门利益与公共利益的冲突。目前，政府部门在进行信息资源共享的决策过程中，普遍存在这样一个问题，即公共利益部门化、部门利益个人化，也就是说社会公共利益、政府部门利益及个人利益存在着冲突，主要表现在以下几个方面。

第一，基于公共利益的监督机制完善与部门追求失常利益之间的矛盾。监督的目的在于形成公正、透明的政府，它要求将法定保密范围以外的信息进行公开或共享。

第二，基于公共利益的财政支出削减需求与部门追求预算最大化之间的矛盾。跨部门的政府信息资源共享可以从整体上削减政府的行政成本，减轻公共财政的负担。但是，对于各个政府部门而言，其具有追求预算最大化的特质，这在一定程度上可以说是不可调和的矛盾。

第三，基于公共利益的业务流程优化与部门信息权力之间的矛盾。如今信息资源作为政府部门的重要资源之一，其流动在一定程度上代表着权力的流动。业务流程优化的核心在于对关键业务流程的诊断，这使得原先可以利用一定的核心信息保持独立地位的部门丧失信息权力。因此，部门在进行信息共享时有着天然的排斥性。

第四，基于公共利益的组织精简需求与部门追求政治权利之间的矛盾。组织结构的精简、职能的再造从整体上可以提高政府的行政效率、反应能力，但是在这个过程中可能会牺牲某些利益集团的利益，被精简或取消的部门为维持其利益可能会反对。

（9）部门合理利益未得到有效的保障，这里谈到的部门主要是指作为信息提供方的部门，它们在信息资源共享的过程中为了信息资源共享的实现而耗费了一定的人力、物力、财力，因此如何对其贡献进行经济上的合理补偿、政治上的合理肯定，意义重大。目前在政府部门信息资源共享中尚不存在有效交换机制，也未形成社会公共利益到部门合理利益的有效转化途径。此外，政府部门间的信息资源共享可能会导致部门公务人员的额外工作量，如协调、沟通、按需求整理信息等，目前由于缺乏相应的考核机制评价这类工作，无法对工作人员的劳动进行合理的补偿而降低了其工作积极性，导致共享效能不足。

（10）部门失常利益未得到有效的控制。如果进行政府部门间的信息资源共享，那么利用信息垄断获取既得失常利益的部门为维护其部门利益，也会自然地对共享持消极态度。

5.3　政府部门间信息共享的演化博弈分析

地方政府部门的信息既包括政府自身开展政务类活动所产生的信息，也包括为社会各界服务所能提供的各类信息;既包括各种文件、决策等政治信息资源,也包括各种经济、科技、军事类等信息资源;既包括上级政府部门的信息,也包括本政府部门内部的信息、平行部门的信息,还包括各种历史信息等。随着我国各项事业的蓬勃发展,以及信息资源开发利用工作的逐步开展,地方政府部门的信息数量和质量都在快速地增加与提高,政府信息资源内容不断丰富,对于政府部门的信息资源需求也日益旺盛。这为地方政府部门间信息资源的共享奠定了坚实的基础。本节简要介绍了电子政务的发展和演化博弈理论,然后将政府部门视为一个渐进的演化系统,构建了演化博弈模型和演化相位图,探究和分析了政府部门所拥有的信息资源、信息资源共享的收益系数、政府部门的风险系数和信息资源共享中的技术成本等相关参数及对政府部门之间的信息资源共享所产生的影响,据此提出一些有针对性的建议,为提升跨政府部门间信息资源共享能力和电子政府信息服务能力提供科学的理论和方法支持。

5.3.1 演化博弈

演化博弈从字面意义上讲,是将生物的进化论与博弈论相互结合的一种分析方法。如今,经济学家们正运用演化博弈对社会习惯、规范制度或体制形成的影响因素和解释其形成的过程进行分析,并取得了显著的成就。

演化博弈基本思想是:在一定规模的群体中,群体之间都进行了博弈的过程,由于博弈双方的有限理性,不可能在每一次的博弈中都能找到己方的最优策略,它的最佳策略就是不断地改进和模仿至最有利的策略。与传统的博弈理论不同的是演化博弈理论并不要求参与者都是完全理性的,也不要求信息条件都是完全的。

1974 年,Smith 和 Price 提出了"演化稳定策略",即 ESS,标志着演化博弈的正式诞生。后来 Taylor 和 Jonker 于 1978 年提出了复制动态方程,如今 ESS 和复制动态方程已成为演化博弈理论中最重要的两个概念。其中,ESS 指的是当一个系统处于演化稳定或均衡的吸引域范围之内时,它就能够抵御来自外部的小冲击。其定义为:若 $x \in A$ 是演化稳定策略,且 $y \in A$,$y \neq x$,存在一个 $\overline{\varepsilon y} \in (0,1)$,使不等式 $u[x, \varepsilon y + (1-\varepsilon)x] > u[y, \varepsilon y + (1-\varepsilon)x]$,对任意 $\varepsilon \in (0, \overline{\varepsilon y})$ 都成立。A 表示群体中个体博弈时的收益矩阵;y 表示突变策略;$\overline{\varepsilon y}$ 表示一个常数,与突变策略 y 有关,并将之称为侵入界限;$\varepsilon y + (1-\varepsilon)x$ 表示包含选择突变策略群体和进化稳定策略群体所组成的混合性群体。

另外,对于复制动态方程来说,其核心内容就是动态变化的速度。以采用"同意"策略类型博弈方的比例为例,可用下述微分方程表示其动态变化的速度:

$$\frac{\mathrm{d}x}{\mathrm{d}t} = x(u_y - \overline{u}) = x(x - x^2) = x^2(1 - x) = x^2 - x^3 \tag{5-1}$$

5.3.2　政府部门间信息资源共享的演化博弈

1. 演化博弈的基本假设

从利用信息资源的政府跨部门之间的博弈双方的情况来看，政府各部门之间的关系是既相互独立又彼此依存的。在部门之间进行策略博弈时，博弈方的策略集合均有两种状态（共享与不共享）。政府跨部门之间的信息资源共享是在一个模糊的、有限理性的空间上进行的，同时它们之间所采取的策略也是相互影响的。由于政府机构中存在着大量的业务部门，且这些部门不可避免地具有自利性，所以政府部门自身无法确定自己的信息资源共享策略，只有在博弈过程结束后通过具体的收益数据来进行分析和判断。由于政府部门无法确保自己策略的正确性，在不确定的情况下，政府部门会担心自己部门利益受到损失而不愿意去改变自己的策略。因此，更需要利用演化博弈复制动态方法来分析政府部门信息资源共享的行为模式，并证明这是一种可取的方法。

2. 政府部门间信息资源共享演化博弈模型

假设政府部门分别存在部门 i 和部门 j 这两类部门，演化博弈双方的策略空间都是{共享，不共享}这两种状态。其中，部门 i 采取"信息资源共享"策略的概率为 p，不采取"信息资源共享"的概率为 $1-p$（$0 \leqslant p \leqslant 1$）；同理，部门 j 采取"信息资源共享"策略的概率为 q，不采取"信息资源共享"策略的概率为 $1-q$（$0 \leqslant q \leqslant 1$）。模型中具体的参数在表 5-1 中显示。

表 5-1　演化博弈模型中相关参数的含义

部门 i	部门 j
π_i：部门 i 初始的信息收益（包括社会收益、经济收益）	π_j：部门 j 初始的信息收益
c_i：部门 i 信息资源共享过程中的技术成本	c_j：部门 j 信息资源共享过程中的技术成本
t_i：部门 i 所拥有的信息资源	t_j：部门 j 所拥有的信息资源
δ_i：部门 i 信息资源共享的收益系数，是指部门 i 同化信息的能力	δ_j：部门 j 采取信息资源共享的收益系数，是指部门 j 同化信息的能力
r_i：部门 i 的风险系数，是指部门 i 采取信息资源共享所带来的风险	r_j：部门 j 的风险系数，是指部门 j 采取信息资源共享所带来的风险
$t_j\delta_i$：部门 j 对部门 i 采取信息资源共享时部门 i 所获得的收益	$t_i\delta_j$：部门 i 对部门 j 采取信息资源共享时部门 j 所获得的收益
t_ir_i：部门 i 采取信息资源共享时的风险成本	t_jr_j：部门 j 采取信息资源共享时的风险成本

具体的博弈过程如图 5-1 所示。

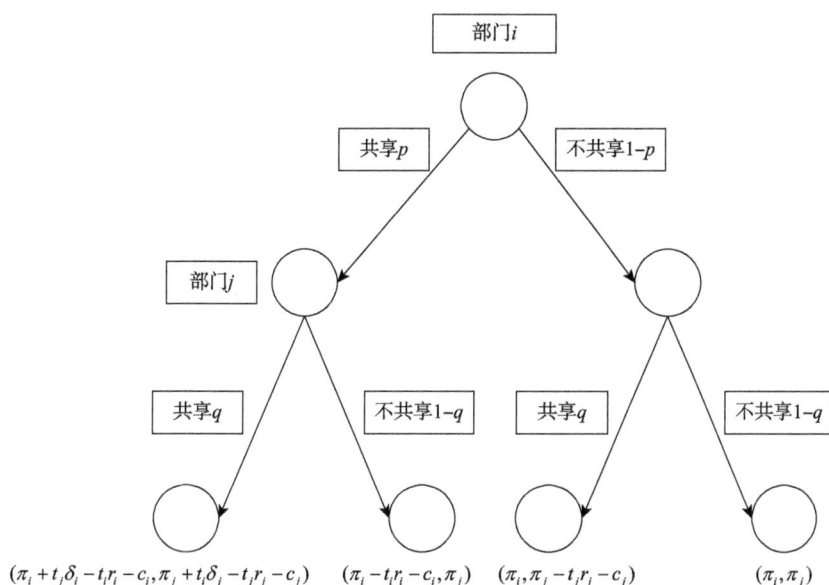

$$(\pi_i + t_j\delta_i - t_ir_i - c_i, \pi_j + t_i\delta_j - t_jr_j - c_j) \quad (\pi_i - t_ir_i - c_i, \pi_j) \quad (\pi_i, \pi_j - t_jr_j - c_j) \quad (\pi_i, \pi_j)$$

图 5-1 部门 i 对部门 j 的博弈过程图

根据图 5-1，得到部门 i 和部门 j 的收益矩阵，如表 5-2 所示。

表 5-2 部门 i 对部门 j 的博弈收益矩阵

部门 i	部门 j	
	共享（ q ）	不共享（ $1-q$ ）
共享（ p ）	$(\pi_i + t_j\delta_i - t_ir_i - c_i, \pi_j + t_i\delta_j - t_jr_j - c_j)$	$(\pi_i - t_ir_i - c_i, \pi_j)$
不共享（ $1-p$ ）	$(\pi_i, \pi_j - t_jr_j - c_j)$	(π_i, π_j)

分别采取这两种演化博弈策略，博弈方的收益如下。

对部门 i 而言，选择信息资源共享的期望收益、不选择信息资源共享的期望收益及平均收益分别为

$$\begin{cases} U_{i1} = q \cdot (\pi_i + t_j\delta_i - t_ir_i - c_i) + (1-q) \cdot (\pi_i - t_ir_i - c_i) \\ U_{i2} = q \cdot (\pi_i + t_j\delta_i) + (1-q) \cdot (\pi_i) \\ \overline{U}_i = p \cdot U_{i1} + (1-p) \cdot U_{i2} \end{cases} \quad （5-2）$$

同理，对部门 j 而言，选择信息资源共享的期望收益、不选择信息资源共享的期望收益及平均收益分别为

$$\begin{cases} U_{j1} = p \cdot (\pi_j + t_i\delta_j - t_j r_j - c_j) + (1-p) \cdot (\pi_j - t_j r_j - c_j) \\ U_{j2} = p \cdot (\pi_j + t_i\delta_j) + (1-p) \cdot (\pi_j) \\ \overline{U}_j = q \cdot U_{j1} + (1-q) \cdot U_{j2} \end{cases} \quad (5\text{-}3)$$

分别构造部门 i 和部门 j 信息资源共享的复制动态方程组：

$$\begin{cases} \dfrac{\mathrm{d}p}{\mathrm{d}t} = p \cdot (U_{i1} - \overline{U}_i) = p \cdot (1-p)\big[q \cdot t_j\delta_i - (t_i r_i + c_i)\big] = F(p) \\ \dfrac{\mathrm{d}q}{\mathrm{d}t} = q \cdot (U_{j1} - \overline{U}_j) = q \cdot (1-q)\big[p \cdot t_i\delta_j - (t_j r_j + c_j)\big] = F(q) \end{cases} \quad (5\text{-}4)$$

其中，$F(p)$ 是关于 p 的函数，$F(q)$ 是关于 q 的函数。

$$\begin{cases} F(p) = \dfrac{\mathrm{d}p}{\mathrm{d}t} = 0 \\ F(q) = \dfrac{\mathrm{d}q}{\mathrm{d}t} = 0 \end{cases} \quad (5\text{-}5)$$

式（5-4）、式（5-5）的含义是：共享的博弈方的比例与该类型博弈方比例的变化率成正比，也与该博弈方的得益大于所有博弈方平均得益的幅度成正比，而所谓的稳定状态是指各博弈方的比例相对均衡不再发生变化，即复制动态方程为 0。

根据式（5-5），如果 $q = (t_i r_i + c_i)/t_j\delta_i$ 时，$\mathrm{d}p/\mathrm{d}t$ 一直为 0，且所有的 p 都处于稳定状态；如果 $q \neq (t_i r_i + c_i)/t_j\delta_i$，由于 ESS 需要满足以下条件：

$$\begin{cases} F(p^*) = 0 \\ F'(p^*) \neq 0 \end{cases} \quad (5\text{-}6)$$

则当 $q > (t_i r_i + c_i)/t_j\delta_i$ 时，$p^* = 0$ 是 ESS；当 $q < (t_i r_i + c_i)/t_j\delta_i$ 时，$p^* = 1$ 是 ESS。

同理，如果 $p = (t_j r_j + c_j)/t_i\delta_j$ 时，$\mathrm{d}q/\mathrm{d}t$ 一直为 0，且所有的 q 都处于稳定状态；若 $p \neq (t_j r_j + c_j)/t_i\delta_j$ 时，其中 $p > (t_j r_j + c_j)/t_i\delta_j$，则 $q^* = 0$ 是 ESS；若 $p < (t_j r_j + c_j)/t_i\delta_j$ 时，则 $q^* = 1$ 是 ESS。

3. 政府部门间信息资源共享演化博弈模型分析

复制动态方程所求的平衡解并非是演化系统的稳定策略（ESS），根据提出稳定策略的验证方法，利用该系统雅可比矩阵（记为 J）分析得到该演化博弈均衡点的稳定性。分别对 $F(p)$ 和 $F(q)$ 关于 p 和 q 求偏导得到雅可比矩阵，具体算法如下：$J = \begin{pmatrix} \dfrac{\partial F(p)}{\partial p} & \dfrac{\partial F(p)}{\partial q} \\ \dfrac{\partial F(q)}{\partial p} & \dfrac{\partial F(q)}{\partial q} \end{pmatrix} = \begin{pmatrix} a_{11} & a_{12} \\ a_{21} & a_{22} \end{pmatrix}$，则 $|J| = \begin{vmatrix} a_{11} & a_{12} \\ a_{21} & a_{22} \end{vmatrix}$，$tr(J) = a_{11} + a_{22}$。

$$
\begin{cases}
a_{11} = (1-2p)\left[q \cdot t_j\delta_i - (t_ir_i + c_i)\right] \\
a_{12} = q \cdot (1-q) \cdot t_i\delta_j \\
a_{21} = p \cdot (1-p) \cdot t_j\delta_i \\
a_{22} = (1-2q)\left[p \cdot t_i\delta_j - (t_jr_j + c_j)\right]
\end{cases}
\tag{5-7}
$$

如果能够满足以下条件:

$$
\begin{cases}
tr(J) = a_{11} + a_{22} < 0 \\
|J| = \begin{vmatrix} a_{11} & a_{12} \\ a_{21} & a_{22} \end{vmatrix} > 0
\end{cases}
\tag{5-8}
$$

当 $t_j\delta_i < (t_ir_i + c_i)$、$t_i\delta_j < (t_jr_j + c_j)$ 或者 $t_j\delta_i > (t_ir_i + c_i)$、$t_i\delta_j < (t_jr_j + c_j)$ 或者 $t_j\delta_i < (t_ir_i + c_i)$、$t_i\delta_j > (t_jr_j + c_j)$ 时,不满足 p、q 在 0 和 1 之间;而当 $t_j\delta_i > (t_ir_i + c_i)$、$t_i\delta_j > (t_jr_j + c_j)$ 时,满足这个条件,这时系统有 5 个均衡点,根据雅可比矩阵的局部稳定分析法对这 5 个均衡点进行稳定性分析,分析的结果如表 5-3 所示。表 5-3 中 $p^* = (t_jr_j + c_j)/t_i\delta_j$、$q^* = (t_ir_i + c_i)/t_j\delta_i$。

表 5-3 演化系统均衡点局部稳定性的分析结果

均衡点	$|J|$ 的符号	$tr(J)$ 的符号	结果
$p=0,q=0$	+	−	ESS
$p=0,q=1$	+	+	不稳定
$p=1,q=0$	+	+	不稳定
$p=1,q=1$	+	−	ESS
$p=p^*,q=q^*$	−	0	鞍点

根据演化系统均衡点局部稳定性的分析结果,画出相位图(图 5-2)。

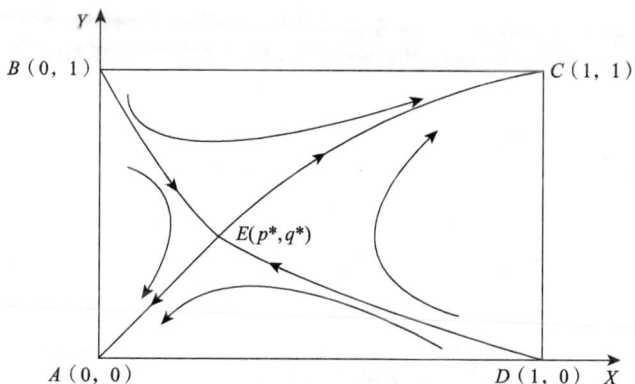

图 5-2 演化系统均衡点局部稳定性的相位图

　　由表 5-3 和图 5-2 可知，在这 5 个均衡点当中，A 点与 C 点的策略组合是稳定的，即演化博弈的最优策略。A 点表示政府部门间采用信息资源共享策略，C 点表示政府部门间不采用信息资源共享策略，B、D 两点为演化系统不稳定的点，而 E 点则为鞍点。折线 BE 和 DE 是演化系统收敛于两个不同状态的临界线，$DEBC$ 为政府部门间处于信息资源共享的状态，$ADEB$ 为政府部门间处于信息不共享的状态。演化博弈是一个长期渐进的过程，因此在很长的时间内会维持一种信息资源共享与不共享同时存在的状态。

　　政府跨部门信息资源共享到底会沿着哪一条路径到达信息资源共享和不共享同时存在的状态，与博弈中的收益矩阵和演化系统中 t、δ、r、c 等这几个参数有关系，下面将具体探讨这几个参数对演化系统的影响。

　　（1）政府部门所拥有的信息资源 t。在一个电子政务系统中，政府共享信息所涉的范围非常广泛，信息之间的流动也是相互的，其中包括了部门间的策略信息、实际需求信息和未来需求信息等。所共享的信息中有一部分是可以促进部门间相互发展的，然而有一大部分信息是多余的，会造成信息冗余及策略水平的下降，同时政府部门还需要花费一定的金钱来维护这一部分信息，因此只有适量的信息才会产生最大的价值；而过于充分的信息资源共享是没有必要的，我们需要有目的、有焦点地进行信息资源共享。政府部门信息资源共享仅是一种手段，如果我们太过理想化地运用这种手段，那就不会达到共享真正的目的。从图 5-2 中可以看出，政府部门所拥有的信息量并不能充分地完成对部门间信息资源共享策略的选择。在实践中，政府部门应当注重双方信息资源共享的互补性，最大化信息资源共享的利益，从而保证政府部门间信息资源共享的稳定性；信息共享同时具有扩散效应，激励着政府不断提高内部的信息管理能力和水平，加强基于数据信息的协作，实现数据信息的共享、重用与增值。

　　（2）信息资源共享的收益系数 δ。从图 5-2 可知，当收益系数 δ 越大，即政府部门转化、同化吸收信息能力增强的时候，折线上方点 D、E、B、C 所围成的面积就越大，这时政府部门会趋向于采取信息资源共享的策略。因此，在信息资源共享的状态下，共享的收益包括信息资源的共享减少了信息的时滞和延迟，增加了政府信息资源的时效价值。同时政府部门应当建立独立的信息部门，并加强信息部门之间的交流与沟通，及时进行信息的反馈、分析、利用及同化所收集到的信息，这会对部门间的信息资源共享起到很大的促进作用。在信息资源共享之前，对信息资源共享利益的预期会促使部门做出是否采取信息资源共享策略的选择，当信息资源共享取得了初步的进展之后，在信息资源共享利益的驱使下，政府部门还会选择继续合作，并形成一种良性循环。政府应当将共享信息收益作为绩效考核的一部分，并同时完善领导力制度和环境约束制度[1]。

　　（3）政府部门的风险系数 r。从图 5-2 可知，当风险系数值越小时，折线上方的 DEBC 面积就越大，政府部门间就会趋于采纳信息资源共享的策略。政府部门共享信息可能会引起数据泄漏、窃密风险[2]，因此，政府部门间要建立安全的信息资源共享机制，就必须建设先进的网络基础设施来确保信息传输之间的安全性、及时性和可靠性。降低演化系统中信息资源共享中的风险系数，有利于实现部门间的信息资源共享。同时政府应当建立相应的应急预案机制，梳理跨部门之间的应急救援流程和相关的规章制度。

（4）信息资源共享中的技术成本 c。当技术成本越小时，折线上方的 DEBC 面积就越大，政府部门间就会采纳信息资源共享的策略。技术成本主要是指政府部门在选择信息资源共享时前期所付出的设备、软件、信息存储等成本，建设共享技术平台的关键在于选择一套适合政府部门自身情况的技术标准，在此技术标准上采购一套负责技术标准的平台软件，使此平台软件在政府内使用。各个子系统的供应商应当建立相同的技术标准、数据格式、操作系统等，更好地统一管理各个部门的系统，在此基础上，各个部门可以根据部门特色进行业务处理，这将潜在地提高政府部门行政工作效率和业绩，促进更好地进行决策，实现协同办公和"一站式"的服务。政府同时应当通过控制信息技术应用的成本、建立政府部门间长期合作关系和采用信息补贴策略促进政府信息资源共享，否则政府部门的信息资源共享将是低效甚至是无意义的。

利用演化博弈理论对政府部门间的信息资源共享策略进行分析，发现该系统的演化方向和速度与博弈方的收益矩阵、政府部门所拥有的信息资源、信息资源共享的收益系数、政府部门的风险系数和信息资源共享中的技术成本是影响政府部门间合作的重要参数。只有博弈各方遵从相互合作的利益最大化的原则，采取建立相互合作的策略，才能实现互利共赢的局面。然而，一些政府部门不注重合作收益和成本效益评估，在合作中，有的政府部门较易采取短期行为，造成政府部门间缺乏有效的协调和合作，这种行为取向使得政府信息资源长期分散在各个部门、信息资源整合度差、信息孤岛现象突出、政府数据库规模小、政府协同工作能力差，严重制约了我国电子政务建设的质量和成效。

政府应当从构建服务型政府的角度加强电子政务建设的顶层设计，完善信息资源共享的相关标准、政策和制度，包括对政府部门的数据格式、操作系统、数据库管理软件、信息平台、绩效评估等标准和规则，对跨政府部门间的信息资源共享给予详细的指导；各地政府也应当从部门间信息资源共享博弈的特征出发，建立电子政务建设监督管理委员会，通过电子政务建设监督管理委员会建立外部监督机制，对信息资源共享执行乏力的政府部门进行督促和惩罚，确保跨部门间信息资源共享的强制性；为了能更好地实施跨部门信息资源共享策略，还应当建立起政府部门管理者的激励机制，地方政府每年对各部门管理者进行信息资源共享绩效考核，并据此作为官员晋升的依据之一；各级政府要真正确立服务型政府理念,加速各部门之间信息资源共享的进程,使信息资源共享成为政府部门共同遵守的行为准则,这也是政府部门的管理者与成员观念转变所必须经历的过程。

5.4　福建省政府部门间信息资源共享的现实问题分析

5.4.1　政府部门的横向阻力

政府部门的横向阻力是信息资源共享过程中面临的最大问题之一。原本总量很大的政府信息资源由于政府部门的条块分割、各自为政,被分散在无数个政府部门中,显得杂乱无章,共享无从着手。

一些政府部门为了支持信息共享而付出巨大努力和代价,牺牲部分部门利益后,由于找不到合适的利益补偿途径,自身的工作负担和压力越来越大,从而也对信息共享变得日渐消极。

因此,某些政府部门主管出于本部门利益和权力的考虑,会以各种理由推脱,拒绝共享。此外,也确实存在少数政府部门掌握的信息少、质量差,并且信息相当陈旧的情况,这在某些情况下也成为共享过程中的阻力。以上这些情况在福建省政务信息共享平台建设中都有发生。福建省政务信息共享平台尽管是由福建省数字办牵头组织建设的,但由于其共享平台的特殊性质,事实上这是一个福建省各个政府部门共享联动的系统。政务信息共享平台需要强大的数据库的支撑和统一网络的支持才能真正发挥实际作用,数据库中的数据涉及社会政治、经济,涵盖公安、交通、建设、卫生、人口、工业、农业等方方面面。这些信息和数据几乎全部掌握在各个行业的部门中。例如,系统需要公安部门共享人口、车辆、安保、治安管理、应急装备等方面的信息资源;需要交通部门共享交通营运车辆包括公交车、出租车、危险品运输车辆,以及客货运场站、公路、航道、海事等应急相关信息资源;需要卫生部门共享全市医疗卫生等相关的应急信息资源;需要环保部门共享环境监测和预警等相关的信息资源;需要工商部门共享企业名录等方面的信息资源;等等。信息共享的前提就是信息本身在各共享部门间就是不对称的。

5.4.2　共享过程动力机制的缺失

如果说部门利益和权力是信息共享的反向驱动的话,那么我们认为在地方政府部门间信息资源共享过程中更多的缺乏的是正向的驱动，也就是助推共享的动力机制。这也是在福建省政务信息共享平台的建设中遇到的另一个需要解决的问题之一。

在政务信息共享平台建设之初，福建省数字办负责规划、组织、指导、协调和考核福建省政府信息共享工作。福建省空间信息工程研究中心作为政府信息资源服务中心，负责福建省政务信息共享平台建设和运行，提供政府信息资源目录服务、交换服务与共享应用服务；协助开展信息共享评测和绩效考核工作。设区市数字办负责市级政务信息共享平台建设和运行。对于各个业务部门来说，福建省数字办严格来讲与它们并没有直接对应的上下级隶属关系，并且政务信息共享平台的建设实施对于它们来说并没有任何法律上、行政上的强制约束。

5.4.3 安全和保密方面的顾虑

一个部门信息输出得越多，信息系统越复杂，安全方面的风险就越高，领导的责任也就越大。任何信息系统的对接，任何信息任何形式的共享，都会增加不安全、不稳定的可能性。因此，系统管理部门往往会向领导列出信息共享后对于原有系统的种种不利因素，领导出于多方面的综合考虑，经常会做出延缓或者搁置信息共享的决定。

另外，部分政府信息是属于保密范畴的，不适宜公开和共享。在共享过程中很容易使涉密和非涉密之间的界限受到外部干扰而变得模糊或者不明确，一定程度上给信息安全带来极大隐患。因此，为了确保本部门全部信息的绝对安全，一些政府部门也往往会拒绝共享。

公安部门在提供共享信息和资源时，很容易产生信息不安全、保密性得不到保证的顾虑。这样也会间接地影响市级应急指挥数据库中的信息和数据的完整性与准确性。

5.4.4 信息共享系统的实际应用效果难以评价

信息资源共享的效果评价主要包括信息共享发起者的评价和共享用户的评价。就信息共享系统而言，其实际应用效果的评价主要包括系统建设发起者和开发者的评价及系统用户的评价。但是，这种评价实际上相当困难。

一方面，如果对福建省政务信息共享平台的应用效果予以评价，在目前信息资源共享的理论研究和技术研究均不成熟的情况下，尚很难找到一种较为科学、客观的方法来系统地评估其总体应用效果。更何况各政府部门间的信息共享并不是一次性完成的，在福建省政务信息共享平台运行过程中会发生无数次的部门间信息资源共享，并且这种共享很可能是长期的、不间断的。系统的应用效果将同时受到多种因素的影响，有系统内部的也有系统外部的因素，有信息本身的也有人为的因素，所以效果评价就显得更为复杂，难上加难。

另一方面，福建省数字办在本项目中既充当政府部门信息资源共享发起者、建设者的角色，又同时充当政府部门信息资源共享用户的角色。从这两者出发，对系统的评价会大不相同。作为系统发起者和建设者，会认为收集了如此多的部门信息资源是极其有价值的，这些共享的信息资源越多越好，在系统中必将发挥非常重要的作用，将是一笔巨大的财富。但是作为系统用户，它们会认为信息资源不在于数量的多少，被共享的部门信息资源通过深度挖掘后能否在领导决策中发挥作用才是信息资源共享的关键。

5.5 影响政府部门间信息资源共享的因素分析

5.5.1 行政体制

行政体制是影响地方政府部门间信息资源共享的首要因素。长期以来由于实行的是条块分割的行政管理体制，地方政府部门几乎都自成体系，相对独立。各部门信息资源缺乏统一规划，很多政府部门从自身需求出发独自开发自己的信息资源和信息系统，并垄断部门信息资源的利用，导致信息资源和信息系统的重复投资、重复建设严重。很多部门信息资源随行政体制造成的分割而被限制在很有限的政府部门内部，由于得不到很好的集中利用和整合，共享很难发挥其更大的利用价值，也无法针对其展开深度挖掘，利用率相当低，利用范围也相当局限。

行政体制对于政府部门间信息资源共享造成的障碍还很容易挫伤原本有主动共享意愿的部门或个人的积极性，时间长了就可能形成不可逾越的鸿沟，使共享被认为是一种奢望。

5.5.2 人的因素

影响地方政府部门间信息资源共享的人的因素包括人的观念、理念、人员素质、人与人之间的互信和沟通等。

第一，认识不足、观念落后在目前已经被认为是造成部门间信息共享困难的难以跨越的最大鸿沟之一。除了行政体制之外，很多时候信息资源停滞在一个部门内部而无法流转的原因是人的观念的影响。至今部分领导层和决策者依然存在"重硬件、轻管理、轻服务"的意识，简单地认为信息资源开发只需要有好的设备。还有些政府部门领导错误地认为把一些政府新闻和政策法规之类的内容发布到部门门户网站上就算是信息共享了，并且一提到信息共享，就认为只是办公室或者信息中心的事情。这些都是影响共享的致命的片面认识。领导的意识和观念非常重要。领导的重视和支持是部门间信息共享的前提。只有领导充分转变传统观念，从本部门的长远利益考虑，充分意识到信息资源共享对于本部门业务流程改进、服务能力提升、未来发展等的重要性，共享才可能起步。部门间信息的共享就如同我国经历的改革开放一样，必须打开本部门封闭的大门，放眼全局和未来，大胆地走出去，转变原有传统、单一的部门发展模式和方式，转变陈旧的观念，提高人员素质，与时俱进，才能享受到信息共享带来的好处和成果。

第二，人员素质也是影响信息共享顺利进行的重要因素之一。部门间信息共享与传统工作相比，对于管理人员、技术人员的要求都非常高。不管是跨部门的共享还是跨行业的共享，都需要对业务更为熟悉、熟练，对拥有熟练技术的高级专业人才的全过程参与。共享模式和共享系统建立之后，同样需要高级人才的悉心管理和维护。

第三，信息共享需要部门间的互信。一般认为，政府部门间的互信与政府部门间的信息资源共享存在着正相关关系。政府与政府之间的信任，部门与部门之间的信任，归根结底都需要人与人之间的互相信任。良好的互信建立在良好的人员素质基础之上，能够促进各部门之间的合作，加强共享意愿，也能够直接和间接地降低共享的成本和风险，更能够使部门间的合作与共享更为稳定和持久。

第四，信息共享离不开部门与部门间、人与人之间的良好沟通。部门间信息共享通常需要在沟通上花费大量的时间。部门间沟通效果的好坏将直接决定共享意愿能否达成和共享目标能否实现。没有良好、有效的沟通，就会影响部门间的互信，共享的主体之间就有可能无法达成共识，共享就可能愈加障碍重重甚至无法继续。

5.5.3　财力因素

信息资源共享需要人、财、物、技术等多种条件的支持，而财力因素是其中的决定性因素。人才的引进、技术装备的开发购置无不需要丰厚的财力支撑。如果有了体制的支持、政策的引导、人员的重视、法律的保证，但缺少经济上的助力，那么可以说一切都将无从谈起。目前对于各个地方政府部门来说，本部门的信息化经费相当紧张，如果需要部门间的合作共享，那么资金的来源、分配、投入、回报应该说都是值得研究的问题。

5.5.4　政策和法律环境

尽管我国在政府信息化、电子政务建设方面的法律和制度保障已取得一些成效，但是电子政务建设需要的法律法规不是很完善，从国家到地方在信息公开、信息共享、信息资源建设等方面的政策措施还很缺乏，而且可操作性也不强，应该说电子政务法律法规体系的构建还不能满足电子政务建设的需要。很久以来，部分地方政府部门的信息资源总是以"内部资料"为名拒绝向其他部门和社会公开、共享。为了使这些政府信息资源真正发挥作用，为其他部门甚至全社会所共用，只有在信息的采集、储存、发布、公开、共享、监督等方面完善相关法规制度，制定出切实可行的政策规划，信息在每一个环节的流转才会规范和高效，才能有效杜绝政府部门间"能不共享就尽量不共享"的错误观念和抵制情绪。

5.5.5　信息技术和标准化问题

信息资源的部门间共享不仅指政府信息的网络传输，还包括不同应用系统间基于政府信息内容的自动识别、智能理解和自动交换。因此，政府部门间信息资源共享需求对参与共享的各个单位和部门的信息技术都提出了很高的要求。在一些信息化建设相对弱势的部门，就常常出现缺乏有效技术支撑而影响共享效果的情况。

另外，部门间信息资源共享还包含另一个重要问题——标准化的支持。信息共享必须发挥标准化的导向作用，在技术上确保各部门信息的协调一致和整体效能的提升。目前阻碍部门间信息正常流转的最大技术问题正是标准化问题。各政府部门对信息采集、分类、处理、加工的技术自成体系。数据交叉采集，接口标准不统一，指标口径不一致，这些都影响了信息资源的进一步整合，严重影响了信息共享的进程。

5.5.6　安全保密问题

信息安全和保密程度在一定意义上预示着信息共享系统的生命力。没有安全保密意识，就没有共享可言。在电子政务数据交换和信息共享过程中会遇到各种威胁，系统故障、病毒传染、黑客入侵等情况随时都有可能发生。如果在制度上和技术上没有严格的信息安全保密措施，对一切可能发生的威胁和造成的危害予以严密防范，后果将会不堪设想，一切付诸共享的努力也都将白费。

5.5.7 监督评估

科学、有效的监督评估机制可以使共享更顺利地进行。现在大多数的政府部门间信息共享过程中之所以产生很大的随意性，甚至最终偏离预定目标，很大的一个原因就是对共享缺乏监督和评估。无论是部门的每一次共享参与，还是因共享而产生的部门间冲突；无论是信息传递的每一个环节，还是长期的信息更新和维护；无论是共享的预期收益，还是共享的实际效果，都应该有特定的组织特别是第三方机构参与监督和评估。

5.6 政府部门间信息资源共享障碍的深层分析

仔细探究地方政府部门间信息资源共享障碍的诸多影响因素产生的根本原因，可以发现大多是受权力和利益的影响。权力和利益的分割，最终干扰甚至阻碍了信息在组织之间及组织与公众之间的流动。

5.6.1 权力的影响

权力是一种相对较为复杂的事物。在不同的领域、不同的角度对权力会有不同的解释。在管理学中，权力被认为是与组织机构息息相关的，其来源于组织结构和人际关系，是有目的地支配他人的一种力量。

在当前社会关系极其复杂、政务活动日益透明的情况下，利用行政权力来影响政府信息的流动已比较困难了。随着信息公开和信息共享在政府组织内部的进一步加强和深入，行政权力在组织内外部流动的渠道日益淡化和流失，一些原先不适当的行政权力也由此运行受阻。于是在信息流动渠道日益通畅的组织环境中，行政权力顺应组织间信息流动的需求，将电子政务的先进技术纳入行政管理中来。但是这并不意味着政府管理模式的全新转变，还必须对政府组织结构及业务流程进行优化和再造，以保证信息在政府组织中不受干扰地自由流动。

但是权力的"生命力"是非常顽强的，即便是在已经形成信息共享网络、具备部门间信息资源共享条件的情况下，某些行政权力依然会发挥作用，一味地从外部包括其他政府部门获取自己所需的信息资源，以进一步强化其权力，而对外部发来的信息资源共享请求却想方设法地采取措施予以约束或阻挠。我国著名的经济学家吴敬琏就曾说过："有些政府部门及其工作人员把工作领域看作自己的'领地'，把自己所掌握的公共信息视为自己的'私有财产'和权力基础。依靠职权千方百计地垄断信息，甚至用信息垄断寻租。这种错误的做法，因为认识的不清，在某些部门不但没有得到纠正，甚至用红头文件的形式加以确认①。"

5.6.2　利益的影响

地方政府部门之间实现信息资源的共享对于政府部门总体而言，其利益总量是绝对增加的，也就是对政府部门整体是有利的。但是对于参与共享的各个政府部门个体而言，信息资源共建共享所带来的变化是显而易见的。在共享之前，各个政府部门的信息条件是不均衡的，于是就有了机会利益的存在。也就是在不对称的信息条件下，信息优势一方可以凭借其拥有的信息优势所带来的经济机会获得经济净收益。政府部门相互之间信息渠道的占有差异、信息地位、信息能力的差异都可能形成信息的不对称，从而使信息优势一方有可能获得机会利益。这时候信息条件的不均衡便导致了部门利益的不均衡。部门之间信息资源共享就很可能会打破原有的部分政府部门占有或者垄断信息的局面，既定利益格局也随之破坏，但是共享过程中又无法立即形成新的稳定的利益分配格局，因此出于维护自身利益的本能，在权力流的作用下，利益流也自然而然地回归于其原有的流向和形式，进而成为共享进程中的阻碍。有关利益问题总结如下。

1. 部门利益与公共利益的冲突

政府部门在进行信息资源共享的决策过程中，普遍存在这样一个问题，即公共利益部门化、部门利益个人化，也就是说社会公共利益、政府部门利益及个人利益存在着冲突，主要表现在以下几个方面。

（1）基于公共利益的监督机制完善与部门追求失常利益之间的矛盾。监督的目的在于形成公正、透明的政府，它要求将法定保密范围以外的信息进行公开或共享。

（2）基于公共利益的财政支出削减需求与部门追求预算最大化之间的矛盾。跨部门的政府信息资源共享可以从整体上削减政府的行政成本，减轻公共财政的负担。但是，对于各个政府部门而言，其具有追求预算最大化的需求，这在一定

---

① 《彻底调查："政府信息公开条例"的台前幕后》，https://tech.sina.com.cn/it/e/2002-11-05/1011148038.shtml [2020-11-05]。

程度上是不可调和的矛盾。

（3）基于公共利益的业务流程优化与部门信息权力之间的矛盾。如今信息资源作为政府部门的重要资源之一，其流动在一定程度上代表着权力的流动。业务流程优化的核心在于对关键业务流程的诊断，这使得原先可以利用一定的核心信息保持独立地位的部门丧失信息权力。因此，部门在进行信息共享时有着天然的排斥性。

（4）基于公共利益的组织精简需求与部门追求政治权利之间的矛盾。组织结构的精简、职能的再造从整体上可以提高政府的行政效率、反应能力，但是在这个过程中必然要牺牲某些利益集团的利益，被精简或取消的部门为维持其权利必然会坚决反对。

2. 部门合理利益未得到有效的保障

这里谈到的部门主要是指作为信息提供方的部门，它们在信息资源共享的过程中为了信息资源共享的实现而耗费了一定的人力、物力、财力，因此如何对其贡献进行经济上的合理补偿、政治上的合理肯定，意义重大。但是目前在政府部门信息资源共享中尚不存在有效的交换机制，也未形成社会公共利益到部门合理利益的有效转化途径。

目前，政府部门间的信息资源共享主要通过两种途径实现：一种是基于行政权威，由上级强制共享，如基础信息共享、主题共享等。但是，这类共享严重忽略了信息共享主体的核心地位，它们在信息收集、整理、开发的过程中承担了相应的成本，如果不对这部分成本进行补偿，必然会使其共享积极性日渐降低。另一种是政府部门间由于部门业务的相关性而自发进行的协议式共享，即由需求方提出需求、供给方提供信息的共享方式。在此类共享中，供给双方可以被看作平等的交易主体，通过协议进行共享。但是，由于政府信息资源的公共性特征，此类共享又不完全等同于市场主体行为，需要设计合理的交易机制以保障供给双方的合理利益，从而推动政府部门间信息资源共享行为的成立。此外，政府部门间的信息资源共享可能会导致部门公务人员的额外工作量，如协调、沟通、按需整理信息等，目前由于缺乏相应的考核机制评价这类工作，无法对工作人员的劳动进行合理的补偿，因此有可能降低其工作积极性，导致共享效能不足。

3. 部门失常利益未得到有效的控制

目前，一些政府部门凭借其占有和分配的信息资源参与社会利益分配，从而获得政治利益和经济利益。信息寻租作为部分政府部门的典型行为，尚未得到有效的控制。如果进行政府部门间的信息资源共享，那么利用信息垄断获取既得失常利益的部门为维护其部门利益，也会自然地对共享采取消极态度。

5.6.3　信息的影响

如果说权力是政府部门间信息资源共享障碍中各影响因素的关键，利益是政府部门间信息资源共享障碍中各影响因素的焦点，那么信息流则是政府部门间信息资源共享障碍中各影响因素的核心。信息资源在政府部门间共享运行的最终形态应该表现为有控制、有规律地在政府部门间传输的信息流。但是受到权力割据和利益分割的深层次影响，部门间的信息流动往往受阻。一方面，说"权力流"也罢，"利益流"也罢，都是对其运行状态的概念性描述。政府权力的行使途径通常是上级向下级发出命令、指示等，这说到底就是一种政府信息的流动形式。因此，权力流必然影响政府的信息流。另一方面，政府部门间的信息共享实质是宏观层面上的对资源的优化配置，而这种资源优化配置的驱动力是各政府部门间的利益分配相互协调。因此，利益流也影响着政府的信息流。所以说，地方政府部门之间信息资源共享的各种障碍因素，究其本质，大多受到政府权力流和利益流的影响，而权力流和利益流最终作用的是政府部门间的信息流。

5.7　福建省政府部门间信息资源共享机制探讨

福建省政府部门间的信息资源共享是一项系统工程，它并不是仅利用信息技术就能实现的简单数据交换，而是需要政府通过组织结构、管理职能、运行模式、工作流程等方方面面的优化调整，通过政府管理手段的不断改革创新，促进地方政府管理方式的变革，最大限度地从根本上提高政府管理和服务社会的水平。福建省政府部门间信息资源共享的顺利实现，必须依靠强有力的动力机制、监督机制、保障机制和考核机制。

5.7.1　动力机制

1. 国家立法驱动

国家层面编制的关于电子政务和信息方面的法律法规是创建信息资源共享的宏观环境的关键。近年来，我国在电子政务建设方面先后制定和颁布了一系列政策法规，如《国家信息化领导小组关于我国电子政务指导意见》《中华人民共和国政府信息公开条例》《电子政务信息共享互联互通平台总体框架技术指南（试行）》《国家信息化领导小组关于加强信息处理安全保障工作的意见》等。这些意见、条例、规定等从国家层面为我国电子政务的发展起到了很好的指引作用，同时，更为政府信息资源共享工作奠定了基础、指明了方向。《国家信息化领导小组关于我国电子政务建设指导意见》中指出："电子政务建设必须充分利用已有的网络基础、业务系统和信息资源，加强整合，促进互联互通、信息共享，使有限的资源发挥最大效益""要优先制定业务协同、信息共享和网络与信息安全的标准""基础性、战略性政务信息库建设取得重大进展，信息资源共享程度明显提高。"①《电子政务信息共享互联互通平台总体框架技术指南（试行）》中明确提出了信息共享互联互通平台建设应该遵循"坚持统筹规划和重点实施相结合，技术和标准的先进性与实际应用的可实施性相结合"的原则，应该"坚持统一领导、统一规划、统一标准、统一建设"②。《中共中央办公厅　国务院办公厅关于加强信息资源开发利用工作的若干意见》就进一步完善信息共享机制、推进政务信息共享工作提出了明确的指导性意见："根据法律规定和履行职责的需要，明确相关部门和地区信息共享的内容、方式和责任，制定标准规范，完善信息共享机制。当前，要结合重点政务工作，推动需求迫切、效益明显的跨部门、跨地区信息共享。继续开展人口、企业、地理空间等基础信息共享试点工作，探索有效机制，总结经验，逐步推广。依托统一的电子政务网络平台和信息安全基础设施，建设政务信息资源目录体系和交换体系，支持信息共享和业务协同。规划和实施电子政务项目，必须考虑信息资源的共享与整合，避免重复建设。"③

　　然而，经过对地方政府间信息资源共享方面的实践分析，可以发现以上这些由国家制定出台的政策、意见大多简单描述了政府信息资源共享的内容、地位、发展方向，原则性较强，但是欠缺可操作性。

　　2008 年颁布施行的《中华人民共和国政府信息公开条例》除了对政府信息公开的内容、形式、时间等做出相关要求外，还对主动公开和依申请公开的内容做了规定。此外，《中华人民共和国政府信息公开条例》对信息公开工作的监督和保障做了详尽的规定。因此，我国在信息共享方面尤其是政府部门间信息共享活动的法律体系建设方面还面临着非常艰巨的任务。为进一步加强信息公开、促进信息共享，应加快信息公开法律的制定步伐，明确信息公开的范围、内容、形式等；

---

　　①《中共中央办公厅国务院办公厅关于转发〈国家信息化领导小组关于我国电子政务建设指导意见〉的通知》，http://www.e-gov.org.cn/article-122761.html[2020-09-20]。

　　②《电子政务信息共享互联互通平台总体框架技术指南（试行）》，http://www.e-gov.org.cn/article-119085.html[2020-04-14]。

　　③《中共中央办公厅　国务院办公厅关于加强信息资源开发利用工作的若干意见》，http://www.fsou.com/html/text/chl/1162/116252_2.html[2020-11-05]。

为进一步增强政府部门间信息交换共享的强制力，应研究制定管理和规范政府部门间信息共享的法律法规，明确政府信息的采集、存储、加工、处理、交换等的管理内容；为进一步保障网络和共享信息的安全，应完善信息安全法中关于信息共享过程中网络和信息安全保护方面的内容；为进一步规范信息化基础设施和网络服务的质量，确保信息共享的质量和效果，应制定和完善约束与规范信息化基础设施建设及网络服务相关的法律法规。只有这样才能使我国政府在信息资源开发和利用的过程中有法可依，也才能真正使政府信息资源共享工作走上规范化、制度化的道路。

2. 政策引导

除了国家立法层面的驱动，要激励地方政府部门提高对工作的参与热情，互相分享彼此的信息资源。要使政府公共服务达到更高的效率和效能，还必须通过地方政策进行多方面引导。尽管福建省在 2009 年出台了《福建省省级政务信息资源目录管理办法《征求意见稿》》①《福建省政务信息共享管理办法》②《福建省省级政府信息共享交换实施办法》等相关政策来支持数据资源共享。然而信息化建设是周期长、涉及面广、风险性大的长期系统工程，信息资源的共享工作更是如此。

一方面，地方政府部门间的信息资源共享不是一蹴而就的事情，它必须经过统筹规划，循序渐进。地方政府应该在认真揣摩国家有关信息化、信息资源共享的法律法规的基础上，制定出既符合国情，同时又与地方实际相匹配的适应本地区信息资源建设和发展需求的信息政策与总体规划，努力使本地区的信息化建设尤其是政府信息资源共享建设与国家的信息化发展战略及规划相衔接。地方政府部门间的信息资源共享是一项具体的政府管理活动。在制定政策规划时，切不可纸上谈兵，必须预先经过详细的实地调研，对存在于政府部门内部的信息资源的内容、种类、性质，政府部门间信息共享的需求，共享的难点和障碍等做详细了解，全面掌握当下在政府部门间信息资源共享方面的真实情况，并进行可行性分析。在政策规划编制的过程中，必须征求部分实施对象的意见，以听取他们的想法和意见，这会对政策规划编制的完善起到关键作用。在政策规划编制出台后，需要一个试行期，在此期间需要选取一部分代表不同类型的政府部门开展试点工作，然后根据试点反馈情况完善原有的政策规划或者进行全面推广。这一过程尽管会比较漫长，但是如果每一步都能踏踏实实地做好，那么该政策规划的实施一

---

① 《福建省省级政务信息资源目录管理办法（征求意见稿）》，http://www.fjsc.gov.cn/cms/html/scxrmzf/2009-06-17/416954083.html[2020-06-17]。

② 《福建省人民政府办公厅关于印发〈福建省政务信息共享管理办法〉的通知》，http://www.fujian.gov.cn/zwgk/zfxxgk/szfwj/jgzz/fgfz/201012/t20101206_1135844.htm[2020-11-12]。

定能达到良好的预期效果。但如果片面地追求"一步到位",盲目地求新,或者一味地追求实施成果,而忽视具体的政府活动中的众多相关因素影响,那么将不可避免地出现脱离实际而成为"一纸空文"的现象。这时候若再想通过制定其他政策等方式予以弥补,就已经很难奏效了。结果只会给政府信息共享工作带来更大的阻力。

另一方面,政府要达到管理目标,必须通过法律政策的约束进行制度设计,进行适度的授权,使上级政府部门掌握足够多的信息资源;必须借助出台相关的地方政策,明确部门间信息资源共享相关主体的权利、责任和义务;必须通过政策措施的实行,扩大信息内容的丰富性和信息资源的分享面,提高部门间互相协作的能力,并培养公务人员的策略规划能力和信息管理能力。政策制定的每一个环节中,需要有相关政府部门和政府信息化专家的广泛参与,不仅要听取信息管理部门、专家的意见,也要听取行政管理部门、专家的意见;不仅要有与个别部门单独会面听取意见的形式,也要有联合多部门"头脑风暴"式的探讨形式;不仅要把握可执行、可操作的原则,也要努力达到公平多赢、共享共赢的高要求,确保法律政策的科学性、权威性、统一性。

应该说,国家层面制定的法律法规通常较为宏观,而地方根据实际情况制定的政策则更为具体,更具有针对性。关于政府部门间信息共享的监督机制、保障机制、考核机制等这些方面都需要地方政府逐步出台并完善相应的政策措施,才会使政府信息共享工作显得有章法、有依据、有保障,为政府信息资源的共享提供良好的地方政策环境。

3. 部门制度推动

在国家法律和地方政策的约束与指导下,部门制度同样可以为政府部门共享信息扫除障碍,推动共享活动以更便捷、有效的方式推进。

(1)组织制度方面。各政府部门首先有必要明确本部门内部信息资源管理部门的职责,并同时明确信息资源管理部门与上级政府部门的信息资源管理部门和下级政府部门的信息资源管理部门之间的体制关系;其次,有必要界定信息资源管理部门的信息资源管理范畴,并进一步明确各部门在信息资源的开发、利用、管理、发布中的义务和权限。

政府部门有必要推行首席信息官制度。首席信息官领导本部门信息化建设,执行上级制定的信息化相关法律法规、政策标准,负责制订本部门信息资源开发利用规划,就信息资源开发利用开展具体工作,并进行监督、检查和评估,同时作为部门领导班子成员参与领导决策,对本部门信息资源开发利用工作负首要责任。

(2)业务制度方面。各政府部门有必要建立本部门关于信息采集、信息传输、信息发布、信息公开等方面的具体工作制度，并将加快信息资源共享作为重点内容列入工作制度和规划，以规范和统一本部门内部的信息资源开发利用形式，同时为政府部门间的信息交换、共享打好基础。例如，可以制定政府信息互联互通方面的制度和规划，明确业务部门与信息资源管理部门的具体信息交换途径，哪些部门信息必须在政务内网上传输，哪些部门信息必须在政务外网上传输；明确政府信息资源的数据库建设模式，基础性数据库由信息资源管理部门统一集中建设，各部门可以共享，专业性数据库由业务部门建设，其他各部门根据需要有条件地共享；明确政府信息的发布方式，明确哪些政府信息必须在政府门户网站上通过互联网向社会发布。

4. 利益补偿推动

通过财政补偿机制，对提供共享信息的部门给予一定的经济补偿。无论是各个系统的重建或是通过中心平台以实现各系统的接入，这个过程都需要大量的资金投入，一方面是弥补已建成系统的沉没成本，另一方面是新系统建设的额外投入成本。如果不对政府各部门的相应成本进行合理的补偿，那么各部门可能会从自身合理经济利益出发排斥共享。因此，从财政上进行资金的合理配置，弥补各部门因共享导致的额外成本，保障部门的合理经济利益，可强化跨部门政府信息共享的动机，信息资源共享动力机制包括资源配置、交易补偿、绩效考核三方面，见图5-3。

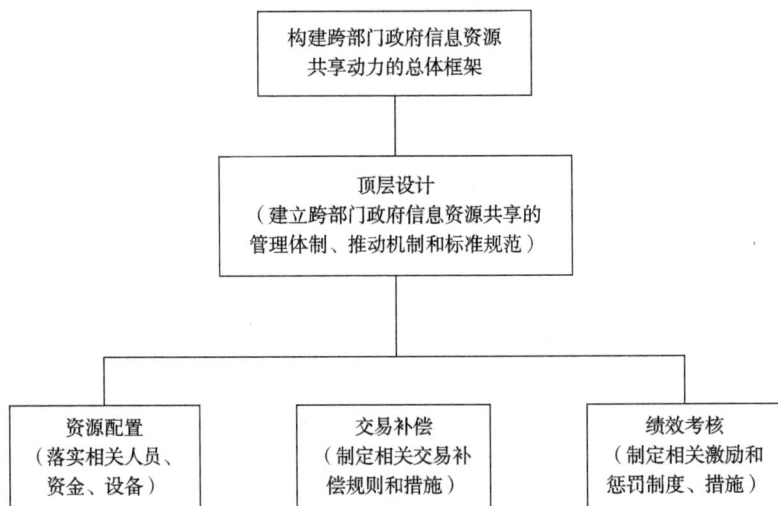

图5-3　政府部门间信息资源共享动力框架图

通过行政补偿机制，将信息共享对社会公共利益的贡献程度与部门领导的政绩考核挂钩。通过制度创新，使跨部门的政府信息资源共享工作激励机制与部门领导的政治激励制度和岗位激励制度协调一致，将政府部门信息资源共享工作纳入政府部门的职能范围和部门领导的绩效考核体系中，将大大增强部门间进行信息资源共享的动机。

另外，相比政府部门领导对于政治利益的追求，部门普通公务人员更强调其自身的经济利益，即在信息资源共享的过程中追求劳动与收益的匹配。在信息资源共享的过程中，由于共享制度的缺失，在实践过程中普遍存在这样一个问题，即参与信息共享工作的业务人员并不一定能够参与政府部门共享收益的分配，这大大降低了部门业务人员的积极性。因此，明确业务人员工作职责，使其与部门的经济激励制度相契合，将信息资源共享工作纳入普通公务人员的绩效考核体系中，将增强业务人员进行信息资源共享的动机。

5.7.2 监督机制

1. 权力机构监督

国家和地方各级权力机关有对政府活动行使监督权的职责，因此政府部门间信息资源共享活动也必然需要权力机关的监督才能够既平稳又高效地推进。一是在政府信息资源共享相关法律法规的制定、颁布实施方面需要权力机关加大关注，特别是相关政府部门的法律法规执行力度需要权力机关加强监督。二是权力机关可以充分利用计划、预算、行政等手段协调各政府部门之间的信息共享，强制推动政府信息资源在相关部门间的流动，从源头减少"信息孤岛"现象的发生。三是可以通过改善投资监督机制的方式，对政府部门间信息共享重点项目由权力机关参与审查。因为涉及政府部门之间的信息资源共享项目不仅涉及多部门，影响较大，而且很多都是具有长期性、资金投入大的重大项目，所以必须从长远考虑、慎重对待。

2. 政府监督

为确保行政目标的实现，依据法定权限，行政机关有必要对其自身的行政行为和决策进行检查、督促，这也属于政府的一种自我监督。与权力机构监督、社会监督等相比，政府监督的方式往往更为直接、灵活、具体和全面。政府部门间在开展信息资源共享活动时，政府监督同样可以通过多种途径发挥作用。

首先，为保证有利于政府信息资源开发利用和共享工作的开展，地方政府应对所属各政府部门是否配备从事信息化工作的专职部门和人员进行监督，并提出机构和人员配备改进方案。其次，政府有决定其内部哪些信息可以公开和哪些信息需要保密的权利，但更有信息公开的义务。因此，地方政府在充分贯彻执行上级有关法律法规、政策规定的前提下，在界定本级政府范围内和所属各政府部门内部的所有信息的公开与保密范畴的基础上，必须对需要公开的信息是否已公开进行监督。这样可以有效避免以保密信息或内部信息为借口，搪塞、拒绝部门间信息资源共享的情况。

除此之外，地方政府有必要将政府信息资源共享工作纳入对部门考核的范畴，进一步督促政府信息资源共享，提高政府信息资源的挖掘度和利用度。也可以通过对信息化建设项目实行监督管理，比如由具有市一级的具有信息化建设管理职能的部门统一对全市的政府部门信息化建设项目进行把关，避免重复建设。确立信息共享项目责任部门负责制，在项目前期、中期和末期进行全过程监督，以便于对照相关政策法规予以相应的审查，同时当多部门间发生利益冲突或其他原因影响共享进度时，也便于在市级层面高度权衡利弊，加大沟通协调力度，更好地推进共享工作。

3. 社会监督

地方政府部门间信息资源共享项目建设同样需要引入社会监督机制。政府机构具有法律赋予的管理国家各项资源的权力，也是社会中最为重要的行为主体之一，社会必须对其有效监督才能保证其行为符合法律规范。作为一项重要的政府行为活动，地方政府部门间的信息资源共享理应接受社会的全面监督，而且很多信息共享项目建设的目的本身不只是为政府管理服务，更重要的是为全社会服务。更何况在政府部门之间可以进行共享的信息资源，通常这些信息资源不具有保密性，可以向社会公开。因此，社会监督是必要的，也是可行的。

首先，在共享项目的立项之初、方案敲定、中期执行、终期评估等各环节，都可以实行公开化，采取公开的听证会等方式，广泛听取和接受社会公众的意见和建议，并接受社会媒体的监督。

其次，政府部门间信息资源的共享所体现出来的价值不应该仅是具体的信息的价值，更应该是政府信息这种特殊资源对社会的发展和进步所具有的利用价值。政府信息资源能够真正地为社会大众所使用，这才是政府信息资源真正的社会价值所在。因此，社会监督有必要将地方政府部门间信息资源共享项目所产生的社会价值高低作为其监督和评判的重要内容之一。

4. 公众监督

我国公众的民主监督权是宪法赋予公众的基本权力之一。毛泽东同志曾经说过："只有让人民来监督政府，政府才不敢松懈；只有人人起来负责，才不会人亡政息。"[①]

公众对于政府信息和政府活动享有知情权。对于可以公开而没有公开的政府信息资源和政府信息共享活动，公众完全有权利要求其主动公开，并对其监督。通过营造这种公众监督的良好氛围，不仅可以促使政府信息公开的内容更加丰富和全面，更能够阻止"官本位"和"权力政府"这些错误思想的滋生，进一步提升政府信息共享项目的质量和效果，提高政府服务能力。

5.7.3　保障机制

1. 组织机构保障

政府信息共享所需要的公共信息涉及多个政府职能部门，政府信息共享工作具有战略性和全局性。只有建立统一的领导机制和管理体制，才能做到公共信息的"统一规划、统一采集、共同使用"。从政府信息资源共享纳入政府统一规划管理的角度，设立从中央到地方的各级政府信息资源管理的专门机构，具体负责实施政府信息资源的管理与共建共享工作是十分必要的。因此，应该从全局出发，统筹兼顾，统一规划，重点设计和把关政府部门之间协同工作的内容及流程，统一沟通协调各职能部门间的共享合作事宜，解决政府信息资源为某些部门垄断的问题，分析汇总和整合各部门数据，真正打破"条块分割""部门割据"的局面，推进政府部门间的信息充分共享。

2. 财力保障

地方政府部门之间实现信息资源的共享通常是需要花费较高成本的，离不开足够的资金投入。一方面，在构建类似信息共享平台、信息共享数据库等软硬件环境时需要耗费大量财力；另一方面，在政府职能部门将自己拥有的信息资源供其他部门分享的过程中，也会付出很多代价，包括人力和财力的耗费。当支持共享的工作日后转变成一项稳定的长期性业务工作的时候，如果没有一种很好的补偿机制，那么一些部门将背负很沉重的经济负担。为调节政府信息资源共享参与方的利益关系，从财力上进一步促进共享的圆满实现，可从以下几方面入手。

一是通过与参与信息资源共享的各方协商，按照各自的分工和统一的标准，平均分担共建共享中的人力、财力等耗费。二是可以实现投资主体的多元化，通过充分调动行业协会、企业、高校、科研院所等主体的积极性，引导和鼓励社会

---

① 《1957 年毛泽东谈"民主"：是一个方法》，http://hb.people.com.cn/n/2015/0401/c192237-24343220.html [2020-04-01]。

资金参与到政府部门的信息资源共建共享中来，有选择性地承担共享项目的建设、运营和管理责任，并根据实际情况选择有偿或无偿方式的信息资源开发利用模式。

3. 人才保障

政府部门间的信息共享不仅需要精通信息技术的技能型人才，更需要熟悉相关政策法规，熟悉政府事务，能够在政府管理、政府资源协调中发挥重要作用的综合型管理人才。在地方各级信息资源管理部门中，需要有一批政治素质高、技术过硬，并且具有较强的信息管理能力、全面的公共管理能力、果断的判断力、敏捷的思维能力等的知识型、创新型人才担当重任。信息共享基于广泛的信息采集和加工处理，这些基本任务往往预先在各个政府部门内部由普通的政府公务员完成。政府公务员的信息素质将在很大程度上影响信息共享利用的效果。因此，提高政府公务员的信息素质是政府信息共享的重要保障。

人才保障可以在育人、选人、用人这几方面下功夫。也就是要注重信息管理人才和高素质政府公务员的培养，加强人才储备；要充分发挥竞争机制作用，从竞争中选拔优秀人才，要制定人才引进策略，不断补充新鲜"血液"，可以探索实行政府雇员制，适时地将信息资源管理方面的优秀人才吸纳进政府机关队伍，这也很有可能在政府机关内部形成鲶鱼效应，从而激励更多的优秀人才脱颖而出；要合理利用人才，可以适时发挥高新技术型企业、高校、科研院所等的作用，使其专业人才融入政府部门信息共享的设计、建设、评估等工作。

4. 技术保障

技术保障是政府部门间信息共享必不可少的。共享系统的网络基础环境、信息处理环境、系统运营环境等，无不需要利用现代信息技术去构建。

1）计算机网络技术和信息处理技术

计算机网络技术通过利用通信设备和物理线路，把处于不同地理位置、功能独立的单个计算机和计算机设备互联形成网络。计算机网络具有共享硬件、软件及数据资源的功能，不仅可以加强各用户间的互动交流，而且可以显著提高信息交换效率，为实现政府信息资源共建共享提供物质保障。信息处理技术主要包含了数据库技术、数据挖掘技术、决策支持系统、管理信息系统等内容。数据库技术使数据具有较小的冗余度，较高的独立性和可扩展性，可为各类用户所共享；数据挖掘技术从大量实际应用数据中挖掘出潜在的有用信息；决策支持系统有助于决策者通过人机交互的方式进行半结构化和非结构化的决策；管理信息系统通过对信息处理过程的系统化、综合化管理，为用户提供有价值的信息服务。这些技术综合应用，便形成了政府信息资源共建共享所必需的信息处理环境。

2）信息标准化技术

信息标准化技术主要是为了便于信息共享而对信息或信息技术中的重复性概念和事务做的统一规定。它可以是在信息的加工处理过程中对元数据、信息编码、数据库等做的统一规定，可以是在信息的传输过程中对文件格式、通信协议、公文交换等制定的统一标准，也可以是对信息的安全保密方面制定的统一技术标准。以目前流行的传感技术为例，传感技术包括了敏感元件和传感器或传感仪表。其中，敏感元件包括光敏元件、热敏元件、温敏元件、压敏元件等，对于传感技术的标准可以包括基础术语、型号命名方法、传感器或者敏感元件的性能参数，以及这些性能参数的基本测量方法等。信息标准化技术将贯穿应用于信息资源共享的全过程，它是政府信息资源发挥其效益的大前提。信息或信息技术如果不采用通用的编解码、接口标准和规范，信息就无法在不同系统间流动，设备就不能互联，系统间就无法进行数据交换，信息资源也就不可能实现共享。因此，从信息的采集、加工，到传输、处理、存储，自始至终都需要体系化的、互认互通的技术标准进行约束和管理。在信息技术飞速发展的同时，信息标准化技术的内容和范围也随之不断扩展，信息标准化已是当务之急。

3）网络信息安全技术

目前最为实用和常见的网络信息安全技术包括信息加密技术、防火墙技术、数字签名技术、入侵检测技术等。信息加密技术利用加密算法使信息明文转变成密文传输，能够确保信息资源的传输安全；防火墙技术通过硬件和软件系统形成的屏障有效阻隔内外部网络，能够保证内部网络的相对安全；数字签名技术利用 SHA 函数编码将加密后的数字签名和信息一起发送给接收方，接收方通过解密数字签名并与收到的信息进行比较从而鉴别信息真伪和对方身份；入侵检测技术能够实时检测网络或系统资源是否被入侵者入侵，从而预防合法用户的误操作，确保信息安全。

5.7.4 考核机制

1. 评估机制

为了使地方政府部门间的信息资源共享能够达到一定的成熟度，而不是盲目地进行数据交换，必须要建立一套科学、全面、综合的共享评价指标体系，对共享实行定期的绩效评估，以及时地发现共享中存在的问题，并采取措施予以解决，进而达到改善共享绩效的目的。地方政府部门间的信息资源共享工作需要从两个角度出发分别对其进行评估。一是从单个共享主体出发，对单个政府部门也就是单个共享参与方的共享能力评估；二是从共享全局出发，对整个政府部门间信息资源共享系统的建设情况和建设效果进行总体评估。单个政府部门的信息资源共享能力评估主要是针对前文所提到的共享保障机制中的一些要素来进行详细的分析评估，看其是否具备与其他政府部门进行信息资源共享所需的标准和条件。例如，其内部组织机构是否健全；是否有必要的能够保证信息共享的资金投入；是否有高素质的专业型人才队伍；是否有良好的软硬件环境支持；等等。对政府部门间信息资源共享系统的总体评估则相对于单个政府部门的信息资源共享能力评估更为全面和完整，可以借鉴其他电子政府信息系统的评估机制，分别从内部和外部两方面给予其客观、综合的评价。

内部评估的评价指标与单个部门的信息共享能力评估指标类似，可以包含对共享系统建设的保障性机制的评估，即对组织机构、财力、人才、技术等的评估，以及政策法规、部门规章制度等内部动力机制的评估。但其评估对象是政府部门间信息资源共享的整体，也就是涉及参与共享的多个政府部门。外部评估则可以包含公众满意度评价、社会效益评价，以及法制性评价、社会公平性评价等内容，这可以使整个评估更为客观，也更加注重共享实际效果的评价，能为今后共享系统的进一步完善提供依据和指导。其中，无论是对单个政府部门的信息资源共享能力评估，还是对政府部门间信息资源共享系统的总体评估，无论是内部评估，还是外部评估，都要注意以下几点。

一是在理念上应该以公众为本位，建立以公众为本位的共享评估机制。政府是面向全体公众的服务型政府。地方政府部门间的信息资源共享建设理应以公众为中心，从服务于公众的需求出发设计信息共享方式和途径，以公众的满意度来考量、评价政府的信息共享工作。二是在主体选择上应该采取专业评估机构与非专业评估机构相结合的方式进行。共享评估主体可以是政府部门、公众或者专业性的评估机构。政府部门虽然对自身活动比较了解，但是其评估由于体制因素等的制约往往会掺杂进过多的主观意识，影响评估的客观性、公平性和公正性；公众和专业评估机构虽然一个可以从自身感受出发对政府服务做出客观的评价，另一个可以从自身专业性的角度出发对共享过程做出专业性的评价，但是他们都缺少有效、真实地获知政府活动的方法。因此，有必要实行专业性评估机构和非专业性评估机构相结合的评估主体形式，以平衡各方利弊关系，实现优势互补。三是在方法上需要定量和定性相结合。这一点在信息共享系统的评估中显得尤为重要。因为政府部门信息资源的共享工作本身就与其他独立的电子政务系统建设不同，它需要同时依靠资金、技术等硬实力，以及体制、政策等软实力，才有可能达到共享目标。

2. 激励机制

除了评估机制之外，还应该加强激励机制的建设，以激励各方积极共享。在科学评估的基础上，对评价好、在部门间信息资源共享工作中发挥重要作用的政府职能部门进行适当的奖励，肯定其成绩，激励其前行，更重要的是能够调动其他职能部门对于信息资源共享工作的积极性，使共享的整体水平有所提高。而激励的形式，可以是精神激励和物质激励并举。一方面，通过文件等方式对部门间信息共享的优秀单位给予表彰奖励，就是对工作业绩的充分肯定，就是对部门工作的充分肯定，领导就会觉得信息共享这件事情还是值得做的；另一方面，对信息共享中表现突出的单位给予补助资金等额外奖励，不仅可以填补信息共享的资金缺口，解决共享中的实际问题，也能够更好地调动所有共享参与方的积极性。

此外，将政府部门间信息资源共享纳入政府部门绩效考评和对政府部门领导干部年度考核的范畴，将政府部门间信息资源共享评估结果作为重要依据在政府部门绩效考评和领导干部考核中得以体现，也不失为一个很好的强力推进政府信息共享工作的较为实际的激励机制之一。

5.8 政 策 建 议

5.8.1 政策制定

1）制定发展规划条例

参照国家、省、自治区、直辖市发展规划条例、规章，制定福建省发展规划条例，理顺发展总体规划、土地利用规划、城市规划三种主要规划之间的关系，形成以发展总体规划为统领，以城市规划、土地利用规划和其他专项规划为支撑，各级各类规划定位清晰、功能互补、统一衔接的规划体系。在各级人民代表大会常务委员会设立专门的政策和规划评估委员会，负责规划和政策评估审查。

2）强化平台组织协调

成立福建省"十四五"规划信息化建设工作小组，成员由省发改委、省数字办等单位相关人员组成，小组办公室设在省发改委。工作小组统筹"十四五"规划信息平台建设，并将平台建设列为福建省电子政务重点建设工程项目。

3）编制规划信息标准

以国家标准、行业标准为基础，结合福建省实际，建立福建省"十四五"发展规划信息管理标准体系，编制总体规划、专项规划、区域规划标准文本规范，统一福建省发展规划地理空间信息系统基础体系和信息交换、转化标准。对接国家要求，设立国家考核指标体系。

4）实施资源共建机制

实施福建省发展规划资源一体化管理，建立资源共建共享机制，编制发展规划。由专门的业务部门负责有关规划从前期研究、规划编制、规划衔接等全生命周期空间信息及非空间数据的维护，重点做好发展规划主要指标、重点工程项目推进等信息在地理空间信息系统上持续更新。

5）建立监测评估体系

建立发展规划年度监测、中期评估指标体系，构建"结果—效果—过程"评估内容模式和"有效性—满意度—执行力"评估标准体系。各级发展和改革委员会牵头编制总体规划和重点专项规划，并实施中期评估。

6）完善规划公众参与

借助公众和新媒体等信息技术手段，推动公众全方位、全过程地参与，使公共政策决策更加符合人民群众的切身利益。在规划编制前期准备到正式发布，完善公众知情权；规划编制过程中，提升公众参与权；在规划编制的各个决策活动中，提升公众表达权；对规划执行过程和执行结果实施监督与反馈，提升公众监督权。

5.8.2　实现信息资源共建共享的关键

1. 构建统一的电子政务网络体系

统一的电子政务网络是公共治理和公共服务的重要基础设施。建设统一的电子政务网络，进一步提升电子政务网络的综合保障能力，深化统一政务网络的业务应用、不断提升公共服务能力。目前，"数字福建"整合统一的、服务高效的网络平台尚未形成，许多部门各自建立了或大或小的纵向横向相对独立的专网，这些专网大多没有互联互通。这是困扰电子政务多年的问题，也是电子政务未来发展需要重点突破的关键性问题，否则，整合、共享、集约、协同，就是一句空话。

"十四五"期间"数字福建"发展应紧紧围绕"网络整合、互联互通"做文章。

（1）要抓紧做强政务内网和外网，尽快建成全地域、全天候、全业务、全功能、服务能力强的统一网络平台，确保其能够支撑党政部门各类业务，能够达到技术先进、性能强大、服务成熟度高的国际先进水平。只有这样，专网才有向统一网络平台迁移的可能，否则，统一网络建设将会处于进退两难的境地。

（2）要切实做好专网向统一网络平台的迁移工作，对现有各级各类业务专网进行较为深入的调研，厘清承载边界和业务支撑需求，逐步实现与统一内网或外网平台的对接、业务融合和服务整合。同时，发改委、财政厅等部门要联合出台相关措施，坚决控制新建专网投资。

（3）充分发挥统一网络平台整合政府信息、数据和公共服务的优势，协助各级政府部门领导决策、日常办公，履行经济调节、市场监管、社会管理和公共服务的职责，实现跨部门、跨层级信息和数据共享，为公众和企业提供高效、优质的办事服务和信息服务。

2. 加快推广基于云计算的电子政务平台

应用云计算是推动信息技术能力实现按需供给、促进信息技术和数据资源充分利用，也是区域信息化发展的重大变革和必然趋势。它通过动态、易扩展的资源整合，以及按需供给的专业化应用服务交付模式，提供高效、可靠、低成本的计算与数据服务，满足各种信息化的需求。建设以云计算为基础的电子政务公共平台是电子政务集约化建设的重要探索。2015 年 1 月，《国务院关于促进云计算创新发展培育信息产业新业态的意见》（国发〔2015〕5 号），明确提出要"探索电子政务云计算发展新模式"，鼓励运用云计算技术整合、改造现有电子政务系统，实现各领域政府信息系统整体部署和共建共用，推动政府信息资源共建共享和政府各部门业务协同。

目前，北京、上海、重庆等多个地方发布了云计算发展规划或实施计划，积极推进云计算在电子政务领域的应用创新，并取得初步成效。接下来应进一步加大统筹协调力度，发挥云计算的优势，在基础设施平台建设和共性应用平台建设等方面取得突破。

（1）利用云计算推进电子政务基础设施建设方式转变。根据不同地区、不同部门的特点，充分利用现有基础设施，建设集中、统一的区域性电子政务公共云平台，实现各领域政府信息系统整体部署和共建、共享与共用，大幅减少政府自建数据中心的数量，充分利用云计算遏制分散、重复建设现象。

（2）利用云计算推进共性应用平台建设，促进政府各部门业务协同和信息共建、共享与共用。必须着眼于经济发展和社会管理共性需求，通过梳理区域信息化中亟待解决的问题，分析潜在应用需求，通过多种鼓励手段引导基础较好、特征明显的重点领域首先实现信息共享。例如，福建省的行政审批、政府内部执行力监管监控、医疗卫生、农业服务、食品安全、教育、交通、公共安全等，提前布局、优先实施云应用，通过云计算模式消除资源共享和业务协同壁垒，提高基础资源的利用效率和公共服务成效。

3. 大力推进政府数据开放和政务大数据应用

目前，全球大数据产业日趋活跃，技术演变、应用和创新加速发展，各国政府已经逐渐认识到大数据在推动经济发展、改善公共服务，甚至保障国家安全方面的重要作用，纷纷推动大数据产业的发展和应用。在全球大数据蓬勃发展的大背景下，中国也面临难得的发展机遇。如何充分利用大数据理念、方法和技术，进一步加快"数字福建"建设，提升福建省各级政府治理能力和公共服务水平，是当前"数字福建"取得实效的关键。对政府公共服务而言，大数据的"大"不仅在于它的容量大、类型多，更重要的是用数据创造更高的公共价值。

科学技术部、发改委、工业和信息化部等部委在科技和产业化专项方面陆续支持了一批大数据项目和试点，各地也积极探索推进大数据产业化发展，但总体上看，大数据应用缺乏统筹规划，政府数据开放有待加强，大数据应用模式需要探索。政府数据开放需要做好以下几个方面的工作。

（1）建立政府数据采集更新机制，以社会需求为导向，制订数据资源规划，制定公共数据资源的标准，完善数据资源整合、共享、利用等相关制度，完善政府信息资源目录体系，扩大数据的整合、交换和共享范围。建立数据更新和校验方法与规范，以提高数据的完整性、准确性和及时性。

（2）制定和完善政府数据开放政策体系（至少出台省级的开放政策），构建统一的政府数据开放共享平台，奠定政府大数据应用的基础。以该平台为基础，把政府及其相关机构掌握的非涉密信息进行开放，特别是积极向互联网和企业开放地理、人口、法人、知识产权等政府基础信息，以及其他有关管理机构的数据资源，鼓励社会力量参与政府数据资源的开发和利用，从而扩展政府大数据的应用范围，盘活政府信息资源，把政府数据转化成社会财富。

（3）以公众需求的重要领域大数据应用为突破口，选择辅助决策、医疗卫生、食品安全、灾害预防、就业社保、交通物流、教育科研、公共安全、城市管理、科技服务，以及金融、电信、能源、传媒等重要的行业领域，建设政府大数据应用试点，支持政府机构和企业创新大数据服务模式，及时总结、推广好的经验和做法。

4. 培育适应互联网发展的在线服务模式，加快推进政府职能转变、建设服务型政府

李克强总理在2014年会见出席世界互联网大会的中外代表时指出"互联网也是政府施政的新平台。通过电子政务系统，可以实现在线服务，做到权力运作有序、有效、'留痕'，促进政府与民众的沟通互联，提高政府应对各类事件和问题的智能化水平"[①]。目前，中国互联网用户达8亿多人，使用智能手机的公众数量庞大，这样规模的用户群体及长期被社交媒体和电商服务培养起来的

---

① 《李克强同世界互联网大会中外代表座谈时强调促进互联网共享共治 推动大众创业万众创新》，http://politics.people.com.cn/n/2014/1120/c1024-26063725.html[2020-11-20]。

用户习惯，使得政府机构必须重视提升在线服务能力，要用互联网思维，充分借助云计算、移动互联网、物联网、大数据等新技术探索和培育适应互联网新趋势的在线服务模式，实现政府服务的智慧化转型，才能满足互联网时代用户日益增长的多样化需求。从目前已显现的趋势看，以下几种服务模式的融合与创新值得关注。

（1）基于 O2O 的服务场景融合。目前，O2O 模式开始广泛为消费者所接受。O2O 是 online to offline 的缩写，是利用互联网使线下商品或服务与线上相结合，线上生成订单，线下完成商品或服务交付的一种服务模式。近年来，政务 O2O 模式也悄然兴起，特别是在民政部门和公安部门等逐渐普及，比如护照办理、签证等都通过网上申请、线下办理，这种模式不仅可以优化政府办事流程，提高政府工作效率，节省资源，也能为公共服务带来更好的体验。

（2）多种媒体一体化的服务渠道融合。传统的电视、广播、报纸、杂志等纸质媒体的影响力正在被新兴的媒体和技术所影响。全媒体时代的媒介传播方式、路径和环境的变化，对传统的政务服务方式带来了巨大挑战，特别是移动互联网的发展使公众的注意力逐步向手机、平板、可穿戴设备等移动终端转移，微博、微信、移动 APP 已成为实现政务服务的新载体。未来政府在线服务的载体与输出通道需要随着新技术和应用的变化适时转变，进一步推进电子政务与新兴媒体、技术的深度融合，以多渠道的方式提供全天候的便捷服务。

（3）基于社会化的网络服务平台整合。经过多年的发展，中国互联网领域已涌现出一批平台级的企业和一批可称之为互联网基础设施的平台级应用，以往认为政府即平台，现在，政府在线办事服务和在线信息服务均可与云服务平台、电商平台、支付应用等社会化网络应用进行深度融合，利用社会资源为公众和企业提供广泛的、高质量的服务。

5. 尽快构建"数字福建"科学发展的绩效评价机制

由于区域信息化建设是一项复杂的系统工程，表现为周期长、投入大、风险高，花费巨资之后能否真正取得成效，已成为政府和社会各界普遍关心的问题。同时，信息化领域，包括电子政务重建设轻应用、信息化烂尾楼、盲目投入和投资浪费等现象时有发生，国内一些知名专家、学者曾多次提出要警惕投资黑洞。绩效评价是衡量区域信息化投入产出效益的有效手段，也是实现信息化项目闭环管理的重要环节。尽管近年来多份中央文件都提到要开展区域信息化，特别是电子政务建设的绩效评价，但迄今为止，除个别省市开展了初步探索外，尚没有出台一个相对成熟的评价体系或指南。从目前部分已开展的实践看，主要存在重建设评估、轻效果评价，评价体系难以真实反映信息化建设成效，绩效管理的战略导向作用不明显等问题。可以说，区域信息化建设整体处于绩效管理缺失的状态。

要推进区域信息化建设，包括电子政务朝着战略目标健康、持续发展，开展绩效评价势在必行。

绩效评价应该从以下几个方面入手。

（1）要在福建省各级政府全面推行电子政务工程项目绩效管理制度，省内有关电子政务工程项目管理部门（如发改委、财政厅、科学技术厅等）联合出台电子政务绩效评估指标体系和工作指南，推行委托第三方机构开展评估的做法，并与现有项目管理手段相衔接，评估结果作为项目运维和后期建设投资的重要参考。

（2）进一步调整优化各类政府网站绩效评估工作，规范和完善专业机构、媒体、互联网相结合的社会评估机制，引导政府网站评估向强调公共服务成效和公众良好体验及公众满意度方向发展。

（3）组织开展电子政务发展水平评估，建立涵盖成本效益、应用效果、协同共享、安全保密、创新服务等方面的评估指标体系，建设发展水平评估数据收集、统计、报送和发布系统，吸引省外第三方专业机构积极参与，引导和促进各级、各地电子政务健康、有序发展。

（4）形成绩效评价结果的激励机制。绩效激励的实现手段应当多样化、组合化，而其中最有效的手段是把电子政务绩效与项目的后续投资或部门人员的考核、奖惩挂钩，并且把这些手段规范化、制度化，甚至法治化，这样才有利于电子政务步入良性发展的轨道。绩效激励机制的建立，不仅有利于电子政务绩效评价工作的顺利开展，也有利于培育良好的绩效文化。

政府职能转变的不断深入，区域信息化的快速发展，以及信息产业和国民经济发展水平的不断提升，促使我国地方政府信息资源的开发利用力度不断加大，加强政府部门之间信息资源共享已是当务之急。

在我国，地方政府部门间的信息资源共享的理论研究还处于起步阶段，仍有许多热点、难点问题有待进一步探讨、研究和攻克。政府部门间信息资源共享的模式和机制问题就是其中之一。根据我国政府的二元组织架构，地方政府部门间信息资源共享模式可以分为垂直部门间信息共享模式、横向部门间信息共享模式和条块间信息共享模式。根据当前在地方政府部门间的信息共享实践中暴露出来的困扰政府部门之间信息共享工作正常开展的诸多问题，可以把影响信息有效共享的主要因素归结为七点，即行政体制、人的因素、财力因素、政策和法律环境、信息技术和标准化问题、安全保密问题和监督评估。为此，必须大力加强共享机制建设，包括建立和完善立法驱动、政策引导等动力机制，建立和完善权力机构监督、政府监督、社会监督等监督机制，建立和完善组织机构、财力、人才、技术等保障机制，以及建立和完善评估、激励等考核机制。只有这样才能确保地方政府部门间信息资源共享的顺利实现和可持续发展。

总之，地方政府部门间信息资源共享是一个系统工程，需要有技术、资金等硬件条件，也需要有体制、政策、人才等软环境的支撑。同时，地方政府部门间信息资源共享也是一个长期性工程，需要参与共享的每个部门尽一切所能贡献出本部门的信息资源，也需要每个部门对这些共享信息进行长期性的精心呵护，使之拥有持久的生命力和活力。

参 考 文 献

[1] 樊博. 电子政务顶层设计视角下的政府信息股份研究[J]. 情报学报，2013，32（5）：522-532.

[2] 尤佳，王锐，徐建平，等. 基于扎根理论的政府部门间信息共享影响因素研究[J]. 情报杂志，2014，（1）：178-182，177.

第 6 章 "数字福建"公共服务需求分析与对策

6.1 公共服务需求是"数字福建"建设的出发点

公共服务需求是公共服务过程中公众一般性和普遍性需求的总和，是一个区域内公众不同类型的公共服务需求偏好的集中体现。公共服务需求是公共服务供给和决策的出发点与落脚点，其满意度是评判"数字福建"建设效果的重要指标。公共服务需求何以产生，对不同互联网的不同需求应该如何满足是"数字福建"研究的重要内容。

在网络日益普及的今天，公共服务需求表现出了许多新特点：个性化、多元化和动态性。第一，公众对公共服务已不满足于数量的增多，对公共服务品质也有了更高要求，公共服务供给方，即政府需要更多地满足公众多元化和兼顾高品质的需求。第二，公众的公共服务需求日趋个性化。改革开放 40 多年，公众对公共服务的需求有了较大的不同，个性化需求表现得越来越明显，比如高收入群体、中等收入群体和社会弱势群体在住房、教育、医疗、就业、信息等公共服务方面的需求差异化越来越显著。公共服务需求的分层化趋势也越来越鲜明。第三，公众的公共服务需求偏好始终处在不断发展变化之中。随着经济社会的发展，公众的公共服务需求正从生存型向安全型、享受型和可持续发展型转变。总的趋势是从低级向高级、从注重数量到注重品质、从同一性到个性的转化，公共服务需求的变化及特点对"数字福建"建设提出了更高要求，带来了更大挑战。

公共服务需求的变化需要政府有效把握公共服务需求。当前，最大问题在于"数字福建"建设过程中对公共服务需求没有给予应有的重视，导致"数字福建"提供的公共服务与公众的现实需求脱节，具体表现为"数字福建"服务供给不足，不能满足公众日益增长的公共服务需求；"数字福建"提供的公共服务的错位与无效，"数字福建"提供了公众并不需要的服务，而公众急需的服务"数字福建"没有提供，或者不愿提供；公共服务供给表现为碎片化的特征，没有建构完善的公共服务供给体系，缺乏对公共服务过程中的需求信息、服务决策、服务生产和服务递送等环节的精准把握，因而不能将公共服务需求方、决策方和供给方有机联系起来。

运用科学方法和技术对公众需求偏好进行系统调查、分析、排序和研究，逐步形成顺畅、有效的需求表达机制，并对各种需求信息加以整合，将真实、有效的需求信息传递到公共服务决策中心，从而提供优质的公共服务项目以满足公众的需求，在需求方、决策方和服务供给方之间建立起无缝连接。公共服务需求是一个动态过程，包括对公众需求偏好进行调查、分析、排序、整合、研究等过程，将公共服务真实的需求信息传递给服务决策方、供给方，从而将公共服务决策、公共服务项目和公共服务供给进行无缝对接。

公共服务需求把握具有重要的现实意义。公共服务需求方通过一定的方法、技术手段主动收集目标客户的需求信息，作为公共服务决策和公共服务供给的出发点与依据；公共服务的目标客户能通过特定渠道和多种方式向公共服务需求方进行需求表达，将需求偏好信息传至"数字福建"信息中心。对公共服务需求的把握能提高"数字福建"公共服务供给的精准性，实现公共服务的供需共存共荣，最终实现"数字福建"公共服务的公众满意度提高。

6.2　公共服务需求分析

公共服务是指由法律授权的政府和非政府公共组织及有关工商企业在纯粹公共物品、混合性公共物品及特殊私人物品的生产和供给中所承担的职责[1]。当前，我国经济社会发展中的主要矛盾之一是公共服务需求的全面、快速增长与公共产品供应严重不足之间的矛盾[2]。长期以来，我国服务型政府建设重视服务供给侧结构改革和公共服务质量、服务态度和服务能力的提升，但忽略了对公共服务的受众——民众及其需求的管理[3]，导致对公共服务需求的认识存在不足，从而产生了在各公共服务需求领域资源配置不均衡等问题。一方面供给无法满足需求，危害政府公信力；另一方面，供给过剩，导致公共资源浪费。因此，对公共服务需求进行研究，能帮助政府厘清公共服务需求的现状、趋势和优先级，从而指导公共服务供给的资源配置，形成最优配置。

国内外学者对公共服务需求已经进行了一定的研究。赵勇等通过问卷调查的方式对石家庄市的居民公共服务需求进行调查，结果表明现阶段石家庄市的公共服务水平距离居民需求还存在不小差距[4]，从宏观上提出了提升城市发展，优化公共资源配置的建议；刘蕾将 KANO 模型引入公共服务需求的研究中，从 KANO 模型四个需求类型的角度来研究公共服务需求满足的优先序[5]，但是 KANO 模型的数据来源为问卷调查，其数据量较小、主观性较大；许莉和万春首先建立了一套公共服务需求评价指标体系，随后采用灰色关联度法研究不同地区的公共服务需求优先序[6]，但评价指标体系具有一定的主观性，从而研究结果受其影响较大；Lanz 和 Provins 通过认知质量模型与在线问卷调查的数据相结合，研究了公众对公共服务产品感知质量的边际效益和影响因素[7]；Kuliešis 和 Pareigiene 对立陶宛农村地区公共服务需求现状进行了问卷调查，调查结果发现"通信"、"学前教育"和"社区服务"是最受关注的公共服务，而亟须改善的服务包括"基础医疗"、"基础设施"和"公共交通"[8]。从以上文献可知，实证研究是公共服务需求研究的重要手段，多采用的是公共管理领域主流的问卷调查法，由于问卷调查数量有限，得出的结果具有一定模糊性，无法准确描述公共服务需求，因此多为宏观上的研究；同时，被调查者对真实世界的反映存在一定的主观加工，导致问卷结果无法准确反映客观事实。当前，各级政府都已建立了相应的电子政务系统，同时，政民互动渠道更加通畅。

本章将采用福州市电子政务系统 2007 年 1 月到 2017 年 7 月之间 117 万条公众诉求件的文本数据，通过 python 结巴分词包来对诉求件文本进行解析，同时引入 LDA（latent dirichlet allocation）主题模型对关键词进行筛选，然后构建共词矩阵，进行战略坐标分析和社会网络分析，研究公共服务需求的现状与趋势，并提出公共服务资源配置的四个优先级。本章数据来源于真实的政务环境，能保证数据的真实性和客观性，数据量较问卷数据大了多个数量级，能保证研究结果的准确性。同时，将文献计量学方法引入公共服务的研究中，为公共服务领域的研究提供了新的方法和新的视角。

1. 数据来源

本小节数据来源于福州市 12345 公共服务平台[9]，包含 2007 年 1 月到 2017 年 7 月十年左右的公共诉求数据，在此期间公共诉求件的总数总体呈增加趋势（图 6-1），图 6-2 为本小节所采集数据量与真实数据量的对比，数据的总体采集率为 96.59%。

（1）共词分析法。共词分析法早期是用于研究学科热点与趋势的一种方法[10]，在各个研究领域都得到了广泛的应用。随着研究的深入，共词分析的研究领域已经不再局限于文献研究，如苏瑞波利用共词分析法来研究各个城市政策文件之间的差异[11]；梁帅和高继平将共词分析引入专家评审意见中，对评审意见进行了关键词共词分析[12]。这些研究拓展了共词分析法的适用领域。

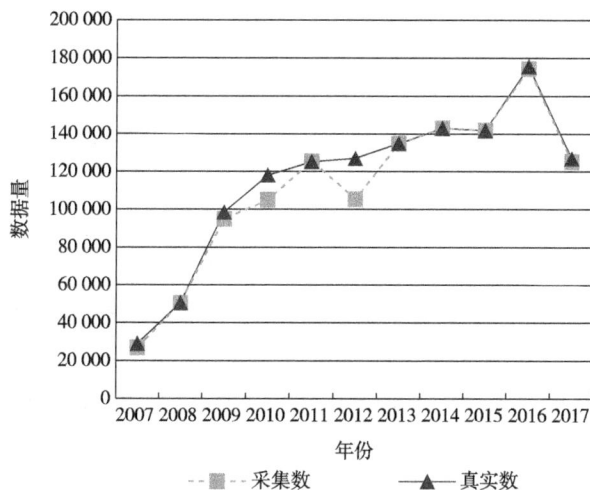

图 6-1 2007 年 1 月到 2017 年 7 月福州市公众诉求数据量

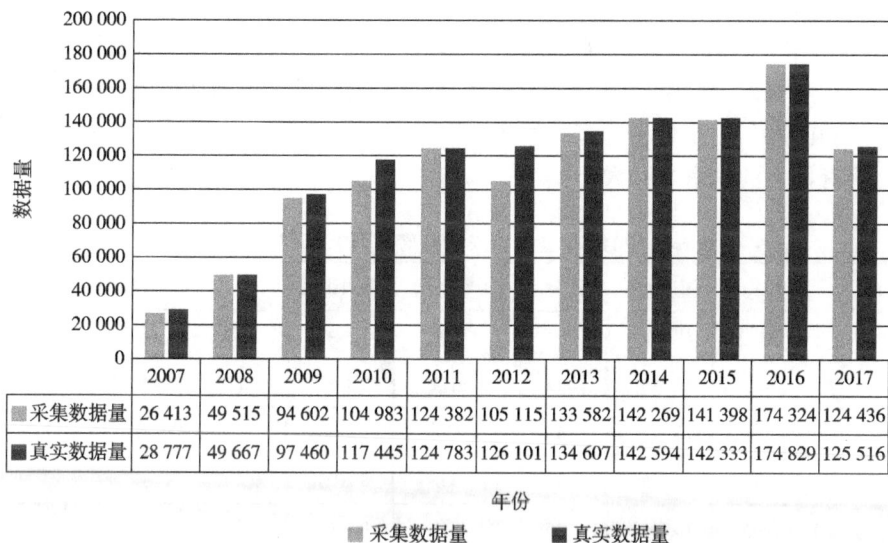

年份	2007	2008	2009	2010	2011	2012	2013	2014	2015	2016	2017
采集数据量	26 413	49 515	94 602	104 983	124 382	105 115	133 582	142 269	141 398	174 324	124 436
真实数据量	28 777	49 667	97 460	117 445	124 783	126 101	134 607	142 594	142 333	174 829	125 516

图 6-2 2007 年 1 月到 2017 年 7 月福州市采集数据量与真实数据量对比情况

　　共词分析法的过程与方式不尽相同，根据研究对象特征的不同而略有差别，其基本步骤可归纳为：确定分析问题→确定分析单元→高频词选定→共词出现频率（共词矩阵）→共词分析中的统计方法→共词结果分析[13]。本小节研究的问题是公共服务需求，因此，需要研究的分析单元为 2007～2017 年的公众诉求件的文本数据，高频词的选定将结合 python 结巴分词包和 LDA 主题模型，然后再进行词频分析、社会网络分析和共词聚类来研究 2017 年福州市公共服务需求现状与趋势。

（2）LDA 主题模型。LDA 主题模型是一种无监督学习模型，利用极大后验概率拟合单词与主题及文档与主题的概率分布情况[14]。文献[15]证明，运用 LDA 主题模型能排除一些无实际意义的高频词，从而降低共词分析结果的错误率[15]。

2. 数据分析

在统计词频过程中，存在一些对研究内容无意义的高频词，如"区""市""建"等。引入 LDA 主题模型对可构成主题的词汇进行筛选，为了获取尽可能多的关键词，本小节设置了 25 个主题，每个主题包含 10 个主题词。某些主题可能存在重复的主题词（如"小区"一词可能分布在两个不同的主题中），因此每年所有的主题词数一般都小于 250 个。每年的主题词就是本小节研究的关键词，用来反映公共服务需求。

1）词频统计

2017 年公共诉求件的高频词及其频率如表 6-1 所示，表 6-1 中词频比例代表该词汇在所有诉求件中出现的频率。例如，"投诉"一词词频比例为 21.088%，表示有 21.088%的诉求件包含了"投诉"一词。每一个诉求件可能包含多个词汇，因此所有词汇的频率之和大于 1。

表 6-1　2017 年公共诉求件高频词及其频率（前 30 ）

序号	词汇	词频比例	序号	词汇	词频比例	序号	词汇	词频比例
1	投诉	21.088%	11	时间	8.394%	21	扰民	7.481%
2	小区	16.048%	12	解决	8.367%	22	楼号	7.286%
3	介入	15.773%	13	人员	8.266%	23	生活	7.235%
4	影响	14.996%	14	管理	8.262%	24	违章	7.098%
5	居民	12.506%	15	工作	8.069%	25	诉求	7.003%
6	政府	11.367%	16	物业	7.968%	26	情况	6.522%
7	请问	11.184%	17	施工	7.749%	27	噪音	6.385%
8	业主	11.050%	18	答复	7.621%	28	周边	6.323%
9	公司	9.828%	19	办理	7.500%	29	闽侯	6.156%
10	谢谢	8.479%	20	晋安区	7.498%	30	门口	6.005%

从表 6-1 可知"投诉"一词词频比例最高，达到了 21.088%，紧随其后的是"小区""介入""影响""居民""政府""请问""业主"，词频比例也高于 10%。

从图 6-3 可知,"投诉"一词在 2017 年的公共诉求件中频次最高,共有超过 25 000 个公共诉求件中涉及"投诉";"小区""介入""影响""居民""政府""请问""业主""公司"等词的词频也超过 10 000,表明这些词汇可能涉及福州市公共服务的热点话题。

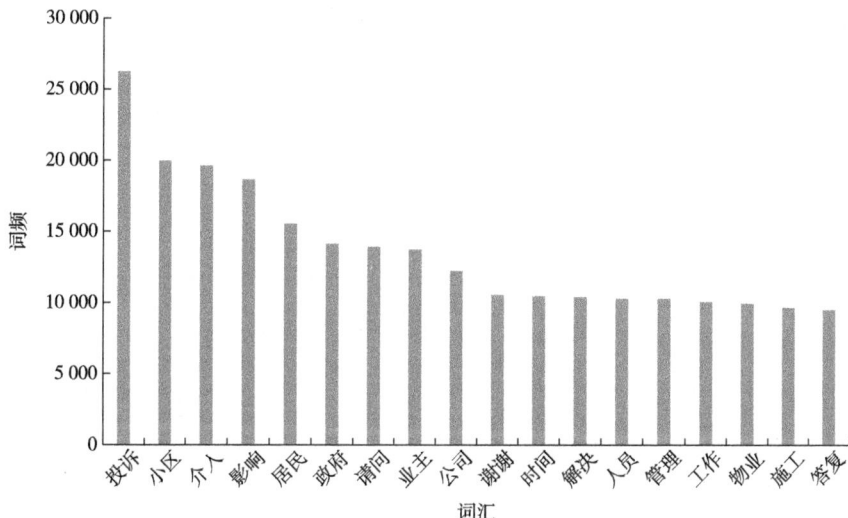

图 6-3 高频词柱状图(前 18 位)

2)建立初始共词矩阵

通过统计关键词与关键词共同出现的频次(同时包含两个关键词的诉求件数量),建立初始共词矩阵(表 6-2)。在初始共词矩阵中,词对频次是绝对值,难以反映词与词之间真正的相互依赖关系,因此需要对词频进行包容化处理[13]。本书采用 Salton 指数[16]来表示词对共现的强度,其公式为

$$\mathrm{MI}(x,y)=\frac{N_{i,j}}{\sqrt{N_i \times N_j}}$$

其中,MI 为词对共现强度,值越大,关系越紧密,值域分布在 0~1;$N_{i,j}$ 为词 i 与词 j 共同出现的频次;N_i、N_j 分别为词 i 出现的频次与词 j 出现的频次,表 6-3 为的 Salton 共词矩阵。

表 6-2 初始共词矩阵(部分)

词汇	投诉	小区	介入	影响	居民	政府	请问	业主	公司	谢谢
投诉	26 241	4 530	7 916	4 056	3 513	2 765	1 095	3 778	3 412	826
小区	4 530	19 969	3 509	4 865	4 774	3 185	1 740	6 856	2 404	1 973

续表

词汇	投诉	小区	介入	影响	居民	政府	请问	业主	公司	谢谢
介入	7 916	3 509	19 627	3 605	2 918	1 529	480	2 915	2 257	357
影响	4 056	4 865	3 605	18 661	7 984	2 441	896	3 020	1 393	1 716
居民	3 513	4 774	2 918	7 984	15 562	2 532	920	1 534	1 231	1 475
政府	2 765	3 185	1 529	2 441	2 532	14 145	1 734	2 758	1 924	1 650
请问	1 095	1 740	480	896	920	1 734	13 917	1 305	1 413	2 078
业主	3 778	6 856	2 915	3 020	1 534	2 758	1 305	13 750	2 211	1 252
公司	3 412	2 404	2 257	1 393	1 231	1 924	1 413	2 211	12 230	1 110
谢谢	826	1 973	357	1 716	1 475	1 650	2 078	1 252	1 110	10 551

表 6-3　Salton 共词矩阵（部分）

词汇	投诉	小区	介入	影响	居民	政府	请问	业主	公司	谢谢
投诉	1.000	0.198	0.349	0.183	0.174	0.144	0.057	0.199	0.190	0.050
小区	0.198	1.000	0.177	0.252	0.271	0.190	0.104	0.414	0.154	0.136
介入	0.349	0.177	1.000	0.188	0.167	0.092	0.029	0.177	0.146	0.025
影响	0.183	0.252	0.188	1.000	0.469	0.150	0.056	0.189	0.092	0.122
居民	0.174	0.271	0.167	0.469	1.000	0.171	0.063	0.105	0.089	0.115
政府	0.144	0.190	0.092	0.150	0.171	1.000	0.124	0.198	0.146	0.135
请问	0.057	0.104	0.029	0.056	0.063	0.124	1.000	0.094	0.108	0.171
业主	0.199	0.414	0.177	0.189	0.105	0.198	0.094	1.000	0.170	0.104
公司	0.190	0.154	0.146	0.092	0.089	0.146	0.108	0.170	1.000	0.098
谢谢	0.050	0.136	0.025	0.122	0.115	0.135	0.171	0.104	0.098	1.000

3）类团分析

类团指的是相互间联系较多的关键词集合[17]，通常采用聚类的方法进行类团区分。运用 SPSS 对表 6-3 中的数据进行聚类。本次实验采用系统聚类，聚类方法为组间连接法，距离公式采用平方欧式距离，表 6-4 为聚类后形成的 18 个类团。类团的命名需要通过计算各个类团中每个关键词的黏合力来确定，可以用某个关键词与类团其他关键词共现频率的平均值表示黏合力，黏合力最大的词称为中心词[17]。由于本小节某些类团涉及的关键词较多，为了使类团命名更为合理，将选取 1～3 个黏合力最大的关键词对各个类团进行命名（表 6-4）。

表 6-4　类团命名结果

编号	关键词	中心词	命名
1	非机动车、机动车道、行人、人行道、路面、修复、路口、红绿灯、方向、大桥、三环、交通、道路、出行、拥堵、建议、路上、交警、公交车、车站、司机、车牌、公交站、线路、站点、地铁、取消、公园、闽江	交通、道路、出行	交通出行
2	车辆、停放、电动车、进出、停车、停车场、地下	停车	停车问题
3	费用、收取、收费、物业费、物业管理、保安、电梯、广告、房管局、公示	收取、收费	物业收费
4	楼顶、泰禾、违章、搭建、拆除、执法、城管	违章	违章搭建
5	消防、通道、火灾、安全隐患、整改、安装、公共、占用、私自、区内、绿化	消防	消防安全
6	管道、水管、污水、堵塞、自来水	水管	管道问题
7	油烟、排放、环保局、楼上、楼下、店面、味道	油烟	油烟排放
8	经营、无证、取缔、违法、举报、查出、非法	经营、取缔	非法经营
9	街道、社区、新村、改造、群众、强烈要求、垃圾、清理、无人、门口、摆摊、现象、整治、市容	垃圾、街道、门口	市容市貌
10	医保、社保、缴纳、工资、员工、上班	社保、医保	医社保
11	地址、解答、申请、住房、居民、派出所、身份证、户口、落户、户籍、中心、等级、提供、证明、帮你、材料、手续、咨询	户口、材料、咨询	公众办事
12	管理局、住房、房产、产权、房子、拆迁、安置、合同、购房、购买、交房、开发商、装修、入住	房子、拆迁、产权	住房问题
13	建设、规划、项目、地块、市政、村民、土地、镇政府、审批、平方	建设、规划	城市建设
14	电话、告知、通知、请问、谢谢、人员、工作、情况、回复、时间、公司、政府、百姓、解决、给予、恳请	政府、工作、人员	政府服务
15	小学、划片、孩子、小孩、学校、学生、教育局、中学、幼儿园	小学、学校	教育问题
16	扰民、噪音、施工、休息、夜间、投诉、介入、影响、居民、周边、生活	影响、居民、投诉	扰民问题
17	医院、不合理、发票、天天、半夜、旁边、对面、渣土、中午、我家、阳台、办法、老人、帮忙、公寓	旁边、对面、老人	其他
18	诉求、收悉、答复	诉求	诉求平台

注：类团中的关键词已排除近似词、地名等无关词汇，最终剩余约 200 个关键词

4）战略坐标图分析

战略坐标图是以向心度与密度为参数绘制成的二维坐标图，主要用来描述领域内部联系情况和领域相互影响情况。向心度用来度量一个类团与其他类团的联系程度；密度用来度量一个类团内部元素的联系程度[18]。通常将类团内部关键词

与其他类团关键词的平均共词词频作为向心度。

密度的测算通常采用类团内部关键词的平均共词词频,与类团整体的词频数存在较大关系(即与向心度存在相关性),因此,本章对其进行适当改进,使其能真正反映元素内部的联系。改进后的密度计算公式如下:

$$D^* = \frac{\sum_{i=1}^{n} N(A_i)}{\sum_{i=1}^{n} M_i}$$

其中,D^* 为类团密度;$\sum_{i=1}^{n} N(A_i)$ 为平均共词词频;$\sum_{i=1}^{n} M_i$ 为类团关键词的平均词频。通过该式,可消除类团向心度对密度的影响,并使得类团值位于 $0\sim1$,更便于比较。

类团(18)反映的是对整个公共诉求平台的问题,而与公共服务需求联系较少,因此,将其排除在公共服务的需求类团外。通过计算,剩余 17 个公共服务需求类团的战略坐标图如图 6-4 所示。横轴表示向心度,纵轴表示密度,取所有类团向心度与密度的平均值作为二维空间划分的依据,则将战略坐标图划分为四个象限。

第一象限(右上角)包括"扰民问题""违章搭盖""停车问题""政府服务"。在此象限中的类团,密度与向心度都较高,该类团具有较强的生命力和影响力,说明政府在此类公共产品的供给上存在一定的不足且影响范围较广。

第二象限(右下角)包括"消防安全""城市建设""市容市貌"。在此象限中的类团,向心度较大而密度较低,说明类团影响力较大但内部不够稳定,同时说明此类公共产品的供给日益趋紧,有向第一象限发展的趋势。

第三象限(左上角)包括"教育问题""管道问题""油烟排放""医社保"。在此象限中的类团,密度较大而向心度较低,说明类团内部稳定但影响力有限,是容易被政府部门忽略的公共服务。

第四象限(左下角)包括"物业收费""住房问题""非法经营""交通出行""公众办事""其他"。在此象限中的类团,密度和向心度都较低,尚未形成足够的影响力和内部的稳定性,说明在此类公共服务的供给上政府部门应该有所建树。

5)社会网络分析

社会网络图谱可以反映各个关键词在整个关键词网络中的地位,其中"中心性"是社会网络分析的重要指标[19]。本书将用点度中心度对关键词的"中心性"进行分析,通过历年类团关注度变化情况来研究各个公共服务需求的变化趋势。

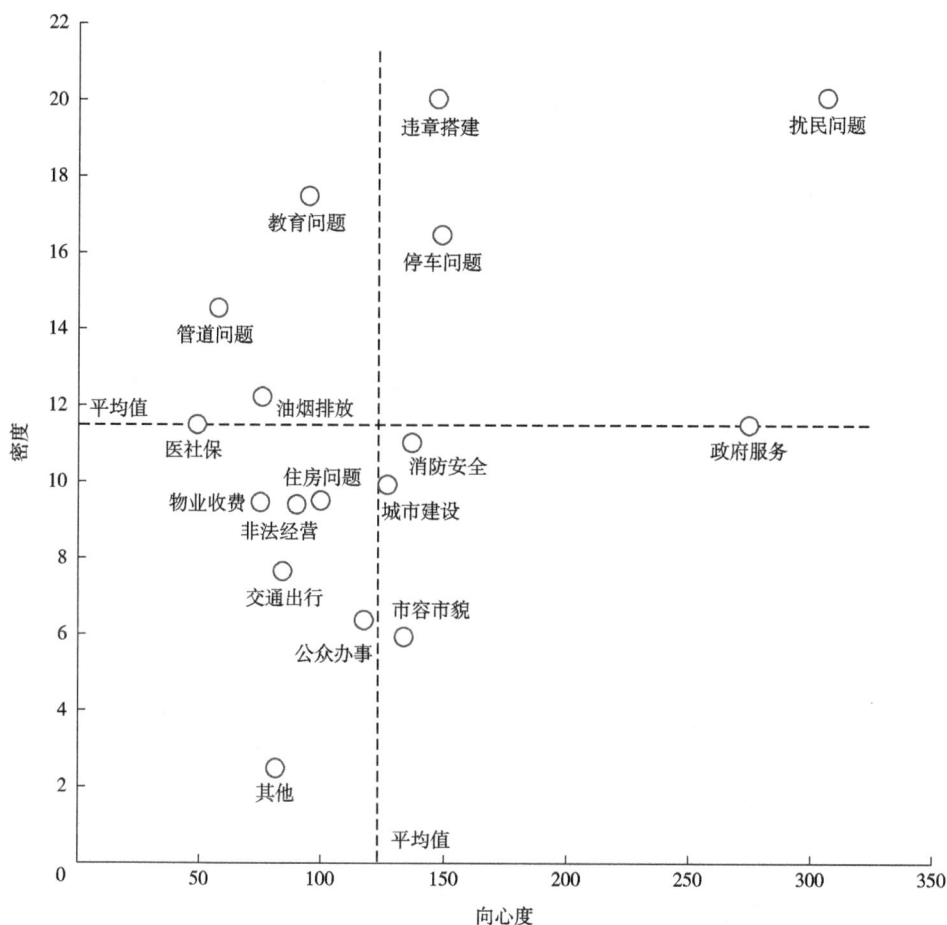

图 6-4 公共服务需求战略坐标图

表 6-5 为社会网络图谱中绝对点度中心度靠前的关键词,从表 6-5 中可以看出,"影响""政府""居民""投诉""解决""人员"等词的绝对点度中心度最强,对整个关键词社会网络拥有较强的影响力,表示其所反映的公共服务需求是较为热门的话题,是公众最为关注的公共服务。

表 6-5 绝对点度中心度靠前的关键词(前 20)

序号	关键词	中心度	序号	关键词	中心度
1	影响	16.099	5	解决	12.948
2	政府	15.803	6	人员	12.946
3	居民	15.752	7	生活	12.553
4	投诉	14.757	8	工作	12.450

序号	关键词	中心度	序号	关键词	中心度
9	情况	12.290	15	建设	11.221
10	公司	12.266	16	车辆	11.207
11	时间	12.155	17	周边	11.080
12	停车	11.907	18	回复	10.987
13	谢谢	11.568	19	请问	10.827
14	介入	11.557	20	交通	10.557

　　结合表 6-4 公共服务需求的关键词，将类团内每个关键词的平均绝对点度中心度作为类团关注度指标，并对其进行排序（表 6-6）。

表 6-6　类团关注度排序（2017 年）

排序	类团	点度中心度	排序	类团	点度中心度
1	扰民问题	10.80	10	教育问题	5.99
2	政府服务	10.74	11	物业收费	5.97
3	停车问题	8.31	12	交通出行	5.86
4	消防安全	7.80	13	非法经营	5.69
5	违章搭建	7.26	14	油烟排放	5.24
6	城市建设	7.14	15	其他	4.93
7	市容市貌	6.91	16	管道问题	4.81
8	住房问题	6.39	17	医社保	4.02
9	公众办事	6.07			

　　由表 6-6 可知，"扰民问题""政府服务"分别位列第一、第二位，是目前影响力最大、最受公众关注的公共服务需求；"停车问题""消防安全""违章搭建""城市建设"等关注度都高于 7，也是较为热门的公共服务话题。相对而言，"医社保"、"管道问题"和"其他"所受到的关注度较小，说明政府在此类公共服务上的供给效果较为可观。在表 6-6 的基础上，进一步观察 2007～2017 年 17 个类团关注度的变化情况（图 6-5）。整体上看，几乎所有公共服务需求的关注度在 2009 年都迎来了爆发性增长，并在随后的 3 年间逐年降低，至 2013 年左右降至低谷。"扰民问题"和"政府服务"是近几年最受公众关注的公共服务需求，近几年这两类公共服务的关注度较为稳定；"停车问题"和"消防

安全"在 2007～2017 年呈现线性增长之势,"停车难"和火灾问题逐步凸显;"违章搭建"、"城市建设"、"住房问题"、"物业收费"和"教育问题"等在 2015～2019 年也处于增长阶段;而"市容市貌""非法经营""管道问题""油烟排放""交通出行"等公共服务的关注度较为稳定;"医社保""公众办事"等公共服务的关注度有不断下降的趋势。从各个公共服务需求的关注度趋势可知,大部分公共服务需求都呈现增长趋势,极少数呈现下降趋势,表明福州市在这些领域的公共产品的供给量逐渐无法跟上公共服务需求,需要进一步提升公共产品供给的质与量。

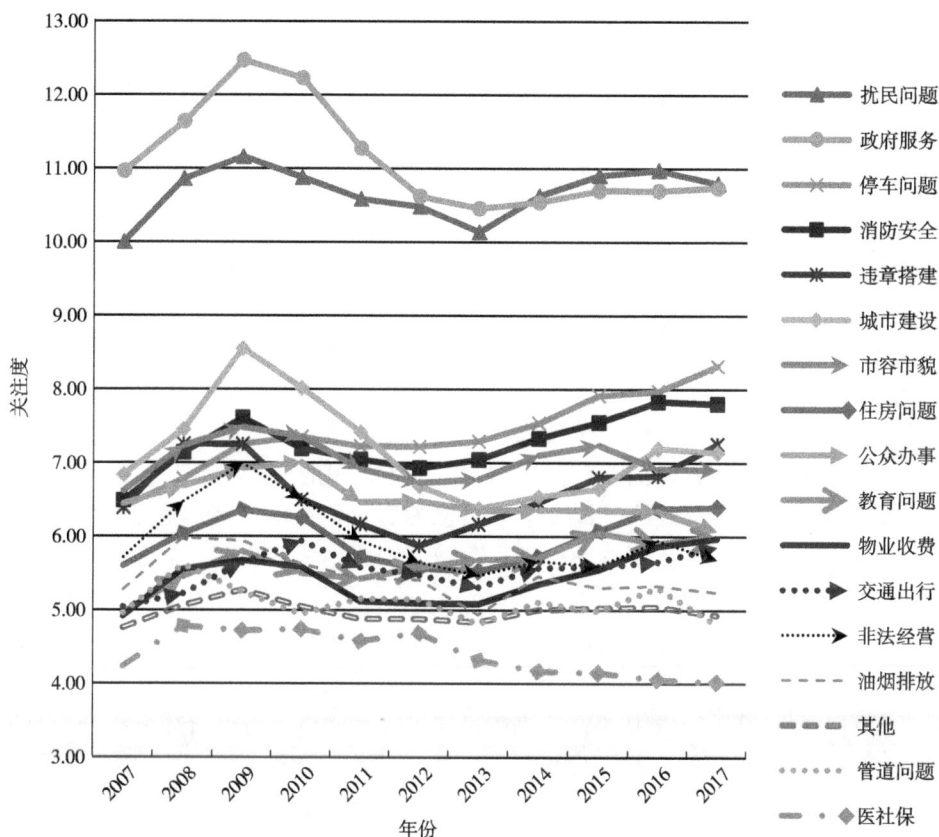

图 6-5 2007～2017 年类团关注度变化折线图

6.3 公共服务需求决策与供给的对策及建议

通过类团分析,对公共服务需求进行类团划分,同时利用战略坐标图将其分成四大类（四个象限）。通过社会网络分析，进一步挖掘出公共服务需求类团的关注度排名及未来发展趋势。综合前文分析，对目前福州市公共服务的需求供给优先级进行排序。

第一优先级："扰民问题""政府服务"。从表6-6可知，此类问题在2007～2017年乃至未来都将是最受公众关注的话题。同时，这两个公共服务需求又都处于战略坐标图的第一象限中，影响大且较为稳定，目前的公共产品供给无法满足需求，且缺口较大。因此，在公共服务供给的资源配置时，应向这两个公共服务方向倾斜。

第二优先级："违章搭建""停车问题"。这两类公共服务需求都与福州市城市发展密切相关。首先，从"违章搭建"的类团关键词中可知，该类团与城市管理密切相关，说明随着城市的发展，现有的城市管理队伍已经无法满足城市公共秩序的需求，需要在"违章搭建"领域投入更多的公共服务资源；其次，"停车问题"直接反映了城市停车位与城市车辆总数之间的不匹配问题，需要政府建设更多的停车位来满足此类需求。这两类需求也处于战略坐标图中的第一象限，且呈现增长之势，因此，也需要将其作为公共服务资源配置的一个重点。

第三优先级："消防安全""城市建设""市容市貌""教育问题""管道问题""物业收费""油烟排放""交通出行""住房问题"。在此优先级中的公共服务其特征为影响力较大但发展较为平缓或影响力虽小但呈增长之势。此类公共服务供给与需求匹配度较高，但仍旧存在缺陷，是较为常规的公共服务。

第四优先级："医社保""非法经营""公众办事""其他"。此类公共服务的供给较为充足，其需求类团影响力较小且不稳定，关注度也不高，是现阶段政府公共服务能力的具体体现。

本章采用共词分析法对福州市公共服务需求的现状、趋势进行了研究。首先，通过LDA主题模型关键词筛选；其次，通过聚类将关键词划分为17个公共服务需求类团，并对其进行象限划分；再次，通过社会网络分析，研究了福州市现阶段最受关注的公共服务需求并对其进行排序，同时，研究了2007～2017年公共服务关注度的变化趋势；最后，综合前文研究，提出了针对公共服务资源配置的四个优先级，为福州政府公共资源最优化配置提供了参考。

本章把共词分析法引入公共服务需求的研究中，利用电子政务平台的文本数据，规避了传统问卷调查数据量小且主观性过强的缺陷；同时，应用共词分析法为公共服务的相关研究提供了新的视角与方法。

参 考 文 献

[1]马庆钰. 关于"公共服务"的解读[J]. 中国行政管理，2005，（2）：78-82.

[2]丁元竹. 基本公共服务均等化"路线图"[J]. 中国社会保障，2008，（8）：26-28.

[3]陈水生. 公共服务需求管理：服务型政府建设的新议程[J]. 江苏行政学院学报，2017，（1）：109-115.

[4]赵勇，张浩，吴玉玲，等. 面向智慧城市建设的居民公共服务需求研究——以河北省石家庄市为例[J]. 地理科学进展，2015，34（4）：473-481.

[5]刘蕾. 基于KANO模型的农村公共服务需求分类与供给优先序研究[J]. 财贸研究，2015，（6）：39-46.

[6]许莉，万春. 小城镇公共服务需求优先序的灰色关联分析——基于建制镇数据的分析[J]. 城市问题，2017，（1）：37-43.

[7]Lanz B, Provins A. Using averting expenditures to estimate the demand for public goods：combining objective and perceived quality[J]. Resource and Energy Economics，2017，47：20-35.

[8]Kuliešis G，Pareigienė L. Investigation of the demand of public services of rural areas[J]. Management Theory and Studies for Rural Business and Infrastructure Development，2015，37（4）：521-531.

[9]福州市人民政府办公厅. 诉求件列表[EB/OL]. 2007-01-01. http://fz12345.fuzhou.gov.cn/callcenter/callSearchDo.do[2017-06-31].

[10]Callon M，Courtial J J P，Turner W A，et al. From translations to problematic networks - an introduction to co-word analysis[J]. Social Science Information，1983，22（2）：191-235.

[11]苏瑞波. 基于共词分析的广东与江苏、浙江、北京、上海支持众创空间政策的对比分析[J]. 科技管理研究，2017，37（13）：94-100.

[12]梁帅，高继平. 基于F5000论文评审意见的优秀论文特征识别[J]. 科学学研究，2017，35（3）：331-337.

[13]钟伟金，李佳. 共词分析法研究（一）——共词分析的过程与方式[J]. 情报杂志，2008，27（5）：70-72.

[14]Zhu M，Zhang X，Wang H. A LDA Based Model for Topic Evolution：Evidence from Information Science Journals[C]. International Conference on Modeling，Simulation and Optimization Technologies and Applications. 2017.

[15]王玉林、王忠义. 细粒度语义共词分析方法研究[J]. 图书情报工作，2014，58（21）：73-80.

[16]Callon M，Courtial J P，Laville F. Co-word analysis as a tool for describing the network of interactions between basic and technological research：the case of polymer chemsitry[J]. Scientometrics，1991，22（1）：155-205.

[17]钟伟金，李佳. 共词分析法研究（二）——类团分析[J]. 情报杂志，2008，27（6）：141-143.

[18]Law J，Bauin S，Courtial J P，et al. Policy and the mapping of scientific change：a co-word analysis of research into environmental acidification[J]. Scientometrics，1988，14（3-4）：251-264.

[19]Wasserman S，Faust K. Social network analysis：methods and applications[J]. Contemporary Sociology，2016，91（435）：219-220.

第7章 "数字福建"用户采纳行为分析与对策

7.1 公众和企业参与与"数字福建"用户采纳行为

公众和企业参与是现代社会公众所具有的一种普遍性和广泛性行为，一般指的是公众对公共事务、公共政策等政治过程的介入，是一种以公众为主体的现代政治行为。在这里，介入的行为主体是公众，介入的对象是社会政治过程，表现出来的是一种现实的公共政治行为。无疑，它需要一种最为便捷、迅速而理性的介入渠道。电子政务提供了一个公众和企业的互动平台，政府信息公开，公众接收和处理信息的能力提高，公众参与的费用低廉，信息不对称局面得以改变，政府不再可能垄断信息资源。这些使得公众和企业参与的可能性无限变大，公众与政府之间形成了良性互动机制。这样，电子政务和公众参与形成了密不可分的联系，二者相辅相成、相得益彰。不仅电子政务的发展迅速推动着公众和企业参与，而且公众和企业参与刺激着电子政务的纵深发展和完善，同时，电子政务还能切实推进公众参与的文化形成，使公众和企业参与文化成为电子政务发展过程中的一个自然成果和价值积淀。

"互联网+政务服务"时代的到来，有力地推动了电子政务和智慧政府建设。电子政务具有开放性、互动性、及时性等优势，有助于政府部门规范权力运行，提高办事效率，为公众和企业提供更为优质的服务。我国各级政府部门大力投入资金，调配资源，引进人才，学习先进技术，不断地改进与完善基于电子政务的公共服务。但与此同时，一些政务平台也存在着运营质量不高，公众接受度低，在一定程度上流于形式等诸多问题。有学者指出，公众的采纳程度已经成为我国电子政务建设与发展的困境之一[1]，也是"数字福建"需要解决的问题之一。

历经十多年的"数字福建"建设为福建省社会信息化奠定了坚实的基础，其中，电子政务应用体系基本搭建完成，涵盖福建省公众和企业法人的基层数据库，保障性住房核对等平台建设工作也基本成型，福建省各级政府正在推行"办事全程网络，服务主动推送"，福建省政府门户网站——"中国福建"以全国第三名的成绩获得 2016 年度中国政务网站领先奖。

中国互联网络信息中心第 39 次《中国互联网络发展状况统计报告》调查数据表明[2]，截至 2016 年 12 月，通过政府微信公众号、政府网站、政府微博、政府手机端应用等获得网上政务公共服务的用户，包括支付宝或微信城市服务，总体规模为 2.39 亿人，只占到总体网民的 32.7%。其中，过半数的用户通过支付宝或微信城市服务平台获得网上政务公共服务，这一比例为 17.2%，成为公众使用次数最为频繁的网上政务公共服务方式。使用率位列第二名的是政府微信公众号，比例为 15.7%，接下来依次为政府网站、政府微博及政府手机端应用，比例分别为 13.0%、6.0%及 4.3%。一方面，是花费大量精力与时间努力提升的电子政务公共服务；另一方面，是公众采纳程度不高、体验不足[3]的困局。如何提高公众对电子政务公共服务的采纳率并提高持续使用率，成为"数字福建"建设，乃至全国许多政府部门信息化亟须解决的问题。

目前，国内外学者对电子政务公众采纳行为的研究已经较为成熟，形成了该领域的主流研究范式，结合理论构建研究模型、提出研究假设、问卷设计与数据收集、样本分析与假设检验等一系列研究步骤，对基于电子政务的公共服务公众采纳行为进行多维度的实证研究，通过对海内外文献的梳理可发现以下几点。

第一，在构建研究模型的阶段，学者们主要采用的研究理论和模型约有十余种，最常见的就是扩展式研究，即 TAM 的扩展研究，如加入信任、风险、文化等因素进行细化研究[4,5]。

第二，公众的接受和使用是实现电子政务服务价值的前提，公众的持续使用意愿则是电子政务服务成功的关键。公众在采纳电子政务的过程中，初始采纳的公众心理与持续采纳的公众心理是存在差异的，当前的大部分研究仍只将使用意愿或者是持续使用意愿作为结果变量，在这一模型设计下，对公众采纳行为展开单阶段研究。该种模型一般默认实际使用行为仅受到来自使用意愿的影响，忽视了对其他影响公众持续使用行为重要因素的分析。

第三，电子政务被公众实际使用之后带来何种净收益没有在电子政务采纳行为中引起足够的重视。大部分研究往往将研究重点放在使用意愿和持续使用意愿的前置因素上，而忽视了净收益与公众采纳行为之间关系的研究。

第四，在收集样本数据方面，问卷调查对象主要集中在在校大学生和职场青年，但是有学者研究表明，在推广电子政务公共服务的过程中，应将重点放在 18～39 岁网民群体，他们是电子政务使用的主要群体[6]。显然，这样的研究结论与实际样本收集过程中的对象选择是有所偏差的。

本次研究遵循电子政务采纳行为的主流研究范式，采用实证分析的方法，向福建省公众发放问卷进行调查，意在识别不同阶段福建省电子政务采纳行为的关键影响因素，并分析各因素之间的路径系数，研究各因素之间的相互作用及所产生的净收益，为提升电子政务公众初始使用率和持续使用率，提高基于电子政务的公共服务系统工程的建设效率提出可行性建议。

7.2 理 论 分 析

7.2.1 信息系统成功模型

信息系统成功模型于 1992 年由 DeLone 和 McLean 首次提出[7]，他们认为，信息系统成功实施是一个过程，该过程与时间和因果关系密切相连，模型中包含六个变量，且变量之间相互影响。十年后，他们又基于相关文献的总结，对 D&M 模型进行改进。在改进后的模型中，引入"服务质量"因素，并将初始模型中的"使用"改为"使用意愿"，同时，增加了"净收益"变量（图 7-1），包含了个人影响、组织影响、社会影响等内涵。信息系统成功模型拥有高被引用率，可见该模型的合理性与生命力。

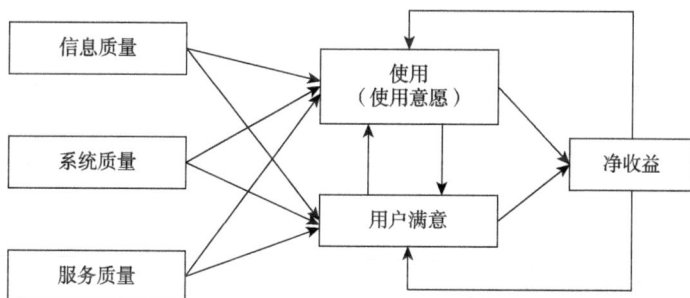

图 7-1 改进后的 D&M 模型

7.2.2 信任理论

信任理论的基点是互动，当存在不确定的因素和风险的时候，信任对人类互动行为的影响就显得尤为重要了。许多研究表明，信任是影响用户采纳电子政务服务行为的重要因素[8,9]，信任能够显著影响公众的采纳行为。公众不愿意采纳电子政务公共服务，很有可能是因为缺乏信任，对互联网信息安全的不信任，对政府部门提供的在线办事服务的不信任等。在电子商务采纳行为研究中，已经有不少学者围绕信任因素进行了探讨，但在电子政务采纳行为研究中，该类研究不多[10]。

7.2.3　技术接受模型

TAM 是由 Davis 于 1989 年针对用户技术接受行为，在理性行为理论的基础上构建的[11]。Davis 认为使用意愿是使用行为的核心因子，并提出感知有用性和感知易用性两个影响因素。随着信息技术的发展，越来越多的公众开始使用网络服务，TAM 及其改进模型，如 TAM2、TAM3，也被应用于采纳行为研究中，并发现感知有用性和感知易用性显著正向影响公众采纳电子政务公共服务的行为。

7.3　模　型　设　计

7.3.1　理论模型

以信息系统成功模型和 TAM 为基础，结合信任理论，分为公众采纳前和采纳后两个阶段，选取感知信任、感知环境、满意度、净收益等影响因素，构建基于电子政务的公共服务公众采纳行为整合模型，如图 7-2 所示。

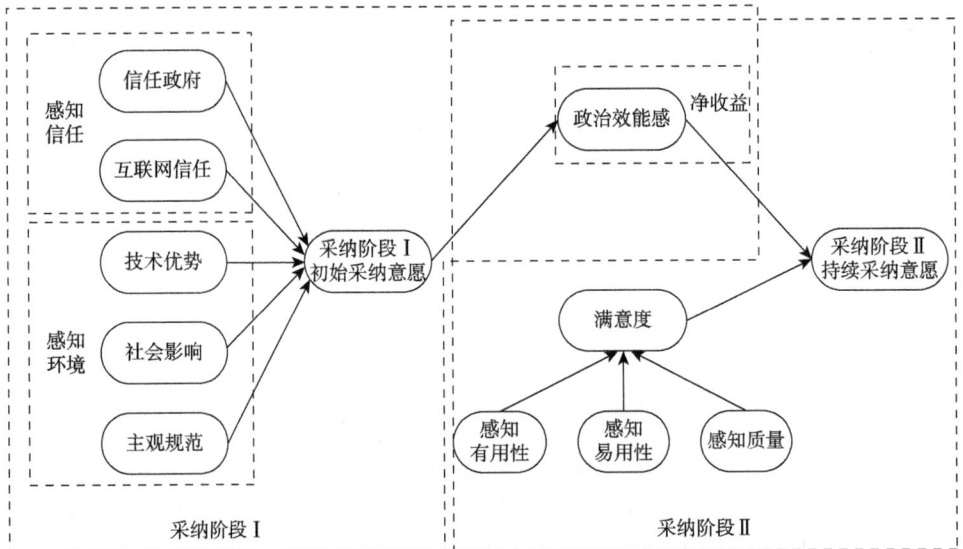

图 7-2　基于电子政务的公共服务公众采纳行为整合模型

在该模型中，公众的采纳行为过程被划分为初始采纳阶段 I 和持续采纳阶段 II 两个阶段。采纳阶段 I 以 TAM 模型为基础，结合信任理论，糅合进信任因素，同时考虑公众初始采纳电子政务公共服务后带来的净收益（政治效能感）。采纳阶段 II 以信息系统成功模型为基础，从公众自身对电子政务服务的满意度及采纳阶段 I 初始采纳行为所产生的净收益两个角度，分析采纳阶段 II 采纳行为意向的路径影响。

7.3.2　研究假设

1. 感知信任

在整个关于互联网的研究领域中，学者越来越关注信任因素的影响作用，由于互联网本身存在不确定性及当今急剧的发展速度，信任被认为是在采取与互联网有关的行为时不可忽视的一个重要因素。在电子政务研究领域，信任因素自然越来越引起学者们的关注，是目前一个较为新颖的研究方向。影响公众采纳电子政务公共服务的感知信任因素，主要包括对政府和对公众的信任两部分。一方面，是公众是否信任政府有足够的能力提供优质的电子政务公共服务，是否信任政府能够兑现维护和保障人民利益的承诺，是否信任政府会依法保护互联网的信息安全等诸多考虑因素；另一方面，是公众是否信任当下的互联网足够稳定、流畅、安全。这些都影响着公众的采纳初始意向。在学者已有的研究中，证明了感知信任因素会直接正向影响公众对电子政务公共服务的采纳意向[12,13]。基于此，提出如下假设。

H1：对政府的信任正向影响采纳阶段 I 公众初始采纳意愿。

H2：对互联网的信任正向影响采纳阶段 I 公众初始采纳意愿。

2. 感知环境

环境对公众初始采纳意愿的影响包括技术优势、主观规范及社会影响。

在互联网时代，云计算、大数据等新兴技术的运用，有效整合了各项资源，促进了信息开放与共享。微信、微博、政务热线、移动终端 APP 等多种渠道相结合，技术优势使政府部门与公众之间的互动更加便捷、灵活，也为公众在线办事得到及时反馈提供了技术保障。

主观规范指的是个体在决定是否执行某项特定行为时感到的压力，它反映的是重要他人或团体对个体行为决策的影响[14]。Marakarkandy 等[15]在对网上银行采纳行为的实证研究中发现，主观规范同信任因素、银行形象等因素一样，会对用户的初始采纳行为产生直接影响。许多研究已表明，亲人、朋友、同学及同事等周围熟悉、亲密接触的重要人群，都会对公众自身的采纳意向，特别是初始意向，产生影响。根据 Chen 等[16]的研究，在此提出，基于重要他人的观点和行为的主观规范将正向影响公众个人初始采纳电子政务公共服务的意向。但随着使用经验的增长，主观规范的影响会逐渐消失，因此，只在采纳阶段Ⅰ中考虑这一影响因素。

与主观规范相区别的是，影响公众个人行为决策的不再只是重要他人，还有整个社会氛围，即社会影响。随着媒体时代的到来，人们不仅从现实生活中寻求归属感，而且还会受到人际圈以外的陌生人的影响，从而产生从众心理。"互联网+政务服务""数字福建"等理念的构想与项目建设，营造出了良好的社会氛围。基于此，从宏观角度提出社会影响会正向影响公众采纳电子政务公共服务的行为意愿。因此，提出如下假设。

H3：技术优势正向影响采纳阶段Ⅰ公众初始采纳意愿。

H4：主观规范正向影响采纳阶段Ⅰ公众初始采纳意愿。

H5：社会影响正向影响采纳阶段Ⅰ公众初始采纳意愿。

3. 采纳意向与净收益

采纳行为受到采纳意向的影响，这一对变量之间的关系在许多理论与实证研究中都得到了验证，采纳意向显著正向影响采纳行为，因此，本章不再对这一关系进行深入的分析。

公众在采纳电子政务公共服务后，会享受到超越系统本身带来的净收益。在许多研究中，都将净收益作为衡量一个系统成功实施与否的重要指标。由于从公众角度考虑采纳行为影响因素，选取政治效能感作为考察因子。政治效能感是一种带有政治色彩的心理现象，是个人认为自己的政治行为能够对政府产生影响的感觉[17]。通过国外学者的研究成果发现，他们对政治效能感所具有的两个功效达成了一致看法，政治效能感是衡量公众政治参与及国家民主化程度的重要指标。陈晓春等学者的研究已经证实使用意愿显著正向影响政治效能感的产生[18]，但是未对政治效能感如何影响持续采纳行为做更进一步的研究，这也是本章计划探寻的一个角度。基于此，提出如下假设。

H6：采纳阶段Ⅰ公众初始采纳意愿正向影响政治效能感。

H7：政治效能感正向影响采纳阶段Ⅱ公众持续采纳意愿。

4. 满意度

满意度是影响公众持续使用电子政务公共服务的重要因子。当公众对先前电子政务服务感到满意时，他们会继续选择通过电子政务服务满足需求，当公众感到不满时，则会降低持续采纳意愿，影响满意度的三个维度分别为感知有用性、感知易用性和感知质量。

感知有用性是指当公众做出某项特定行为时感知能够获得收益。虽然采纳电子政务公共服务获得物质维度的额外收益并不明显，但是通过电子政务平台进行在线办事，能够降低办事成本，提高办事效率。感知易用性是指用户在使用信息系统时的难易感受，包括使用渠道获取的难易、在线办事流程理解与操作的难易、网上政民互动是否人性化等方面。感知质量也是影响满意度的一个重要因子，来自信息、系统、服务等方面的质量都会影响互联网用户的体验，主要从信息发布是否及时、准确、充足，平台运行是否流畅、处理是否及时，公众的需求是否得到反馈，服务态度是否亲切等角度进行衡量。基于此，提出如下假设。

H8：感知有用性正向影响公众采纳电子政务公共服务的满意度。

H9：感知易用性正向影响公众采纳电子政务公共服务的满意度。

H10：感知质量正向影响公众采纳电子政务公共服务的满意度。

H11：满意度正向影响采纳阶段 II 中公众持续采纳意愿。

7.4 样本收集与数据分析

7.4.1 问卷设计

为保障样本数据的信度和效度，问卷中的信任政府、互联网信任、技术优势、社会影响、主观规范、初始采纳意愿、政治效能感等 12 个变量均参考较为成熟的量表，经过一定修改，最终得到此次研究的全部变量的指标，如表 7-1 所示。

表 7-1 变量测量指标来源一览表

变量	变量主要来源
信任政府	Murathan 等[13]
互联网信任	Murathan 等[13]
技术优势	Teo 等[19]
社会影响	Rana 和 Dwivedi[20]
主观规范	Marakarkandy[15]
采纳阶段 I 初始采纳意愿	DeLone 和 Mclean[7]
政治效能感	Kwon 等[21]

续表

变量	变量主要来源
感知有用性	Davis[11]
感知易用性	Davis[11]
感知质量	DeLone 和 Mclean[7]
满意度	Davis[11]
采纳阶段Ⅱ 持续采纳意愿	Venkatesh 等[22]

7.4.2 问卷发放与回收

本章采用问卷调查法进行数据收集，问题题项采用利克特 5 级量表方式进行设计，要求调查对象对各项问题表明态度，采用 1～5 分进行评分。问题内容的设计与编排，主要借鉴国内外相关研究，并结合"数字福建"电子政务建设的具体情况进行修改，小范围测试之后，对初始问卷进行微调和完善，最终形成正式问卷。在福建省范围内，通过国内某调研平台采用网上问卷进行数据收集。最终，获得有效问卷 344 份，其回收率为 90.53%。有效样本描述性统计分析见表 7-2。

表 7-2　有效样本描述性统计分析

项目	分类	人数/人	比例
性别	男性	171	49.71%
	女性	173	50.29%
职业	公职人员	99	28.78%
	企业职工	99	28.78%
	学生	116	33.72%
	其他	30	8.72%
教育程度	本科及以上学历	311	90.41%
	其他	33	9.59%
年龄	18～39 岁（含 39 岁）	328	95.35%
	39 岁以上	16	4.65%

7.4.3 信度分析

信度分析是衡量调查问卷稳定性和可靠性的有效方法。内部一致性信度反映了测验内部变量之间的信度关系，常用 Cronbach's Alpha 系数和库尔德-查理逊公式进行评价。目前，针对态度、意见式调查问卷的信息分析，最常用的是 Cronbach's Alpha 系数。通过 SPSS 进行信度处理，计算校正的项总体相关（corrected item-total correlation, CITC）值，删除 CITC 值小于 0.5 的题项指标，其他相关题项 Cronbach's Alpha 值均达到 0.6 以上，表明此调查具有良好的信度，如表 7-3、表 7-4 所示。

表 7-3 采纳阶段 I 信度分析

变量	Cronbach's Alpha 值	总体
信任政府	0.784	
互联网信任	0.798	
技术优势	0.743	
社会影响	0.630	0.933
主观规范	0.752	
政治效能感	0.807	
采纳阶段 I 初始采纳意愿	0.760	

表 7-4 采纳阶段 II 信度分析

变量	Cronbach's Alpha	总体
感知有用性	0.822	
感知易用性	0.736	
感知质量	0.765	0.928
满意度	0.826	
政治效能感	0.832	
采纳阶段 II 持续采纳意愿	0.744	

7.4.4 效度分析

采用 KMO（Kaiser-Meyer-Olkin）值反映取样的适合度，利用 Bartlett 球形度检验检验相关矩阵是否为恒等矩阵。检验结果如表 7-5、表 7-6 所示，数据表明，采纳阶段 I 的 KMO 值为 0.891，采纳阶段 II 的 KMO 值为 0.921，表明其自检相关性较强。两个阶段的 Bartlett 球形度检验中的显著性水平值为 0，均达到了极其显著水平，从而表明原变量之间具有显著相关性，可进行因子分析。

表 7-5　采纳阶段Ⅰ　KMO 和 Bartlett 球形度检验

取样足够度的 KMO 度量		0.891
Bartlett 球形度检验	近似卡方	4597.468
	df	210
	Sig.	0.000

表 7-6　采纳阶段Ⅱ　KMO 和 Bartlett 球形度检验

取样足够度的 KMO 度量		0.921
Bartlett 球形度检验	近似卡方	3867.054
	df	269
	Sig.	0.000

利用 SPSS 统计软件中的主成分因子分析对问卷中各个变量进行处理，旋转后各个变量的因子载荷矩阵如表 7-7 和表 7-8 所示，每个变量测试题项的因子载荷系数都不小于 0.600。因此，此次样本数据具有一定的效度。

表 7-7　采纳阶段Ⅰ变量的测试题项及因子载荷

变量	测试题项	因子载荷	变量	测试题项	因子载荷
信任政府	A1	0.757	主观规范	E1	0.747
	A2	0.697		E2	0.805
	A3	0.781		E3	0.706
互联网信任	B1	0.812	政治效能感	F1	0.852
	B2	0.845		F2	0.901
	B3	0.785		F3	0.825
技术优势	C1	0.864	初始采纳意愿	G1	0.714
	C2	0.749		G2	0.683
	C3	0.715		G3	0.796
社会影响	D1	0.743			
	D2	0.677			
	D3	0.708			

表 7-8 采纳阶段 Ⅱ 变量的测试题项及因子载荷

变量	测试题项	因子载荷	变量	测试题项	因子载荷
感知有用性	I1	0.818	政治效能感	L1	0.758
	I2	0.687		L2	0.869
	I3	0.783		L3	0.801
感知易用性	J1	0.891	持续采纳意愿	M1	0.825
	J2	0.926		M2	0.873
	J3	0.742		M3	0.794
感知质量	K1	0.749			
	K2	0.846			
	K3	0.663			

7.4.5 假设及模型检验

本书利用 AMOS 软件工具分别对采纳阶段 Ⅰ 和采纳阶段 Ⅱ 中的各个变量进行路径分析。在结构方程模型中,广泛使用的估计模型方法为极大似然法,其次是一般化最小平方法。通过对有效样本的描述性分析发现,有效样本符合多变量正态性假设,因此选择将极大似然法作为预设的模型估计方法。从拟合度指数表 7-9 得出,模型总体拟合效果良好。

表 7-9 拟合度指数

项目	CMIN/DF	RMR	GFI	IFI	NFI	CFI	RMSEA
拟合成功参考值	接近 0	≤0.05	≥0.9	≥0.9	≥0.9	≥0.9	≤0.08
采纳阶段 Ⅰ	0.28	0.046	0.911	0.928	0.946	0.938	0.069
采纳阶段 Ⅱ	0.31	0.048	0.924	0.935	0.951	0.957	0.071

注:卡方最小值与自由度之比(chi-square min/degrees of freedom, CMIN/DF)、均方根残差(root of the mean square residual, RMR)、拟合优度指数(goodness of fit index, GFI)、增量拟合指数(incremental fit index, IFI)、规范拟合指数(normed fit index, NFI)、比较拟合指数(comparative fit index, CFI)、近似误差均方根(root mean square error of approximation, RMSEA)

7.5 研究结果分析

如图 7-3 所示,从模型分析的结果来看,前文所列的假设都得到了验证,在采纳阶段 I 中，技术优势对公众采纳基于电子政务的公共服务初始意愿影响最大，其路径系数为 0.54；其次是信任政府因素，路径系数为 0.52。主观规范因素对公众初始采纳意愿影响也较大。社会影响因素的路径系数仅为 0.33，影响最小。H6 也得到了验证，采纳阶段 I 公众初始采纳意愿正向影响政治效能感。在采纳阶段 II 中，对公众满意度影响最大的是感知有用性，路径系数为 0.65；其次依次为感知易用性和感知质量。满意度显著正向影响采纳阶段 II 公众持续采纳意愿，路径系数为 0.74。政治效能感对采纳阶段 II 公众持续采纳意愿的影响虽不及满意度，但其路径系数仍然达到 0.46。

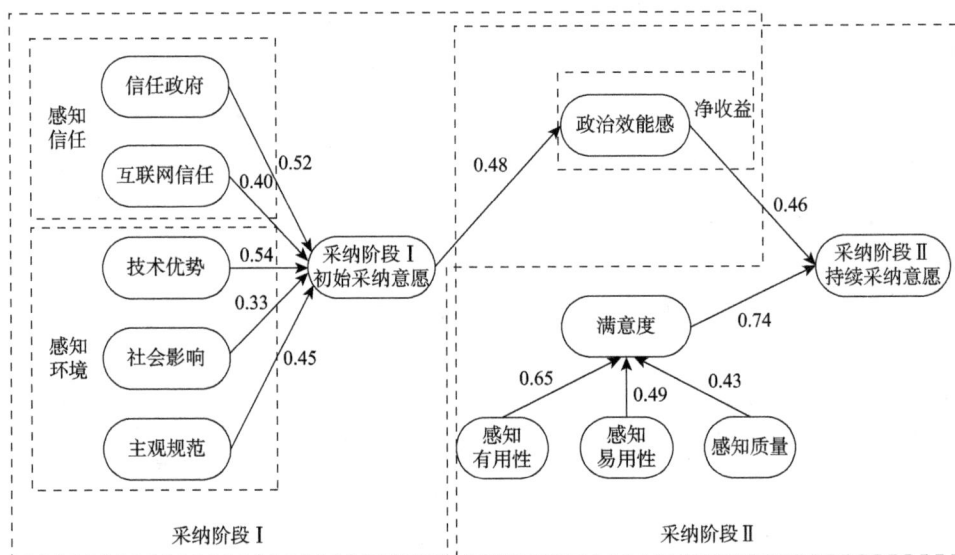

图 7-3　基于电子政务的公共服务公众采纳行为整合模型检验结果

7.6　提升公共服务采纳意愿的对策与建议

在采纳阶段 I 中，感知信任和感知环境正向影响公众初始采纳意愿，政治效能感与满意度也显著正向影响采纳阶段 II 公众的持续采纳意愿。基于此，提出以下促进公众采纳和持续采纳电子政务公共服务的可行性意见。

第一，提高公众信任度。信任是信任者对信任对象怀有的一种积极乐观的心理状态。普遍、公平的福利制度，高效、廉洁的政府机构，公正、透明的执法司法体系都能够提高公众对政府的信任程度。同时，政府机构要不断向有需求的公众宣传成功的电子政务公共服务经验，营造积极的社会氛围，这样的宣传工作能够使公众感受到政府有足够能力提供优质的电子政务公共服务，也能够感受到政府借助电子政务平台提供优质电子政务公共服务的决心与态度，从而提高公众对政府的信任度。

第二，创新网上服务模式。利用大数据、云计算、物联网等信息技术，把握和预测公众的办事需求，提供智能化、个性化、一站式的服务，提高服务的主动性、准确性。引入社会力量，积极与第三方平台合作，开放更多服务接入端口，鼓励提供多样化、创新性的办事服务和公共信息服务。

第三，建立健全制度标准规范。一方面，尽快出台相关的法律、制度规范，鼓励公众参与和享受电子政务服务，确保公众能够安全地进行私密信息传递，否则，感知风险的意识会使公众放弃采纳行为；另一方面，进一步明确电子证照、电子公文、电子签章的法律效力。

第四，重视公众采纳行为产生的政治效能感，引导公众参与，鼓励公众分享在线办事服务和公共信息服务的经验，开展满意度评价，将公众的满意度纳入考核指标，推进评价考核体系的建设，促进政务服务水平的提升。

第五，强化公众和企业参与意识。不断提高行政管理现代化水平，推动社会主义民主与法治建设是我国政府改革的重要内容，而公众和企业的参与程度是评价政府管理水平的重要指标。长期以来，受计划经济体制的影响，公众和企业参与公共事务的热情不高，而且参与的效果也不理想，公众和企业对政府决策的关心、支持程度不够，很大程度上影响了人民群众对政府行为的监督，为政府的盲目决策和腐败行为的发生提供了空间。推动公众和社会参与政府管理，发挥社会各界在政府民主决策、民主管理与民主监督中的作用，具有十分重要的意义。推动公众和企业参与，首先应从强化公众和企业参与意识入手，政府有关部门必须改进工作作风，转变管理方式，把公众和企业的利益放在首位。同时，要充分发挥公众和企业的主人翁精神，调动他们参与政府管理和公共事务的积极性与主动性，努力提高公众和企业的参与意识与民主意识，使广大公众和企业把参与政府管理作为一项自觉的行动，从而提高政府决策的民主化、科学化水平。

第六，疏通公众和企业参与渠道。在互联网出现之前，公众参与政府管理和公共事务存在很大的困难，尽管各级政府机关开设了诸如信访办公室（以下简称信访办）等机构专门受理群众的各种意见、建议，但受时间、空间的限制，以及信访办自身协调能力的局限性，在解决公众和企业的实际问题，以及公众和企业参政、议政方面所发挥的作用是很有限的。电子政务的发展与应用为公众参与政府管理提供了一条便捷、顺畅的通道，互联网打破了时间、空间的局限，公众和企业可以随时随地通过互联网向政府有关部门反映问题，提出建议，而且公众和企业的意见可以直接传递给政府相关当事人，这样必然使得公众和企业参与的热情大大提高，效果也明显改善，而且政府责任部门有义务把公众所反映问题的处理结果在互联网上公布，从而使公众和企业对政府的监督得以加强。互联网虽然为公众和企业参与政府事务提供了有利条件，但到目前为止，真正利用互联网为公众和企业参与政府管理与公共事务提供有效渠道的政府机构还不多，一方面是因为目前已经建成政府网站并已开始有效运行的政府机关还占少数；另一方面，那些已经开通政府网站并开设政府信箱的政府部门由于技术、人员等限制，能利用互联网与公众和企业沟通的也不多。所以，对各级政府机关来说，尽快为广大公众疏通互联网参与渠道具有重要的意义。

第七，重视公众和企业参与意见的回复。在多数人的印象中，从互联网中得到的有关公众和企业的意见不如通过传统的方式取得的意见重要，因此，有的政府部门和政府官员对此缺乏足够的重视。不可否认，由于通过互联网向政府部门反映各种问题非常简单、便捷，而且费用也非常低廉，对调动公众和企业的参与热情是有很大作用的，特别是政府网站和政府邮箱开通的初期，出现一些无关紧要的干扰信息是可以理解的，只要政府部门正确引导，及时处理，必然会走上正轨。相反，如果政府领导片面地认为来自网络的意见不可信，或者认为网络会对政府的权威构成挑战，这样会最终堵塞网络通道，从而影响社会主义民主的发展进程。

随着社会信息化程度的逐步加深，公众对基于电子政务的公共服务的准确性、可靠性和时效性的要求变得愈加迫切。在推进"数字福建"建设的进程中，政府部门只有不断地提升和完善基于电子政务的公共服务，才能不断吸引更多初始采纳公众使用公共服务，不断增强持续采纳公众的黏性，最终达到"数字福建"发展的目标，使服务型政府实至名归。

参 考 文 献

[1]蒋骁，季绍波. 用户对政府门户网站的采纳——基于服务层次的比较研究[J]. 图书情报工作，2011，55（11）：134-138.

[2]国务院办公厅政府信息与政务公开办公室. 2017-05-24. 2017 年第一季度全国政府网站抽查情况的通报[EB/OL]. http://www.gov.cn/zhengce/content/2017-05/24/content_5196348.htm[2017-05-28].

[3]卢向东. 政策解读：加强顶层设计 完善标准规范促进"互联网+政务服务"持续健康发展[EB/OL]. http://www.szzg.gov.cn/2018/szzg/zcfb/201702/t20170216_411461.htm[2017-02-16].

[4]Hsiao C H，Wang H C，Doong H S. A study of factors influencing e-government service acceptance intention：a multiple perspective approach[C]//Electronic Government and the Information Systems Perspective.

[5]Abunadi I. Influence of culture on e-government acceptance in Saudi Arabia[J]. Computer

Science，2012，（6）：1-288.

[6]Lallmahomed M Z I，Lallmahomed N，Lallmahomed G M. Factors influencing the adoption of e-government services in Mauritius[J]. Telematics and Informatics，2017，34（4）：57-72.

[7]DeLone W H，McLean E R. Information systems success：the quest for the dependent variable[J]. Information Systems Research，1992，3（1）：60-95.

[8]Lian J W. Critical factors for cloud based e-invoice service adoption in Taiwan：an empirical study[J]. International Journal of Information Management，2015，35（1）：98-109.

[9]Al-Hujran O，Al-Debei M M，Chatfield A，et al. The imperative of influencing citizen attitude toward e-government adoption and use[J]. Computers in Human Behavior，2015，53：189-203.

[10]汤志伟，龚泽鹏，涂文琴，等. 政府网站的公众初始采纳：从意向形成到行为产生[J]. 情报杂志，2017，36（3）：148-154.

[11]Davis F D. Perceived usefulness，perceived ease of use，and user acceptance of information technology[J]. MIS Quarterly，1989，13（3）：319-340.

[12]郭俊华，朱多刚. 基于信任的移动政务服务用户采纳模型与实证分析[J]. 软科学，2015，29（12）：108-110.

[13]Kurfal M，Arifolu A，Tokdemir G，et al. Adoption of e-government services in Turkey[J]. Computers in Human Behavior，2017，66：168-178.

[14]段文婷，江光荣. 计划行为理论述评[J]. 心理科学进展，2008，16（2）：315-320.

[15]Marakarkandy B，Yajnik N，Dasgupta C. Enabling internet banking adoption：an empirical examination with an augmented technology acceptance model（TAM）[J]. Journal of Enterprise Information Management，2017，30（2）：263-294.

[16]Chen C，Xu X，Frey S. Who wants solar water heaters and alternative fuel vehicles? Assessing social‐psychological predictors of adoption intention and policy support in China[J]. Energy Research & Social Science，2016，15：1-11.

[17]Harris J P. The voter decides[J]. American Political Science Review，1955，49（1）：225-228.

[18]陈晓春，赵珊珊，赵钊，等. 基于 D&M 和 TAM 模型的电子政务公众采纳研究[J]. 情报杂志，2016，35（12）：133-138.

[19]Teo T，Srivastava S，Jiang L. Trust and electronic government success：an empirical study[J]. Journal of Management Information Systems，2008，25（3）：99-132.

[20]Rana N P，Dwivedi Y K. Citizen's adoption of an e-government system：validating extended social cognitive theory（SCT）[J]. Government Information Quarterly，2015，32（2）：172-181.

[21]Kwon M J，Choi Y S，Kim T U. A study on promoting senior citizens' use of e-government services as an effective means for reducing digital divide[J]. The Korea Society of Information Technology Services，2010，6（2）：73-92.

[22]Venkatesh V，Morris M G，Davis G B，et al. User acceptance of information technology：toward a unified view[J]. Mis Quarterly，2003，27（3）：425-478.

第8章 "数字福建"电子政务效率测评

我国自 2006 年开始强调推进基本公共服务的均等化,"十一五"规划、"十二五"规划和"十三五"规划都围绕这个主题下发了明确的通知。显然,提供基本公共服务作为政府的一项基本职能,已经成为我国政府的重要任务。党的十八届三中全会提出:"实现发展成果更多更公平惠及全体人民"①。其中,"发展成果更多"是指基本公共服务的提供规模更广,供给效率更高。《"十三五"推进基本公共服务均等化规划》中指出:"基本公共服务均等化,是指全体公民都能公平可及地获得大致均等的基本公共服务,其核心是促进机会均等,重点是保障人民群众得到基本公共服务的机会,而不是简单的平均化。"②因此,对基本公共服务的研究不仅要关注"由谁来提供""具体供给什么""供给的对象是谁(覆盖范围)"等内容,更应关注"如何供给",即"供给程度及供给的规模、效率"等价值问题。

长期以来,我国政府提供公共服务过程中普遍存在效率不高的问题,行政效率如何提高一直是我国进行行政改革的重难点。21 世纪初我国开始积极地引入电子政务项目建设,主要集中在优化服务、简化交易、增强双向交流、提高透明度等方面的建设,政府在提供公共服务的速度、质量等方面已经有了很大的提高,然而其中部分项目"旧瓶装新酒",通常没能有效地改进过去低效的政务流程,或者忽略了所提供公共服务的经济特性,服务供给成本高昂,由此造成的损失使政府有限的财力没有发挥充分效益。现今我国各级政府电子政务发展处于何种阶段,如何构建科学、合理的指标体系评价电子政务提供公共服务的效率,在政府财力有限的条件下如何基于效率最大化的目标进行政府转型,值得我们进行深入思考。

---

① 《中国共产党第十八届中央委员会第三次全体会议公报》,https://www.guancha.cn/politics/2013_11_12_185190.shtml[2020-11-12]。

② 《国务院关于印发"十三五"推进基本公共服务均等化规划的通知》,http://www.gov.cn/zhengce/content/2017-03/01/content_5172013.htm[2020-03-01]。

"数字福建"的内涵不仅包括政府具有利用信息技术收集和处理数据的潜能，而且包括政府利用技术将数据转化为跨服务整合信息的潜能。作为服务型政府，在提供服务过程中不仅要关注以满足社会公共需要为目的的服务效果，同时要注重政府资源配置是否合理、支出是否有效率。"数字福建"使得福建有更大的动力和机会来提高效率，推动政府部门间的合作，而可持续发展要求福建政府不断地达到新的效率水平，制定新的目标以提高政府提供公共服务的能力。效率是政府行为研究的核心问题，是对政府提供公共产品和公共服务职能进行考核和评价的关键。因此，对"数字福建"电子政务效率进行评价研究具有重大意义。

8.1 行政效率的概念演化

19世纪末，学者开始把效率的概念由企业引入公共管理领域，从管理学的角度去分析政府部门和相关组织的效率问题，试图借鉴企业的成功经验去分析政府"需求、结果、成本、努力和业绩"之间的关系，以对政府的行政效率进行测评，开启了"政府效率至上"观点的时代。在具体实践过程中，1907年的纽约市政研究院首次对纽约市政府进行了以"效率"为核心的绩效评估，充分应用社会调查、市政统计和成本核算等方法与技术，评价了政府活动的成本、产出及社会条件。此时行政效率的概念很大程度上忽略了政府和企业在组织、结构与目标上的巨大不同，一般生产方面的效率评估和相应的对策并不能很好地适用于政府部门。1937年美国总统管理委员会发表报告指出，"行政效率不只意味着文件资料、工作时间和单位成本，真正的效率必须转化为优质、高效的公共服务"。20世纪70年代，西方国家普遍开展的以提高经济和政府效率水平的行政改革进一步推动了学者们和政府部门对行政效率的研究，对公共部门的组织结构、体制、目标等进行的针对性研究改善了之前过于宽泛的行政效率定义、角度和测评方法。同时，研究者对行政效率的内涵也做了延伸，不再局限于之前机械效率的分析，将质量、公平也纳入行政效率的测评体系当中，针对政府部门提供的公共服务，更全面、有效地分析影响公共部门行政效率的各因素之间的关系。

因此，在公共管理领域，尽管效率度量是定量的概念，但行政效率不能仅包括技术性、任务性指标，而应该是一个较为综合的概念，包含战略方向判断、资源配置效益和社会价值等。在投入方面，可以概要性地用人力、技术、资金、设施和时间要素等进行度量，然而产出方面则很难度量其价值。因此，大部分情况下，对行政效率的度量主要从两方面进行：一是对行政工作进行横向比较；二是在不同的时间节点上对行政工作进行纵向比较，两种比较和分析均包括了效益因素、时间因素和经济因素。

20 世纪 90 年代以来，各国政府提供公共服务的机构几乎都不同程度地引进了电子政务技术，已经或是正在实现机构内部纵向的流程一体化，或者进一步正在实现多部门横向一站式系统，即多个机构整合成为单一接口的协调性服务机构（多部门协调配合地提供整体政府服务，这在很多国家都不太成功）。在政府利用信息技术提供公共服务的过程中，较为成功的电子政务建设对于获得公共服务的公众或企业来说，获取服务的流程更加简化，节省了大量的时间和精力，而对于提供公共服务的政府而言，通过各部门集成数据库、管理信息系统的应用及一系列在线服务，一些政府极大地提高了经济、社会及环境领域服务提供的效率。然而，并非所有引入电子政务的政府提供公共服务的效率都得到了显著的提高，甚至有些部门出现了效率的降低。部分低效的政府部门对于电子政务建设的大量资源投入难以进行有效利用，阻碍了电子政务发展进程，进而影响了政府的透明度、责任感，以及公众对政府的信任度、政府对人才的吸引力等，最终会影响政府提供公共服务的水平。

通常情况下从量和质两方面来测量电子政务服务效率，投入方更多地从数量方面入手，即政府借助信息手段的过程中投入的人力、财力和时间的消耗；产出方多从两个方面入手，即电子政务活动所产生的社会效益的质和量，主要表现在公共服务是否得到有效提供，服务目标是否得以实现，公众是否满意这些服务等。

8.2　联合国电子政务评估方法演化

联合国经济和社会事务部自 2002 年开始发布电子政务调查报告，用以评价联合国成员国电子政务的发展状况，有助于决策者了解本国电子政务的优劣势，从而制定相关的政策以促进本国电子政务的发展。联合国用以评估各成员国电子政务发展的指数构成在不同的年份有不同的调查版本，但其所沿用方法论体系是没有变化的，并且该调查本身也在不断地自我调整数据搜集方法，以适应电子政务策略的新兴趋势、科学技术变化及一些其他因素。

在 2002 年的调查报告中，研究人员用电子政务指数评估各国的电子政务发展状况，电子政务指数是一个综合指数，包含三方面的指标——政府网站综合指标的度量、电信基础设施的衡量和人力资本的测量，是三类指标经过标准化变换（各类指标减去均值，除以标准差）后的简单算术平均，而每一方面的指数都是可以独立分析的综合指数。

1）政府网站综合指标的度量

政府网站综合指标的度量基于一份调查问卷，研究人员将电子政务的发展划分为初始、增强、交互、在线处理、无缝连接五个阶段，基于调查问卷的内容，研究团队遵循以公众为中心的原则，分析和测试各种措施与指标，对那些被认为最有代表性的普通公众最可能寻求服务的部门进行评估，即对五个主要或目标行业（健康、教育、劳动与就业、社会福利和服务及金融）的网站进行打分，评估网站的服务数量和成熟度，为成员国提供其为公众提供在线服务能力的比较排名。

2）电信基础设施的衡量

电信基础设施的衡量综合了六个主要指标，通过构建六个单独的指标来标准化各国的数据。这些指标反映了一个国家的信息和通信技术基础设施能力，其统计来源于《国际电信联盟年度报告》及联合国开发计划署的《人类发展报告》，这些指标分别为：每百人拥有的个人电脑数，每万人拥有的互联网主机数，一个国家在线人口的百分比，每百人拥有的电话主线数，每百人拥有的移动电话数和每千人拥有的电视机数。电信基础设施指标是上述六项指标标准化处理后（采用极差规格化方法）的加权平均数。调查认为，个人电脑、互联网用户、电话线和在线人口比移动电话和电视的影响力大得多，因此，前四个指标的权重分别为 1/5，其余两个分别为 1/10。

3）人力资本的测量

公众所受教育水平、自由获取信息的愿望对于一国电子政务的有效性至关重要。据推测，人类发展水平越高，公众越倾向于接受和使用电子政务服务。人力资本的测量用于反映公众使用电子政务服务的条件和意愿，其考察了以下三项指标。

（1）联合国开发计划署提出人类发展指数，用以衡量一个社会的福祉，包括教育水平、经济实力和医疗保健。

（2）信息访问指数，采用透明国际和自由之家两项年度调查。两个组织都进行年度调查，衡量关键的民主组成部分，有助于获取和传播信息，并监督国家公共部门的腐败情况。信息访问指数结合了两个年度指标，并将其转化为一个百分比。

（3）城乡人口比例，反映了互联网服务模式及如何优先访问互联网，农村居民比例较高的国家可能会给电子政务的发展带来更大的挑战。

上述三项指标经过规格化消除量纲后进行算术平均，即可得到人力资本指数。

2003 年的调查报告与 2002 年的相比有两处改进：一是将电子政务指数改为电子政务就绪指数；二是增加了电子参与指数，即根据电子政务准备状态和电子参与程度两个方面对世界各国进行比较排名。

电子政务就绪指数是一个综合指数，包括网络衡量指数、电信基础设施指数和人力资本指数。其中，网络衡量指数建立在 2002 年的评估基础上，并加以修订和强化。首先，其覆盖范围已经扩大到所有联合国成员国，共有193个国家进行了评估；其次，相较于2002年的定性研究，2003年网络衡量的评估是纯量化的，其基于调查问卷，要求研究人员根据可用的特定电子设备或服务的存在与否情况，为指标分配一个二进制值（"0"代表"否"，"1"代表"是"）。2003年电信基础设施指数建立在2002年电信基础设施指数的基础上，是一个以六个独立指数为基础的综合加权平均指数：每千人拥有的个人电脑数（1/5），每千人拥有的互联网主机数（1/5），每千人拥有的固定电话线路数（1/5），一个国家在线人口的百分比（1/5），每千人拥有的移动电话数（1/10），每千人拥有的电视机数（1/10）。相较于2002年，2003年人力资本指数的构成较为简化，数据来自联合国开发计划署的教育指数，是成人识字率和联合了小学、中学及大学的毛入学率的综合体现，其中成人识字率权重2/3，毛入学率权重1/3。

电子参与指数反映用户通过网络与政府互动的意愿，分为三个部分：电子信息、电子咨询和电子决策，通过量化的方法评估各国政府发展电子政务的努力程度及政府网站提供的信息和服务的实际质量。电子参与指数对193个国家共计21个公众信息和参与性的服务及设施进行了评估，涉及政府首脑机关、健康、教育、劳动与就业、社会福利和服务及金融部门的电子信息、电子咨询和电子决策。在评估过程中使用0～4的等级（"0"表示"没有"，"1"表示"偶尔"，"2"表示"经常"，"3"表示"大多"，"4"表示"总是"）。电子参与指数是通过标准化得分来构建的。电子参与指数的计算方法是将一国的分数减去调查中最低的综合值，除以所有国家最高分和最低分的差，这实际上是一种极差规格化算法。

联合国2004年、2005年电子政务调查报告的测评方法及各项指数并无实质性变化。2008年的发展报告对电信基础设施指数做了一些调整，即增加了一批固定宽带订阅的公众并且淘汰了电视机，电信基础设施指数可由以下五项指标极差规格化后的简单算术平均得到：每百人拥有的个人电脑数，每百位居民中互联网用户数，每百人拥有的固定电话线路数，每百人拥有的移动电话数，每百位居民中固定宽带订阅量。

2010年的调查报告主要有三个方面的改进：一是将电子政务就绪指数重命名为电子政务发展指数。二是将政府网站分析的度量指标更名为在线服务指数，并且调查报告本身有四个部分，对应于电子政务发展的四个阶段，而以往网络测度指数都基于一个五阶段模型。其中，第一个问题包括与新兴网上业务的典型属性相关的问题，第二、第三、第四个问题分别对应强化阶段、互动阶段和联动阶段。调查中几乎所有问题都要求"是"（1）或"否"（0）的二元回答，例外情况包括少数问题，旨在获取有关表格和电子服务数量的数据，而这些问题的最高分不超过10分。三是联合国电子政务发展指数的方法论框架与往年各个调查期间保持一致，但2010年的电子政务调查对调查问题进行了调整，在调查问卷中增加了

25 个问题，修改了 29 个问题，删除了 16 个问题。在线服务和电子参与方面比前几年更加重视对所提供服务类型方面的更细微的问题，更好地反映了各国电子政务发展水平的相对差异。

2012 年的调查报告在以下方面进行了改进：一是对电信基础设施指数做了调整，用注册固定网络的数量替换了个人电脑数，调整后的电信基础设施指数可由以下五项指标标准化后的简单算术平均得到：每百位居民中的互联网用户数，每百人拥有的固定电话线路数，每百人拥有的移动电话数，每百位居民中注册固定网络的数量，每百位居民中固定宽带订阅量。二是研究小组对调查问卷进行了改进，更注重整体政府模式和综合在线服务重要性的加强，电信基础设施在缩小数字鸿沟方面的成果，为弱势群体和边缘群体提供服务等。三是在 2012 年的调查中，关于在线服务指数的绝大多数问题都要求得到完全两分法的回答，例外情况包括极少数问题，旨在获取其他数据，最高不超过 3 分。

首先，2014 年的调查报告同样对电信基础设施指数进行了调整，用无线宽带用户数替换了固定网络用户数，调整后的电信基础设施指数由以下五项指标标准化后的简单算术平均得到：每百位居民中的互联网用户数，每百人拥有的固定电话线路数，每百人拥有的移动电话数，每百位居民中无线宽带订阅量，每百位居民中固定宽带订阅量。其次，由于意识到教育是支撑人力资本的基石，其对人力资本指数的成分及权重也进行了调整，改进后的人力资本指数包含 4 种成分：成人识字率（权重 1/3），联合了小学、中学及大学的毛入学率（权重 2/9），预期受教育年限（权重 2/9），平均受教育年限（权重 2/9）。再次，电子参与度排名方式有所调整。在 2014 年的报告中，国家间的电子参与排名由电子参与指数决定，考虑到如果有一些国家在排名中处于并列位置，为了不影响后面的国家，具体名次通过"标准竞争排名"法得出，即如果国家 A 和国家 B 的电子参与指数值相同，国家 C 紧随其后，若国家 A 排为第 1 名，则国家 B 同样为第 1 名，但国家 C 排第 3 名。2012 年以前使用的是"改进竞争排名"，即如果国家 A 和国家 B 的电子参与指数值相同，国家 C 紧随其后，若国家 A 排为第 1 名，则国家 B 同样为第 1 名，国家 C 排第 2 名。最后，不同于 2012 年，2014 年的调查中涉及在线服务指数的每一个问题都要求得到完全两分法的回答。

2016 年的调查报告沿用 2014 年的方法，没有实质改变。

总之，虽然历年联合国电子政务效率测评的方法论体系基本一致，但每一次调查均会考虑到时代的变化、电子政务的发展及科技水平的提高，因此指标的内涵和构成可能也会有所不同。也就是说，联合国电子政务效率测评的方法并非一成不变的，而是与时俱进、不断完善的，在对国家的电子政务发展水平进行纵向比较时，需要加以注意。

8.3　我国电子政务评估方法演化

我国的电子政务系列报告主要有《中国电子政务发展报告》《省级政府网上政务服务能力调查评估报告》《中国城市电子政务发展水平调查报告》《中国政务微博客评估报告》等。下面主要分析《中国政务微博客评估报告》《中国城市电子政务发展水平调查报告》《省级政府网上政务服务能力调查评估报告》等。

8.3.1　《中国政务微博客评估报告》测评方法的演化

我国从 2011 年开始对政务微博客进行评估,评估对象是在指定网站(新浪网、腾讯网、人民网、新华网)认证过的党政机构微博客和党政干部微博客,评估以导向性、科学性、客观性、可行性为原则,选择了评估指标,并且对各项指标赋以科学的权重,建立了合理的指标体系。其中,导向性原则是指建立科学、合理的指标体系,从而引导政务微博客健康、持续发展;科学性原则是指基于专家的建议对各指标科学赋权,并对所收集的信息进行科学、客观的排名;客观性是指基于所得数据,通过所构建的指标体系进行统计分析,得出客观的评估结果;可行性是指所构建的指标体系要能够保证评估结果的准确性和科学性,并且还要充分考虑到数据的可获得性和评估工作的可行性。

2011 年的评估指标体系包含 4 项一级指标和 20 项二级指标,即覆盖力(受众数、认证受众数、活跃受众数、穿透力)、传播力(总发布数、总被转播数、总被评论数、原创内容数、图文视频内容数量)、服务力(总转播数、总评论数、时间分布、话题数)、成长力(日均发布数、日均被评论数、日均被转播数、日均评论数、日均转播数、日均受众增加数及微博年龄)。其中,二级指标的得分通过标准化计算得到,综合得分是 4 项一级指标的加权平均数。

2012 年的评估指标体系与上年相比有所变化,包含 4 项一级指标和 15 项二级指标,即互动力(总转播数、总被转播数、总评论数、总被评论数)、影响力(受众数、认证受众数、微博年龄)、传播力(总发布数、原创内容数)、成长力(日均发布数、日均被评论数、日均被转播数、日均评论数、日均转播数、日均受众增加数)。综合得分的计算方法沿用 2011 年的方法论体系,二级指标得分依然通过标准化计算得到,综合得分是各项一级指标的加权平均数。

2013 年的综合得分计算方法在方法论方面没有变化,但指标体系在上年的基础上做了一定的调整。有 4 项一级指标和 18 项二级指标,其中一级指标没有变化,主要对二级指标进行调整，并且加强了对互动力、影响力、传播力、成长力的持续性的关注。互动力包括的二级指标调整为总转播数、总被转播数、总评论数、总被评论数及持续性（该微博上一年微博客评估互动力得分）；影响力包括的二级指标变为受众数、微博年龄及持续性（该微博上一年微博客评估影响力得分）；传播力包括的二级指标变化为总发布数、原创内容数和持续性（该微博上一年微博客评估传播力得分）；成长力对应的二级指标调整为日均发布数、日均转播数、日均评论数、日均被转播数、日均被评论数、日均受众增加数及持续性（该微博上一年微博客评估成长力得分）。

随着社交媒体和社交网络的兴起，博客的交互属性逐渐被替代，博客的热度逐渐下降，2013 年底比鼎盛时期的用户规模减少了 7 成以上，因此《中国政务微博客评估报告》没有继续调查发布。

8.3.2 《中国城市电子政务发展水平调查报告》测评方法的演化

自 2014 年起，国家行政学院电子政务研究中心开始发布《中国城市电子政务发展水平调查报告》，构建能够全面反映我国城市电子政务发展水平的评估模型，客观、科学地评估我国城市电子政务的发展，进而找出发展中所存在的问题，以期引导我国电子政务的健康发展。其调查对象为 36 个包括直辖市、副省级城市、省会城市、自治区首府在内的主要城市及其他 302 个地级市的电子政务发展。

《中国城市电子政务发展水平调查报告》沿用联合国电子政务发展指数的中心思想，在电子政务发展指数框架下对不同城市的电子政务绩效水平进行评估。

2014 年评估指标体系的构成包含四部分的内容，即基础准备、在线服务、电子参与和新技术与新应用，其构成指标及权重的设定采用的是 AHP，在导向性、科学性、客观性、可行性的原则下，请权威专家对评估指标进行打分，构造评判矩阵，确定各项指标的权重。基础准备、在线服务、电子参与和新技术与新应用的权重分别为 20%、60%、10%、10%。

2015 年的评估指标体系方法论并未改变，并且依然通过 AHP 来构建综合评价体系，但成分及权重有所改变。考虑到移动互联网从内容到服务再到互动的变革，2015 年的评估指标体系由四项指标组成：基础准备（10%）、在线服务（50%）、电子参与（20%）和移动政务（20%）。

2016 年的指标构成同样进行了调整，调整后的电子政务发展指数由三项指标构成，即在线服务（60%）、电子参与（20%）和移动政务（20%）。

8.3.3 《省级政府网上政务服务能力调查评估报告》测评方法的演化

国家行政学院电子政务研究中心自 2015 年起开展省级政府网上政务服务能力调查评估工作。评估以 31 个省级政府（不含香港、澳门、台湾）和新疆生产建设兵团在政府门户网站或者网上政务服务平台上提供的服务为调查对象，遵循以互联网为中心的原则，围绕网上政务服务"可达、可见、可用、可办"的目标，对各地的网上政务服务能力和质量进行评估与排名，以期促进电子政务更好、更快地发展。

2015 年调查评估指标体系包括 4 项一级指标、11 项二级指标和 44 项三级指标。2017 年的调查评估指标体系包含 4 项一级指标、13 项二级指标和 57 项三级指标，相比于 2015 年有一定的变化，测评总体方向不变，依旧聚焦于"服务方式完备性""服务事项覆盖性""办事指南准确性""在线服务交互性"四个方面，因此其一级指标依旧沿用 2015 年的 4 项指标。然而由于 2016 年、2017 年政务服务提供方式、规范程度及应用深度等的高速变化，2017 年的指标体系对二、三级指标做了较大的调整，具体调整见表 8-1 和表 8-2。

表 8-1　2015 年指标体系

一级指标	二级指标	三级指标
服务方式完备性	服务提供方式	域名设置情况、服务平台建设情况、服务入口、标准化程度
	专题服务	场景服务、个人和企业分类导航、部门和地区分类导航、热点领域专题、热点问题问答、监督投诉功能、咨询服务功能
	多渠道服务	微博微信服务、APP 服务、其他渠道方式
服务事项覆盖性	权力清单	权力清单公布情况、职权清单类型
	事项公开数量与范围	服务事项数量、事项覆盖类型、事项覆盖范围
办事指南准确性	事项基本信息	事项类型、受理范围、法定时限、承诺时限、办理时间、办理地点、联系电话、监督电话、咨询服务、办理依据
	申请材料信息	材料名称、材料来源或出具单位、材料介质要求、材料数量要求
	表格及样表服务	表格准确性、样表准确性、服务提供
	办理流程信息	办理流程图、流程内容翔实性、流程内容完整性
在线服务交互性	在线服务程度	服务深度、一体化程度
	在线反馈	办件统计、办件查询、办件公示

表 8-2 2017 年指标体系

一级指标	二级指标	三级指标
服务方式完备性	服务平台规划设计	一站式提供、集约化程度、标准化程度、服务入口
	服务功能和引导	服务功能提供、服务对象分类引导、服务层级分类引导、服务主题分类引导、事项性质分类引导
	多渠道服务	政务互联网账号、统一服务热线、移动端
服务事项覆盖性	规范化程度	办事指南要素完备度、权力清单要素完备度、要素规范统一
	事项清单公布情况	清单类型、公共服务清单公布情况、权力清单公布情况
	办事指南发布情况	发布数量、覆盖层级、覆盖类型、办事指南与权力清单关联度
办事指南准确性	基本信息	事项编码、事项类型、办理对象、承诺时限、法定时限、办理依据、受理时间、受理地点、联系电话、监督电话
	申请材料	材料名称、材料来源、介质要求、数量要求
	办理流程	流程内容翔实性、流程环节完备性、流程图提供
	收费信息	样表下载服务、空表下载服务、样表准确性、空表准确性
	表格及样表下载	收费标准、明确标识
在线服务交互性	一体化办理	统一身份认证体系、电子证照统一赋码、统一审批、统一查询、统一咨询服务、权力事项库、单点登录
	在线办理深度	信息公开阶段、单项服务阶段、交互服务阶段、在线办理阶段

8.4 福建电子政务发展阶段的定位

回首过去的 20 年,纵观国外电子政务发展历程可以发现,尽管不同国家和地区在起始时间、客观条件和建设模式方面不尽相同,但其发展总是由简单到复杂、由局部到整体、由单向职能向交叉重合进行的,这一过程呈现出较为统一的阶段性特征,其目标正随着社会价值和需要不断演变更新。

我们首先对福建电子政务发展阶段进行定位,是出于对特定地方电子政务效率进行测评分析的需要。在电子政务建设过程中我们需要不断思考不同阶段、不同程度的电子政务何种表现可以称之为好,或者称之为合格?其实施应如何评估?这是诸多国内外学者和政府不断探讨的问题,是电子政务建设发展的关键问题,也是评价的意义所在。大多数测评机构或横向将不同国家和地区,或纵向将某个地区的不同年份作为评估对象对其按照表现得分进行排序。然而这种评估排序是否全面呢?排在前面的说明了该对象投入的资源多还是单纯的产出表现好?这其中是否包含了大量的浪费和超前的非必要的设置?网站的在线水平能否代表该地区政府电子政务提供服务的效率?资源匮乏地区若政府网站排名靠前,是意味着它的服务水平超出了预期还是意味着其中包含了大量的浪费？排在什么位置能说明当地的信息化水平所决定的政务环境与电子政务提供服务的水平达成了一致？排名是否包含了当地居民的接受程度和满意程度？……由此可见，要对特定地域进行电子政务效率评估，必须分析其所属的特定的政务环境。

地方的信息化水平影响着电子政务的外部环境，影响着公众和企业所需的主要公共服务内容及深度；而我国电子政务建设也面临着地域发展失衡的问题，且地域间差距较大。信息化水平和电子政务建设阶段的不同使得各地方所面临的主要问题、要解决的主要任务、可配置的资源有较大不同，因此在对福建电子政务服务效率测评之前，需要对福建的信息化水平进行认定，并分析福建的电子政务所处的阶段。

8.4.1 "数字福建"项目分布情况

2014～2017 年"数字福建"建设项目达 160 多个，投资金额达 200 多亿元，分布于福建省经济信息中心、公安厅、交通运输厅、财政厅、人力资源和社会保障厅等几十个建设单位，根据项目的类型和面向对象的不同可以把项目分为 38 个建设方向，如图 8-1 所示。

1. 投入金额方面

从投资金额来看，2014～2017 年教育领域最受重视，投资金额超过 5 亿元，其中"优质教育资源共享支撑工程 PPP 项目"的投资金额就达到了 16 141 万元，"福建省优质教育资源共享支撑工程班班通试点项目"投资金额为 1018 万元。由此可以看出，现如今教育领域在数字投入方面将重点放在了教育资源共享方面，从硬件和软件上构建教育云基础设施，并着力开发教育信息化公共服务平台。其次，2014～2017 年"数字福建"在基础设施方面的投入仅次于教育领域，达到 3.7 亿多元，包括了 10 个相关项目。基础设施建设主要是指网络系统搭建或升级、数据库的引入、硬件设备的购买和应用等。这说明到目前为止，还有较多的部门刚刚开始进行信息和通信技术的集成及政府信息资源的整合，电子政务建设处于初级阶段。

2. 项目数量方面

从项目数量上来看，2014～2017 年"数字福建"在公共安全方面的建设项目多达 17 个，累计金额高达 1.4 亿多元，项目覆盖范围较广，涉及网络与信息安全、危险物品监管、居住管理、现场执法、出入境管理、警务云、边防、交通安全与稽查、消防移动指挥等多个方面。此外，"数字福建"近几年在环保方面的投入甚为突出，项目多达 13 个，侧重于引入自动检测系统，如空气质量自动监测信息系统项目、福建省固体废物环境监管平台项目、环保在线监控与会商系统升级项目等。

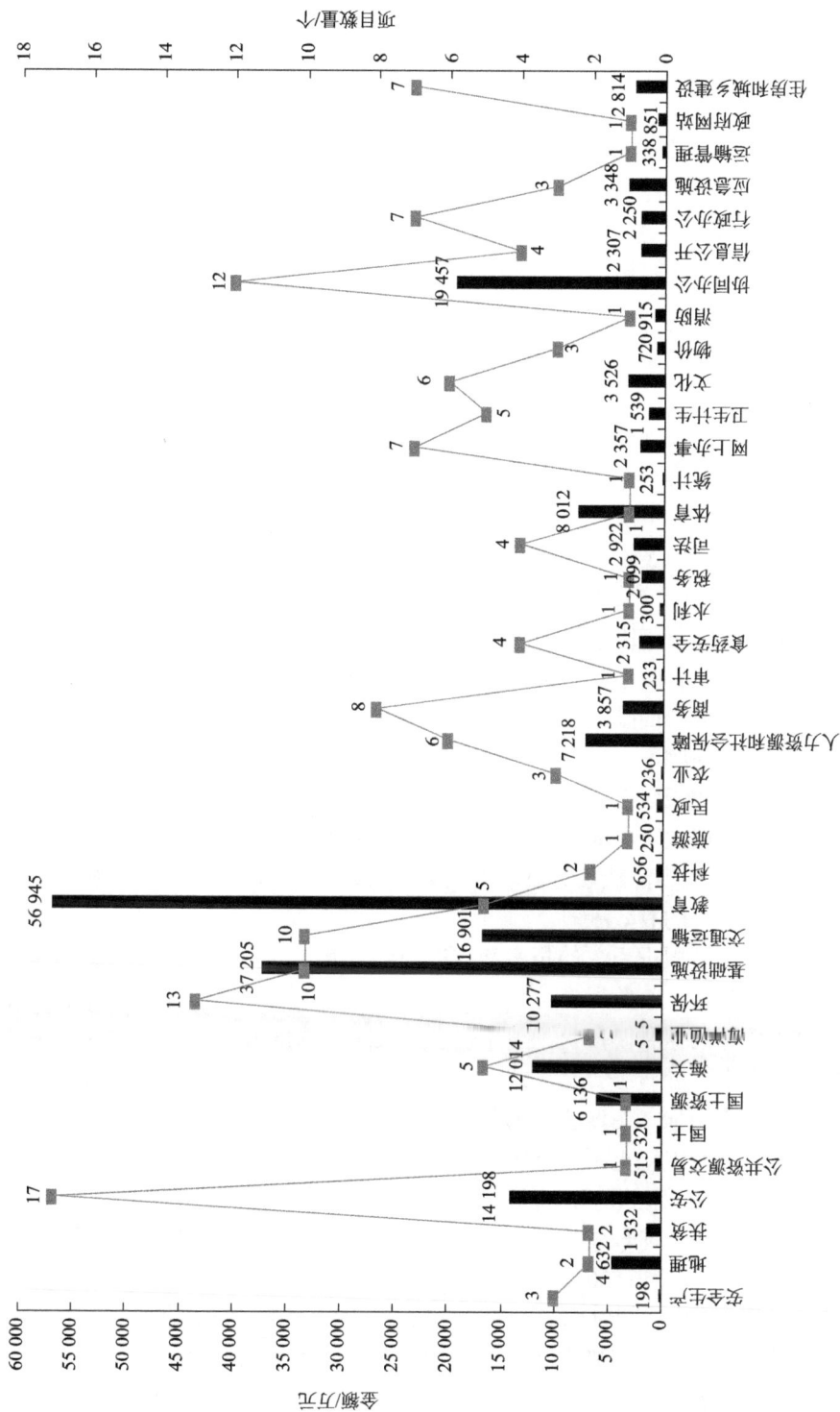

图8-1 2014～2017年"数字福建"项目投入金额与数量分布

不同于早期纵向职能部门的各自建设，近几年"数字福建"加大了多部门间信息共享和协同办公建设力度，2014～2017年协同办公类项目多达十几个，试图消除部门间的信息鸿沟，打造服务集群，典型项目有三明市政务数据汇聚平台建设项目、"多规合一"信息平台（一期）项目、政务服务 APP 统一平台（闽政通 APP）项目等，总投资额将近 20 亿元。

总体来说，"数字福建"近几年投入的主要目的还是在于推动政府信息治理结构的确立，项目以要素的集成化和流程的智能化为主。

8.4.2 福建省电子政务发展阶段分析

根据《中国信息社会发展报告 2016》，福建省信息社会指数为 0.5618，在"一带一路"沿线地区中排在上海、广东和浙江之后，位居第四位，虽然得分未超过 0.6000，还未进入信息社会初级阶段，但远超过全国平均水平 0.4523。这意味着福建省目前仍处于信息技术扩散加速、时效显现较为突出的阶段，其面临的主要问题是地域间、层次间的发展不平衡，主要任务为继续加快调整与改革，逐步消除有碍于平衡发展的不利因素，同时应加强公务员和公众的教育培训，以提高其信息素养。由于福建省的信息社会指数已经接近于 0.6000，即将步入信息社会初级阶段，应对接下来所面临的主要问题做准备，即解决各职能部门间互联互通和电子政务实用性的问题。其中，在线政府指数是衡量福建省信息社会指数的一个重要指标，福建省在线政府指数为 0.7017，高于全国平均水平 0.5496，在"一带一路"沿线地区中仅次于上海、海南和广东，排在第四位。这说明福建省"互联网+政务服务"发展较为活跃且时效较为显著，在线政府已成为各级政府平稳运转和高效履职不可或缺的有效手段。

此外，诺兰模型根据引入的技术和数据的组织方式的不同，将组织引入管理信息系统的过程分为六个阶段，分别为初装、蔓延、控制、集成、数据管理和成熟阶段。电子政务的这种阶段化发展不仅包含技术因素的变化，还包含技术与政务结合的变革因素，如政务提交方式、政务流程的优化与再造、政府组织的变革等，也存在着逐步加强、由浅至深的阶段性变化的特征。根据诺兰模型的判定，福建省大部分的政府组织电子政务应处于控制和集成阶段。

处于控制阶段的政府组织，计算机等信息预算每年以较高的比例增加，而产出则不尽理想，但这一阶段的好处是引入了数据库技术，将初始的计算机管理逐步转化为数据管理。例如，2015 年的福建省人口计生信息系统升级改造项目就是在引入 Oracle 数据库基础上改造升级省全员人口库；2016 年的福建省区划地名界线数据库及其管理系统项目则在建设区划地名数据库的基础上建立区划地名业务申报、查询管理系统；2018 年的福建省海洋环境与资源基础数据管理中心建设项目则在建设系统应用支撑平台、海洋环境与资源数据库的基础上，建设数据管理中心综合应用服务系统和数据管理中心评价服务系统。

处于集成阶段的政府组织是在控制的基础之上，对具有共享需求的组织间子系统中的硬件和软件进行重新连接，建立集中式的数据库以减少信息冗余、降低信息错误率并充分实现信息共享。2015～2017 年，福建省政府在集成整合服务平台方面的投入较大，如 2015 年电子口岸公共平台海事边检对接项目投入 1690 万元、2016 年公共资源交易电子公共服务平台（一期）和福建省公共资源交易电子行政监督平台项目投入 1974.65 万元、2017 年政务服务 APP 统一平台（闽政通 APP）招标项目投入 1480 万元等。集成阶段的特点是对内建立起了集中式的数据库和管理信息系统，对外建立了"一站式"在线服务中心，与此对应的是增加了大量的硬件，信息预算费用大幅度增长，而产出也是较为令人满意的。"闽政通" APP 作为福建省"一站式"典型应用已于 2017 年 10 月开始上线试运营，并于同年 12 月正式投入运行，该应用接入福建省行政审批、公共服务事项超过 11 万项，力图打造"一次提交，跨部门、层级办理"的统一聚合平台。2017 年福建省政府网站的数量从一季度的 1773 家，逐步整合为四季度的 580 家，政府网站大幅度"瘦身"过程体现出政府信息资源正在努力互通、共享和集成，这是福建省电子政务逐步成熟、从单向应用阶段向共享协调阶段迈进的必经历程。

但是，福建省还未实现各级政府组织全方位的数据存储、检索、处理和维护，电子政务系统主要面向的还是业务层次，无法有效地为各个管理层次提供足够、智能的信息。从《第六届（2016）中国智慧城市发展水平评估报告》的调查中可以看出，福建省在智慧基础设施方面表现不佳（厦门除外），以福州市为例，福州市在参评的 201 个城市中智慧基础设施得分排在第 101 位，远低于其他省会城市，这项得分意味着福建省在基础信息资源共享协同和城市云平台应用方面的欠缺。

8.5 云平台背景下电子政务边际成本变化分析

以云计算技术为支撑的，具有互补效应和协同效应的虚拟业务集群，克服了原本业务系统烟筒式部署模式的局限性，这种局限性的突出特征是电子政务边际成本下降缓慢，且当部门间协同共享的需求不断增加超过某个边界时，建设和运营电子政务的边际成本反而有上升趋势，如图 8-2 所示。

边际成本/万元

O　　　　　　　　　　　　　　　　　　　　时间/年

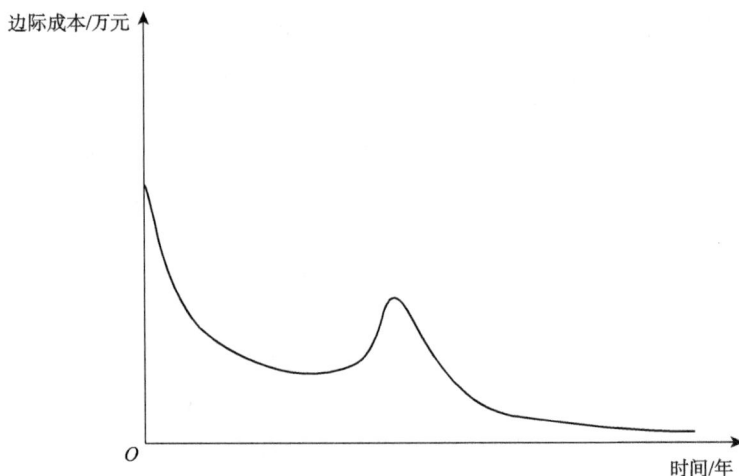

图 8-2　电子政务边际成本变化趋势图

目前福建共有业务系统大约 2000 个，大多数应用系统均采用应用服务器+数据服务器的架构，利用各自独立的计算资源和存储资源为用户提供服务，系统内遵循电子政务边际成本下降的规律，随着服务业务范围、对象和深度的加深，单位业务成本摊薄并不断下降。然而从政府总体上看，这种由条状的各业务部门自成体系的业务系统所支撑的电子政务，在资源开发及利用上存在着重复建设及资源浪费的现象，而且呈现出以下几个突出问题。

（1）硬件使用效率低。各单位在设计业务系统的资源配置时，均需要考虑各业务系统的业务处理峰值、未来业务扩展预估和投入成本问题，按照预估峰值配备的服务器在实际运行过程中利用率较低，正常情况下利用率只有 20%，即便是最繁忙的业务系统利用率也不足 50%。

（2）资源无法共享。各个业务系统的开发按照自己的需求进行，没有统一的顶层设计，开发环境、开发工具不尽相同，经过多年的运行已经形成了许多信息孤岛，相关厅局之间的业务数据交换和共享基本没有，这也导致难以形成各个业务系统之间的互助协同，对于信息化建设的主体（人）和客体（数据）难以形成关联，无法进行数据整合与挖掘，难以为综合管理提供全景、多维度的智能化决策。

（3）服务质量参差不齐。各部门现有业务系统的提供厂商各不相同，搭建系统的底层基础设施如操作系统、数据库等的选择也差异较大，再加上厂商的开发水平本身就参差不齐，有些业务系统由于开发时间较早出现了相关开发人员和文档的流失，甚至有些厂商已经不再提供技术支持。

（4）运维成本高。随着各业务系统业务处理量的增加，服务器数量越来越多，数据库越来越大，系统功能不断增多，这就导致系统的复杂度不断提高，进而导致系统出错率的提高，加大了维护的难度；另外，业务系统的空间、网络、耗电和制冷等消耗也越来越大，各系统的运维成本越来越高。

（5）灾难恢复困难。由于缺乏统一的制度要求、对系统安全性重视程度不够，以及为了节约建设成本等原因，大部分业务系统在系统安全投入方面的预算普遍较低，缺乏有效的威胁防范和追踪机制，并且没有备份，难以抵御物理安全威胁和网络安全威胁，一旦发生意外事故或是人为攻击将难以进行数据恢复。

当各业务系统协同共享的需求不断增加、业务交互不断增多时，各部门不得不以进一步的投入建设来缓解以上问题，此时电子政务的边际成本就会呈现出上升趋势。从分散的各部门、各层级的办公自动化到各纵向部门的独立资源数据中心，"数字福建"正面临着一个转折点。为了能够从根本上解决以上问题，"数字福建"提出了整合各纵向部门构架和资源的政务云平台方案，对政府而言形成了地域上的业务集群，业务及信息结构的变化能够使政府各部门的交互摆脱信息孤岛的长久约束。"数字福建"通过建设云计算中心，以资源整合和提升服务为宗旨，以构建可靠的私有云为主，统筹好各个部门的需求，实现网络平台化、应用云端化、专业服务的社会化。"数字福建"云计算中心的建设将传统的政务服务应用迁移到平台上，共享给各政府部门，提高云计算中心的服务效率和服务能力，在网络环境下真正实现从数据共享、信息共享走向服务共享。政务云平台迁移整合各省直部门数据中心的业务集群思想，有助于解决各部门重复建设、业务及服务关联度难以提高、业务配套服务相对薄弱等问题，快速培育政务云的核心竞争力。在电子政务建设的背景下，政府部门投入信息、能源等资源的边际成本明显呈现下降趋势，使得信息传递结构在空间上呈现出集聚性和扩散性双重特征，有助于政府信息生产和传递的结构合理化与效率的提高，也有助于沉淀成本的补偿，加速"零边际成本"趋势的实现。

8.6　电子政务服务效率分析——以"数字福建"云计算中心为例

很明显，电子政务建设可以促进地区发展，推进诸如教育、卫生、就业、财政和社会福利等方面的基本公共服务，影响政府提供以上服务效率的主要因素有以下几个。

（1）地区收入水平。通常情况下，当地政府利用基本信息技术在门户网站上发布公共服务信息或引入办公系统进行初步电子化的能力与地区的收入水平关系不大，然而地区收入水平往往与办事人员和公众的信息素养及公众的参与度有较大的关系，而且当涉及复杂技术的应用和专业性的在线服务时，地区收入水平就呈现出更为明显的相关性。

根据联合国等机构数年来对各国电子政务建设的调查评估发现，地区的收入水平与当地政府提供的在线公共服务水平呈正相关，高收入地区和低收入地区在线指数排名呈现了较为明显的差距。当然，随着信息技术的普遍应用和各国在电子政务建设方面的不断努力，大部分低收入地区电子政务水平会以一个较高的速度提升。然而不论从建设投入、标准制定、技术应用，还是从包容性、信息化人才和改革思维等方面进行对比，低收入地区试图赶上高收入地区还需要一段时间的努力和投入。

（2）基础设施普及程度。网络的可获得性对于人们掌握网上政府信息至关重要。我国现今大部分基于电子政务的关键公共服务的获取和使用都是立足于宽带的可得性和可用性之上的，因此互联网可负担的宽带连接普及程度显得尤为关键，是政府提升公共服务供给效率的优先考虑。《2016 联合国电子政务调查报告：电子政务促进可持续发展》指出，中国政府在利用互联网提供在线公共服务方面做出了特别的努力。中国的创新举措突出强调了信息和通信技术的重要性，并将其置于国家优先发展地位。

另外，随着近几年手机屏幕的扩大与性能的增强，以及 4G 移动网络速度的提高，我国移动设备普及率及支付能力大幅提高。2017 年福建省的移动电话用户普及率达到 110.9 部/百人，高于全国移动电话用户普及率（102.5 部/百人），但低于东部地区平均水平（117.6 部/百人）。政府开始逐步将公共服务的提供从固定网络转向移动网络，这需要政府引入移动设备、移动技术和移动应用来支持适用于移动平台的电子政务。陆续上线的移动平台电子政务服务可以有效利用社交媒体扩大服务范围，更及时地为偏远地区人群或是弱势群体提供基本公共服务，尤其是老人、青少年、残疾人、收入低的人口等，在减少数字鸿沟方面（特别是发展中地区）大有裨益。例如，福建省在线办事大厅拓展提升项目（2016 年）就将现有在线办事项目转移至掌上办事 APP 中，并将省级自建系统与市县行政服务中心业务系统互联整合；政务服务 APP 统一平台（闽政通 APP）招标项目（2017 年）则是建立一个统一身份认证系统、统一支付服务、综合运维管理的移动应用平台。

（3）区域内技术水平。基本的基础设施就位后，通常政府会将重点转移到提供在线服务更快、更创新的新技术的应用上。技术进步将持续推动电子政务创新发展，越来越多的在线服务、定制化的移动应用程序、地理信息系统数据和物联网在公共政策的制定与公共服务的执行方面的应用等，这些技术或是应用的引入在世界范围内已经初步显示出效果，公众参与度、政府信息透明度、公共服务供给效率的提高显示出了技术在公共服务领域的巨大潜力。例如，大数据技术有效应用在了欧洲几个发达经济体当中，仅在运营效率的提高方面，大数据就为政府节省了超过 1000 亿欧元的成本，约合 1194 亿美元（2017 年 12 月 29 日欧元兑美元汇率为 1.194），这还不包括在减少欺诈和差错及增加税收方面的节约。区域内技术水平决定了该地区电子政务引入新技术与新应用的能力，也决定了该地区对电子政务技术的运维支持能力。福建省大数据技术近几年来陆续应用在了地铁施工（智慧工地监管云平台）、打击各类通信信息诈骗（伪基站监控系统）、教育（移动智慧教育云平台）和社区管理（社会综合管理系统）等方面，有效提升了信息化监管水平，实现了可视化智能管理。

2017 年福建省软件业务收入增长较快，虽然收入总量位居全国各省区市第八位，然而其累计增长率达到 16.1%，在软件业务居前十位的省区市中，增速仅次于陕西和浙江，位居第三位。

结　语

近几十年来，世界各国政府都面临着快速发展的挑战，如何使公共服务和管理更加透明、高效是摆在各国政府面前的重要任务。将信息和通信技术广泛应用于公共部门，构建信息社会的政府，即电子政府是完成这一重要任务的必由之路。自 20 世纪 90 年代起，许多国家已经开始启动电子政府项目，且在结合提高效率和取得更多响应的目标下更注重使用信息和通信技术为公众和企业提供信息服务与办事服务。在实践中，政府公务人员和学者们都很难确定这些电子政府项目是否能达到公众对信息透明度、公共服务质量及公共部门管理水平的要求，而且很难评估电子政府系统的社会和政治影响。

互联网+服务背景下，"数字福建"发展需要改进的地方主要表现在"数字福建"投资渠道不畅、PPP 管理机制需要进一步完善；信息资源建设力度不够，尤其是政府部门间信息共享程度低，使得公共服务水平难以提升；对社会需求关注不够，把握社会需求的办法不多，导致"数字福建"投入很大，公众和企业获得感不明显；对于公众对"数字福建"采纳行为研究不够深入，公共服务供给方式单一、单调；"数字福建"服务效率和效果评价体系尚未建立，对"数字福建"电子政务建设缺乏统一、权威的评价机制。

"数字福建"建设是一项复杂的、关系全局和长远发展的系统工程，具有高科技、跨部门、长期性等特点。"数字福建"和社会资本合作，有利于拓宽建设资金来源，加快"数字福建"发展，有利于创新投融资机制，拓宽社会资本投资渠道，增强经济增长内生动力；有利于推动各类资本相互融合、优势互补，促进投资主体多元化，发展混合所有制经济；有利于理顺政府与市场关系，加快政府职能转变，充分发挥市场配置资源的决定性作用。

"数字福建"信息资源整合是共建共享和开放利用的基础。有效整合信息资源，实现从数据到信息再到知识的提升是"数字福建"建设的一项重要任务。加强共享机制建设，包括建立和完善立法驱动、政策引导等动力机制，建立和完善权力机构监督、政府监督、社会监督等监督机制，建立和完善组织机构、财力、人才、技术等保障机制，以及建立和完善评估、激励等考核机制。只有这样才能确保地方政府部门间信息资源共享的顺利实现和可持续发展。

"数字福建"建设的最终目的是把信息资源和信息技术应用于经济社会各项事业中，使人民群众拥有区域信息化带来的获得感、幸福感。"数字福建"只有贴近公众生活，为人民提供高水平、高质量的在线办事服务和在线信息服务，让福建人民分享"数字福建"建设的成果，"数字福建"建设才能最大限度地发挥作用。

20 世纪 90 年代，我国开始积极地引入电子政务项目建设，主要集中在强化服务、简化交易、促进双向交流、提高透明度等方面的建设，政府在提供公共服务的速度、质量等方面已经有了很大的提高，然而其中部分项目是"旧瓶装新酒"，通常没能有效地改进过去低效的政务流程，或者忽略了所提供公共服务的经济特性，服务供给成本高昂，由此造成的损失使政府有限的财力没有发挥充分作用。"数字福建"把建设服务型政府作为核心内容，因此在提供政务服务过程中不仅要关注以满足社会公共需要为目的的服务效果，同时要注重政府资源配置是否合理、支出是否有效率。"数字福建"帮助福建有更大的动力和机会来提高效率，推动政府部门间的合作，而可持续发展要求福建政府不断地达到新的效率水平，制定新的目标以提升各级政府公共服务供给能力。效率是政府行为研究的核心问题，是对政府提供公共产品和公共服务职能进行考核与评价的关键。因此，对"数字福建"电子政务效率进行评价研究具有重大意义。

在把技术作为一种治理工具加以开发方面，每个地区都应根据自身的政治、经济、文化、历史、价值观和发展目标来制定自己的发展目标。本书以"数字福建"建设为例，分析了目前福建省各级政府组织区域信息化实践和信息技术使用的相互关系。我们发现，信息和通信技术的应用使得福建省各级政府组织、政府网络和某些制度性问题等都在不断发生变化，本书试图从个例中发现政府组织和企业组织、网络和制度之间的相互作用、相互影响的内在联系。

此外，在信息整合、决策科学化过程及跨组织边界的流动等方面，政府各级机构的能力正随着整合过程而增强。整合了的数据和信息加速了跨政府机构信息的流动和提升了公共服务的品质，并且通过大幅度降低数据和信息交易成本而改变了政府现行的一些规则，为构建信息社会的政府打开了一扇光明之路。"数字福建"建设中政府与企业的合作正在快速加强，这一点促使政府在组织、控制复杂领域的能力大大增强。这种能力还会继续调整政府组织的结构，使得政府组织成员之间、政府组织和企业组织之间的竞争与合作的关系得以强化。

与此同时，福建省各级政府部门中越来越多的人认识到了解公共需求、研究公众采纳行为对于"数字福建"可持续发展是至关重要的，政府的服务对象（包括公众和公司）的需求必须成为"数字福建"建设的切入点。